武术文化发展与高校武术教学研究

马振浩 著

中国纺织出版社有限公司

图书在版编目（CIP）数据

武术文化发展与高校武术教学研究 / 马振浩著. --
北京：中国纺织出版社有限公司，2024.3
ISBN 978-7-5229-1524-1

Ⅰ．①武… Ⅱ．①马… Ⅲ．①武术—传统文化—文化研究—中国②武术—教学研究—高等学校 Ⅳ．①G852

中国国家版本馆CIP数据核字（2024）第059277号

责任编辑：赵晓红　　　　　责任校对：王蕙莹
责任设计：晏子茹　　　　　责任印制：储志伟

中国纺织出版社有限公司出版发行
地址：北京市朝阳区百子湾东里A407号楼　邮政编码：100124
销售电话：010—67004422　传真：010—87155801
http://www.c-textilep.com
中国纺织出版社天猫旗舰店
官方微博 http://weibo.com/2119887771
天津千鹤文化传播有限公司印刷　各地新华书店经销
2024年3月第1版第1次印刷
开本：710×1000　1/16　印张：20.5
字数：323千字　定价：99.90元

凡购本书，如有缺页、倒页、脱页，由本社图书营销中心调换

前言

在数千年的发展历程中,传统武术逐步形成了内容丰富、价值广泛、文化色彩浓厚的体育文化形态。然而,随着科技的迅速发展、全球化进程的加速以及体育市场化的冲击,在农耕文明背景下形成的传统武术很难与现代体育相抗衡。这就对传统武术的传承和发展提出了新的挑战,也对传统武术的创新发展提出了更高的要求。武术教师有着传授与弘扬中华武术的职责,同时大学生文化素质与综合素质都较高,因而高校体育教育就成为武术传播与传承的有效途径。鉴于此,笔者特撰写了《武术文化发展与高校武术教学研究》一书,旨在为我国传统武术的传承与发展作出有益的探索。

本书的撰写凝聚了很多人的心血,是在诸多体育工作前辈与其他体育同行研究工作的基础之上进行的,本书体例与内容的安排都取自他们著作的思想与内容的精华,或受到启发而引申的。本书具体包括以下内容:中国武术的诠释、中国武术的起源与发展演变、中国武术文化与其他传统文化的融合、武术文化传承发展与思考、武术的国际性交流与对世界体育文化的影响、高校武术教学与大学生健康成长、高校武术教学与大学生全面发展、高校武术教学课程的设置与优化、高校武术教学的基本理论与优化、高校武术教学优化的保障研究、高校武术教学价值及其优化的案例——太极运动。

本书吸收和借鉴了一些国外优秀的研究成果和先进的理论,同时参考了很多国内专家、学者的观点。在此,一并对他们表示诚挚的感谢。由于笔者的时间和能力所限,书中难免存有疏漏和不足之处,敬请各位专家、学者批评、指正。

马振浩
2023年11月

目录

第一章 中国武术的诠释 ··· 001

  第一节 武术的内涵 ··· 002

  第二节 武术的特征 ··· 005

  第三节 武术的功能 ··· 009

第二章 中国武术的起源与发展演变 ··· 013

  第一节 中国武术的起源 ··· 014

  第二节 中国武术的历史演变与现代发展 ··· 017

  第三节 中国地域武术发展举例 ··· 025

第三章 中国武术文化与其他传统文化的融合 ··· 051

  第一节 中国传统武术文化解读 ··· 052

  第二节 武术文化的价值与层次 ··· 054

  第三节 武术文化与传统民俗文化 ··· 060

  第四节 武术文化与传统养生文化 ··· 065

第四章 武术文化传承发展与思考 ··· 069

  第一节 武术文化传承的必要性 ··· 070

  第二节 武术文化传承发展战略 ··· 074

  第三节 武术文化的教育传承的价值和策略 ··· 078

  第四节 竞技体育背景下武术的技击嬗变 ··· 085

  第五节 文化视域下武术文化的认同与自我觉醒 ··· 092

第五章　武术的国际性交流与对世界体育文化的影响·················103

第一节　武术的国际性推广与交流·····························104
第二节　中国武术文化对世界体育文化的影响·················110

第六章　高校武术教学与大学生健康成长·························115

第一节　高校武术教学对象的特点分析·······················116
第二节　高校武术教学与大学生身体健康·····················123
第三节　高校武术教学与大学生心理健康·····················131

第七章　高校武术教学与大学生全面发展·························139

第一节　高校武术教学与大学生社会性发展···················140
第二节　高校武术教学与大学生思想道德教育·················151
第三节　高校武术教学与大学生审美教育·····················159

第八章　高校武术教学课程的设置与优化·························165

第一节　课程与体育课程概述·······························166
第二节　高校武术课程的历史变迁···························168
第三节　高校武术教学课程的设置情况分析···················173
第四节　高校教学武术课程体系的优化·······················182

第九章　高校武术教学的基本理论与优化·························211

第一节　高校武术教学开展的基本理论·······················212
第二节　高校武术教学内容及优化···························229
第三节　高校武术教学方法及优化···························234
第四节　高校武术教学提质增效的优化·······················242
第五节　高校武术教学模式的设置···························255

第十章 高校武术教学优化的保障研究 ………………………… 261

第一节 高校武术教学师资的培养 ………………………… 262
第二节 高校武术竞赛的发展研究 ………………………… 271
第三节 武术健身与武术产业的发展研究 ………………… 280

第十一章 高校武术教学价值及其优化的案例——太极运动 …… 291

第一节 太极文化与太极课程 ……………………………… 292
第二节 高校太极运动教学的价值 ………………………… 314
第三节 高校太极运动教学的开展与优化 ………………… 316

参考文献 ………………………………………………………… 319

第一章

中国武术的诠释

中国武术有着悠久的历史，最早可以追溯到商周时期，具有极其广泛的群众基础，既是中国劳动人民在长期的社会实践中不断积累和丰富起来的一项宝贵的文化遗产，也是中华民族的优秀文化遗产之一。

第一节　武术的内涵

中国武术在发展演进的过程中，始终充满着人民的智慧，是中华上下五千多年文明智慧的结晶，蕴含深刻的哲学与道德思想。中国武术博大精深、源远流长，是中华民族先民在求生智慧和积极生存方面的一种集中体现。武术作为国术、文化瑰宝，深受国人喜爱，成为当今世界众多的体育项目中最富哲理、最具文化内涵的民族传统体育运动。

一、武术汲取中国古代哲学营养

武术是中华民族五千多年传统文化的结晶，更是中国从古至今流传下来的瑰宝，其中从更深奥的层面上讲，武术容纳了传统的儒学、易家学说、五行等众多学说。从武术中可以体现哲学，也能从哲学中探索武术奥秘，有许多历史学家重视武术的研究，不难看出哲学给武术不仅带来了精神上丰富的一面，也给后人留下了更加珍贵的宝藏。因此不可否认的是，那些热衷于武术文化的人，他们的精神思想也会变得更具内涵。

随着时代的发展，中国人逐渐将太极中的阴阳辩证法和中国武术联系起来，形成一种特定的内在关系，可以通过武术反映阴阳辩证法。而太极也影响着武术的形成发展，最后衍生出的太极拳就是中国武术的发展成果。

中国武术中，最能体现中国人性格、气质的，莫过于太极拳了。太极拳集技击与养生于一体，是一种意气运动。它要求以心行气、以气运身，意动形动、意到气到、气到劲到、劲由内换、柔中有刚、刚柔相济。其意在修身养性，太极拳不仅能够锻炼身体，还能够使自己的性格、脾气得到磨炼。太极拳经过多年的进化，逐渐在群众中占有稳定的地位，许多人纷纷加入其中，就是为了能够感受太极拳所带来的魅力。

古往今来，有很多人以自然现象创编武术，天人合一的意义在于"心与意合，意与气合，气与力合；肩与胯合，肘与膝合，手与足合"。天人合一与武术思想的融合，不仅在宗教文化中得以体现，对于现代化的时代更具有重要的意义。

中医学的阴阳平衡思想对武术健身产生了非常大的影响，它通过形体锻炼与内在精神意识活动来达到此目的，从而体现了阴阳平衡。在阴阳理论上比较有代表性的有儒家、道家、中医学和武术等。而《易经》中，主要强调"一阴一阳之谓道"，阴阳变异是道的概念，指出事物矛盾对立且相互影响、相互转化的自然规律，这是万物发展的总规律。

二、武术原本是一种传统技击术

从武术的词义来看，武术可称为徒手或手持武器用于搏杀格斗的方法或技艺。它所体现的本质特征是攻防技击。纵观武术发展进程，无论朝代更替、称谓变幻，还是其他文化形态依附、渗透、派生、衍化，武术的技击这一本质属性都确定无疑。可见，武术作为一种社会现象，首先是一种中国传统的技击术。

早在春秋战国时期，就有了传播技击术的教职人员和技击竞技比赛的裁判人员，还有以技击为生的游侠剑客。近代则有保镖护院的镖头、教头，江湖卖艺的艺人乃至以教拳谋生的拳师，以一种技击术来体现其社会价值。古往今来，任何一个国家、地区、种族，防卫御敌是其共同的需要。技击之术并不是一个国家、民族所独有的，人类的防卫意识和人体运动学原理决定了技击术在缘起之初是近乎相同的，只是在后来的发展中，不同的地理环境、经济文化、民族思想，造就了各种不同特色的技击术。长期以来，中国人民以自己的生活方式、行为准则、价值观念、审美情趣，经过历代宗师的砥砺琢磨、千锤百炼，创造了具有本民族特色的技击术——中国武术。

中国武术有多种多样的攻击防御方式，如踹、肘击、撞等。踢法中有勾、踩、弹、蹬、踹、铲、点、擦、挂、摆、缠、丁、拐、错等腿法；打法中有冲、劈、挑、砸、贯、抄、盖、鞭、崩、钻、扫、挂、撩栽、扣等拳法，以及劈、砍、切、截、削、推、按、拍、摔、扇、塌、掖穿、插、挑、抹等掌法，还有许多勾法、爪法、肘法、桥法（以上臂和前臂进行攻防），以身体进攻的挤、撞、抖、靠等法；摔法中主要有巩、揭、切、沼、抱、合等；拿法有三十六拿和三十六解，以及各种器械方法。不同的击法有不同的劲力要求与技巧变化，各拳种流派又有许多独到的方法与风格，从而形成了一个名目繁多、丰富多彩、庞大的技术体系。在运动形式上，中国武术既有对抗形式的搏斗运动（散手，太极推手，长、短兵对抗等），又有势势相承的套路运动，两者既相互交融又相互区别；在技击理论上中国武术也颇为丰富，如"阴阳变化""奇正相生""刚发柔化""后发先至""得机得时""胆气为先"和"守柔处雌"等战略、战术思想，既富有哲理又实用。

武术价值观中的重要组成部分是"德"，武力往往不是解决问题的唯一方法，也不是最好的方法，这时候就需要以德服人，先礼而后兵，这就是武术精神中"德"和"力"的结合。

武术的行为价值观蕴含于整个武术文化中，主要表现在以下三个方面。

第一，需要认清武术的核心是德，这体现在解决纷争的时候不能单独用武力解决，而是去用道德加以约束。以德服人方能心悦诚服，正如"攻心联"中"能攻心则反侧自消，从古知兵非好战"说的就是这个道理，德行包括坚持正义，坚守道德底线，用自己的道德操守感化敌人，从心理上压制敌人，从而克敌制胜。

第二，武术行为就是"守德"行为，如果认清了武术以德服人的本质，那么就需要习武之人在日常处理纷争的时候以武德为出发点，并时刻坚守武德。

第三，武术因为其具有武德的特点而被发扬光大、世代流传。武术文化之所以有巨大的发展，是因为众多习武之人对武德的深刻研究及总结，正是由于对武德的重视，武术文化才可以如此流传。众所周知，武术的基础是对抗，是武力的抗衡，也是武术的基本特点，但是武力是不能盲目去运用的。在武术的使用中必须坚持德力平衡，以德为主，以力为辅，只有这样才是正确的武术价值观。

武术的行为价值观正是德力合一的一种体现，同时是武力与道德相互融合的一种核心观念。"德"和"力"相辅相成，共同影响和作用，随着武术事业的发展，二者都有不同程度的提升和发展。"鸟之两翼，车之两轮"是对武术中德和力的最佳比喻，体现了二者缺一不可的论证关系，同时是每一个武术家所追求的一种精神境界。

第二节　武术的特征

一、刚柔并济

武术运动在我国漫长的历史中不断进步和发展。它的运动形式在原有基础上有了更大的创新和提升，比较明显的是武术运动中的一些动作和套路，较之传统形式上又增加了很多细节，使得武术动作更加具有可操作性和美感。同时观众更加喜爱创新后武术运动中丰富多彩的表演形式。可以说，中国武术发展到现在不仅是一种美的享受，同时其所表现出的竞技精神以及阳刚之气更能鼓舞广大人民群众的爱国热情。因此武术运动是最有特色的一种体育形式。中国武术拳法讲究的"刚则折，柔则亡，不刚不柔，拳中之法"充分说明了刚柔相济的辩证关系及其作用。"所谓刚，主要指的是坚硬、强悍、干脆、果断；所谓柔，主要是指柔韧、缠绵、顺手不悖、不丢不顶、不即不离。刚者为阳，柔者为阴，刚柔既相互对立，又相依共存而不分，故无刚则柔不存，无柔则刚不立。"

柔和与刚强相结合是武术文化中的一大特点，讲究的是在力道上要掌握得当。在武术运动力道上的掌握不可以过于柔和，如果过于柔和就会显得没有气势，不能表现出武术中强健的气魄；但是在力道上又不能过于刚强，太过于刚强则会显得呆滞而没有美感，同时不能表现出武术中的灵活性。因此，只有用对力道，刚柔并济才能练好武术，正所谓"刚柔相推，而生变化"说的就是这个道理。我们所熟知的太极拳、八卦掌等都对刚柔有特别的要求，只有真正做到刚柔可控，才能真正发挥出武术的功效，"实为攻防之根蒂，生克为化之玄机"。

二、具有攻防搏击性

之所以会有武术这种运动形式，是因为最初武术具有的搏击特点。众所周知，武术不仅能够强身健体，还能起到攻击作用以保护自身的安全，并且用武术来作为防身之术伴随着人们的需要，因此武术才能广为流传下来。武术的技击性是武术与众不同的特点，同时是武术得以长久不衰的根源。武术是伴随着军事不断发展进化而来的，体现了它的军事价值。由于古代武术直接为战争服务，因此，其受兵法学的影响较深，技击性是显而易见的。激烈的军事斗争促进了多种攻防技能的发展与提高，所谓"十八般武艺"就是用来形容古代兵器之多和攻防格斗技术的多样化。武术运动区别于一般体育运动，源于它的形式多种多样而变幻莫测，形式上的多样性体现在武术运动分为单人练习、双人对练等，而且武术动作多种多样，如拳法、剑术、枪击等，单说武术运动中所使用的器械或武器就有上百种之多，这些特点是一般体育运动所不能比拟的。在武术发展的初期，人们对于武术的认知是通过使用不同武器来完成军事行动，后期经过不断发展与创新，才逐渐形成了多种多样的武术形式。随着火器的逐步发展，武术的直接技击价值逐步减小，虽然如此，但武术仍然保持了技击这个技术特点，在武术动作上，许多具有攻击性的动作依然被沿用，并且在一些武术教材中也反复强调武术的攻击特点。例如，我们所熟知的太极拳，在教材中也明确了攻击要术在太极拳中的应用。所以，武术能够不断发展和壮大，正是因为其具有攻击性的特点，同时这些具有对抗性的特点组成的技术体系也是武术这种运动形成的基本依据。清朝吴殳在《手臂录》中说"攻为阳，守为阴"，一般来说，攻时奋力突进，力法主刚，守时随人而动，力法主柔，且攻中有守，守中有攻；攻时刚中有柔，守时柔中有刚，刚柔相济，不可偏废，这是各拳种共同的要求。但是随着社会的发展与进步，在当今时代武术运动的攻击性被淡化，但是在武术形式及传承上依然具有攻击性的特点，并且在由武术而衍生的武术运动的动作中，依然能看到其具有攻击性的特质。武术散打是训练技击性的主要手段。即使是套路运动，作为其中主要内容的劈、刺等动作，也是对抗运动的主要动作。

三、具有内外合一、形神兼备的练功方法

武术之所以为武术，是"武"和"术"的结合。"武"是指武艺、武功，它体现在练武过程中的气韵和神态，以及通过肢体动作表达出的刚劲气势；"术"是指方法、修为，它体现在练武中的精、气、神等心理活动。只有刚柔并济、内外兼修才能真正练好武术。武术套路都十分强调把武术中的刚柔并济以及内外兼修表现出来。就像我们说的查拳，打这套拳法时要注重气势；华拳注重身体动作与思想精神同步，要打出内在的神韵；太极拳注重用思想精神运气，然后由气引导外部的形体动作；形意拳要求内部共一，外部相合，内部共一指的是精神与内心统一，内心与内气统一，内气与外部动作统一，外部相合指的是手脚协调，关节协调，肩膀与盆骨协调；南拳则要求既要培养精神气势，还要训练动作的迅速。这是一种外练武艺、内修心境的训练方法。从训练方法我们就能看到，真正的武术是中国传统文化中礼仪、儒学、哲学、武艺等的结合，只有悠久而灿烂的中华文明才能孕育出如此具有中华特色的武术形式。

四、注重和谐

中国文化历史悠久，历经几千年的沉淀和升华，这就决定了中国和西方在文化上有很大的差异，受中国儒家、道家的文化影响，中国文化价值观以和谐为主，这也是中国传统文化的核心。和谐是指世间万物为一体，缺一不可，无论是内心活动还是外部表现都是统一的整体，这便是传统文化中和谐的定义。和谐的文化价值观深深地烙印在传统武术家的脑海里，为了追求万物的和谐统一，他们不到万不得已不会轻易使用武术，正所谓先礼而后兵，论语云"礼之

用,和为贵",传统的儒家思想告诫我们万事以和为贵,治国须为和,治家须为和,交朋须为和,和谐共存在我国传统中国文化中根深蒂固。传统的武术也是如此,更要追求和谐。在武术中,我们强调要内外兼修,刚柔并济,这不仅仅是指在习武技艺上的和谐,更是功夫文化在哲学方面的统一。功夫文化的统一受我国很早之前就形成的观念的引导,这是对我国悠久历史的一种继承。

五、以套路运动为主

武术套路的渊源最早可以追溯到远古,原始状态下的巫、武、舞文化的发展和相互交融,为功夫文化的传承奠定了一定的基础。宋朝时期出现的一种名叫打套子的活动,就类似于一种展现功夫的表演。到了元朝时期,由于统治者排斥其他种族的人群,导致科举考试不再被重视,一部分渴望通过科举实现抱负的人被迫到街头以卖艺为生,促进了元代杂剧的兴盛。这对武术套路的出现起到了有力的推动作用。武术套路运动形成于明代。程宗猷的《单刀法选》云:"以前刀法,着着皆是临敌实用,苟不以成路刀势,习演精熟,则持刀运用,进退跳跃,环转之法不尽。虽云着着实用,犹恐临敌掣肘。故总列成路刀法一图……以便演习者观览。"其中,记载着斧、剑等武器的功夫招式图,是目前发现历史最久远的功夫招式图。

功夫招式从产生到发展,代表着功夫文化已基本有了雏形。我国的功夫和世界其他各国的功夫的不同之处就在于中华功夫有一定的招式。

研究我国的功夫文化就会发现,它的发展是以攻击搏斗和隐蔽技巧为基础的。古人更注重搏击,而到了现代,则更注重隐藏和防御。众多的独立的形体动作有次序地相结合就构成了功夫招式,不同的功夫特点不同,招式也千奇百怪。除此之外,习武者可以通过个人练习或与人过招的方式进行训练。然而,众多特点不同的招式也具有相似之处,即都是在踹、撞等动作的基础上,通过各种变形衍生出来的。所有的功夫招式都必须一气呵成、善于变化且灵活多用,从功夫招式的表现形式看,套路演练是一种高度程式化的运动形式。数千年来,武术文化与其他文化形态是在一个自成体系的文化区域里存在、发展的,各种文化相互之间也产生着广泛而深刻的影响。武术曾给予其他文化以影响,相反,这些文化内容也在武术文化形态中打下它们的烙印。道家思想对中国影响深远,道不光是指对待一件事物的方法和道理,更多的意思是一种道理上的升华,表现在武术形式上来讲就是武术家所追求的一种精神上的境界,这也是武术的独特魅力所在。中华民族是礼仪之邦,表现在武术上也非常崇尚礼仪,正所谓先礼而后兵,这个"礼"代表的是礼仪、品德、礼节,中华民族文化中各个领域都蕴含着"礼"的中心思想,这也是中华儿女价值观的形成基础。孔孟儒学始终是社会思想的主流与正统,延续数千年,受此影响,上到国家政治需要,下至黎民百姓的日常起居,都要遵循儒家的正统思想,高度的思想一致对人们的生活有着重大影响,同时对武术套路的形成也起着至关重要的作用。中华民族崇尚和谐统一,故而虽然武术套路多种多样,但是其中都有固定的模式,一方面符合传统中华文化,另一方面更有利于后人学习和传承,正因为武术具有正统的儒家思想,所以才能弘扬光大、经久不衰。

六、具有广泛的适应性

武术以其形式多样类别丰富而著称,不同的武术套路有着不同的方法、力道和运功量。它对于练武的场地、时间、器具以及练武人的性别、年龄等没有特殊的要求,任何人不管在何时何地都能畅快练武,而且其多种多样的武术形式可以满足不同人群的不同需要,这就使武术运动具有了广泛的适应性和群众性。

第三节 武术的功能

中华民族文化随着历史的不断进步和沉淀,其中优秀文化和武术文化相互融合发展。当代的中国武术不仅强健了国人的体魄,而且促进了社会的发展和进步。

一、磨炼意志，培养道德

要想学好武术就需要长久坚持和努力，不怕艰辛，不怕痛苦，面对习武过程中出现的疼痛和枯燥一定要学会忍耐，这不仅能够锻炼我们的体魄，还能磨炼我们的心智，养成坚韧不拔的性格。习武的过程不仅能够锻炼我们的力量和技艺，还能培养我们的武德。武德是武术文明的核心要素，它是学习武术的基础。武术受中国几千年文化的影响，骨子里已经深深烙下了传统文化的精髓，即礼仪品德。现代的武术文化要在传统文化的基础上进行发扬和提升，既要做到保留传统文化中的精髓，又要符合现代社会的发展需要，只有做到相互融合、共同发展，才能保证人们树立正确的武术价值观以及人生观。同时，武术精神十分注重人的意志以及人格的养成，这对于我们现代社会的发展有着积极的促进作用。

二、保护自身，修身养性

武术的基本特征是对抗性，基础是对抗技巧。虽然武术的产生有着一定的社会背景，但是至今武术可以防身的特点依然没有改变，当然，想要利用武术来保护自身，就要进行武术套路以及相关技法的学习和培训。

现代武术技法中的一些方法可以有效起到健身效果，长时间练习武术不仅可以增强人的身体素质，还可以培养人的稳健性格，对于人们的身体健康有着积极的促进作用。

在健身养生方面，武术训练不同的武术套路以及各个肢体动作训练都会对其产生促进作用。武术练习可以有效提高人体反应速度，增强人体力量，提升人体肢体灵活性，培养人体机能的耐力以及锻炼人体的柔韧性等。在武术练习中对人体机能要求比较高，它要求人的各个部位都参与到武术训练中。长时间的训练，不仅可以强身健体，还能调理人体的内部器官，如肝脏等。同时，武术练习通过对人体气息的训练在很大程度上提升了人体机能，可以说武术训练对人的身体百利而无一害。

三、综艺表演，舞台观赏

在我国古代就已经出现了观赏武术的先例，武术以其独有的特点被人们喜爱。其中所表现出的武术套路以及一招一式都十分符合中国人的审美，尤其到了现代社会，武术的观赏性被不断发扬光大，已经由小众表演提升到了舞台上或者更大的平台上供人们欣赏。

现在越来越多的武术项目活跃在人们的身边，比如散打比赛、套路表演等。杜甫的《观公孙大娘弟子舞剑器行》诗中有云："昔有佳人公孙氏，一舞剑器动四方。观者如山色沮丧，天地为之久低昂。"这是对武术竞技表演的一种形象描述。到了现代，这种表演形式有了进一步的发展，得到了众多人的喜爱。因此从古至今，武术表演所展示出来的对抗表演或者套路表演都被人们深深喜爱，极大地增添了人们的生活乐趣。

四、传承经典，升华文化

中华文明历史悠久，传统的体育运动形式也多种多样，百花齐放。在中华传统体育项目中，发展最长久、体系最成熟的莫过于武术，而武术的发展壮大也是中国传统体育项目不断发展的体现。中国武术以其独有的特点和丰富内涵在世界上首屈一指，并且随着社会的发展与进步，这种经典的体育运动被中华儿女不断传承和升华。

因此，想要真正弘扬中华文化，促进中华文化的不断壮大和发展，就要积极参加武术训练，以全新的角度融入这个非常具有中国特色的体育项目中，在武术的实践中增强对中华文化的理解和认知，这对于促进中华文化发展有着积极作用。

第二章 中国武术的起源与发展演变

中国武术源远流长，是中华民族弥足珍贵的宝藏，在我国乃至世界范围内拥有良好的群众基础。本章对中国武术的起源、发展历程、发展现状、发展走向、西方体育对中国武术发展的影响进行深入而系统的阐析，以期为置身于全球化背景下的中国武术的传承和发展奠定理论基础。

第一节　中国武术的起源

一、生产劳动说

远古时期，地广人稀，野兽众多，那时的人类，食物大多来源于采集和狩猎，在生产劳动时为了捕获猎物，先民掌握了使用棍棒和制服猎物的技巧及同猎物搏斗的经验。同时，为了抵御自然灾害和防止野兽袭扰，他们所采取的生产方式是集体协作，制服猎物及与猎物搏斗的经验在集体中相互交流，因此远古人类的生产劳动促进了武术的萌芽。在生产劳动中产生了不同的劳动方式，如狩猎者需要击、刺，砍柴者需要劈、砍等，不同的劳动使发力特点在生产过程中形成了推、扛、搂、抱等动作，为了节省自身体力形成了弓、马、仆、歇、虚五大步法，为武术的萌芽奠定了基础。

二、战争说

在古代，由血缘关系形成的宗法制和分封制形成了诸多国家，正如学者张荫麟所著的《上古史》中所言，周代在黄河下游流域及长江以南可考的共有

130多个诸侯国。

由于生产力的低下，各诸侯为了壮大就需要获得更多的生存资源和生产者，因此各诸侯国之间征伐的根本目的是获得更多的奴隶，参与生产和作为征伐工具，在征伐和防卫过程中，由劳动技能逐渐演变出攻防技巧和搏杀技能，同时，为了彰显自己的实力和威震对方及增强战斗力，产生出一种以搏杀技能和攻防为主要表现形式的武舞。

三、模仿说

武术源于模仿说，主要包括两个方面。一方面，我国古代是农耕社会，不同的自然环境造就了不同的生活方式，先民在自然活动中为了保护自身的安全，开始模仿或观察自然界的动物形态特点和相互搏斗的技能，进而衍化成武术中不同技能的招式，如白鹤亮翅、蟒蛇出洞、白猿献果、黑虎摆尾、飞鸟入林、兔子蹬鹰等；另一方面，先民在征伐中练习搏杀技能，模仿对方的招式并进行练习，形成自己的武术技能。

四、舞蹈说

武士执干（盾）、戈，佩弓、矢，练习射箭、驾车、挥戈、执盾，同时学习舞乐和礼仪。相传武王所创"大武"共六成，其中舞者执干戈或斧钺或弓矢，其特点是古朴、雄健、猛锐、厚重。汉代的"刀舞""棍舞"充分体现了雄健勇猛的特点。

刘鸿雁在《关于中华武术发展战略的思考》一文中提到："根据历史唯物主义观点，人类任何一种文化的产生、存在和发展，是由人类社会发展中对该项文化的需要和需要程度所决定的。"人类的生存需要和对生存的渴望，是中国武术的起源。生存是人类的本能。在原始社会，武术可以满足人类的生存需要，武术伴随着人类的发展共同进步。

从历史发展的角度来看，工具成为推动人类历史发展的重要因素。使用工具是古猿人向人类进化的标志。

天然工具不是人类创造的产物。人类开始制造工具，标志着人类文明正式开始发展。在远古时期，人类的生存工具是人类的基础武术器械，可以满足人类的生产需求和生存需求。

中国武术的雏形来源于人类拼杀、搏斗的本能动作，而礼仪、道德的教育规范了武术的使用方式。注重道德的修养也叫"心术"，可规范人的行为和价值取舍，正如古代思想家孔子的弟子有若所说："礼之用，和为贵。"价值标准是对和谐的追求，中国武术开始进入文明发展阶段。

西周时期，射礼出现。射礼是指用射箭的方式表达敬意。射礼属于武礼的一种表现形式，武礼赋予了武术更加丰富的内涵，道德使武术成为独立的文化表现形式，技击与道德如车之两轮、鸟之双翼，缺一不可。美国学者詹姆斯·麦克雷所著的《醒目的美：亚洲武术的哲学视角》，以哲学视角对中国武术进行系统的研究和阐述，同时与日本武道及希腊体育进行比较，认为中国传统武术训练具有双重目的——自我修养和自卫，而西方并没有真正意义上的武术，像拳击或摔跤这样的体育运动项目，专注于运动竞赛，而缺少自我精神上的修养。中国武术的美是自然的，是为了制止暴力，属于防卫型，因此修身养性是武术训练的真正目的。

西方是外显文化，其世界观认为人可以支配自然，崇尚的是个人主义精神，这可以从好莱坞影片中得以印证，如《美国队长》等均是个人主义精神的体现。

中国的内敛文化是隐性的，人与自然是其整体的世界观，崇尚"和合"精神，强调的是人与自然的和谐、人与人的和谐。正因如此，中国武术是防卫型的，要求自身具有一定的修为，正所谓"未曾学艺先学礼、未曾习武先习德"。品德作为修炼武术者所具备的基本道德，在各门各派均有不同要求，但实际上都是对习武者的内在制约机制，它制约着习武者对武力的使用，以免以武恃强凌弱、危害社会。武术历经中国传统文化数千年"人文化成"的浸润，由最初的内在行为和道德上的约束上升到以德服人，不战而屈人之兵，最终升华到德艺双馨的境界，正如孔子所言："人能弘道，非道弘人。"

第二节　中国武术的历史演变与现代发展

一、当代武术的发展现状

（一）武术不够时尚

　　武术是中国传统文化的重要组成部分之一，武术形成和发展的过程也是不断适应我国不同文化现象的过程，经过长期发展和适应逐步形成了多样化的拳种和练功理论，特色鲜明的练功方法和别具一格的运动形式也逐步形成，这是存在于我国的一种文化现象。但有可能是因为中国武术蕴含着厚重的中华文化，因此当代人忽视了中国武术和当今时代文化的结合，这是一种遗憾。综合分析跆拳道和空手道等项目会发现，这些运动项目以其简便易学的形式得到了青少年群体的肯定和欢迎，特别是跆拳道仅在短短几年的时间内就在我国多个城市迅速发展，逐步成为青少年群体追求的"时尚"运动。武术运动参与者多了解跆拳道就会发现这项运动的简单性特点十分鲜明，如此简单的运动形式之所以在武术文化源远流长的中国快速发展起来，除了跆拳道推广模式发挥作用，主要是因为跆拳道的各项特征使现代人的审美需求得到了满足，并逐步发展成一种时尚。跆拳道在中国的推广和发展恰恰说明中国武术的推广思路有待完善，我们不能在致力于推出沉淀数千年的中国武术时而忽略了时代的需求。

（二）对武术的整理过于书面化

　　就现阶段来看，传统武术中发展最好的莫过于太极拳，主要原因有影视宣传作用显著、太极拳拥有健身价值、太极拳和中老年人强身健体的需求充分吻合，但最重要的原因是太极拳理论基础丰富而完整，同时诸多有识之士都付出了很多努力。中国武术的拳种有很多，将这些拳种全部推出显然很难，但挑选几种符合多个年龄段群体需求的拳种进行重点宣传和推广是比较容易实现的，宣传和推广中仅仅找出相关拳种的历史资料、拳谱、照片、套路显然无法达到预期效果，相关人士应当厘清中国武术的技术技法特征和功法特征，深层次剖析各项技术形成的阶段以及每个阶段的训练内容和训练手段。此外，在参与武术练习的实践活动中积极改进、整合、优化具体拳种的理论体系，加大对该拳种后备人才的培养力度。这里所说的培养应当包含技术培养、功法培养、理论知识培养等，有目的、有意识地传授已经挖掘且经过整理的传统项目，从根本上改善中国武术的传承效果。

（三）武术受其他体育运动的冲击

纵观中国武术的发展历程会发现，武术发展唯技击论的导向是一个重要阻碍，同时很多人固执地认为武术等同于技击。不可否认，中国武术确实具备技击性特征，但是武术的唯技击论对其发展进程产生了很大的限制作用，原因在于当下有无数的体育休闲项目能满足广大群众的休闲需求、娱乐需求和健身需求。从某种程度来说，武术难练、难学、见效慢这三个方面的不足加大了武术适应社会节奏的难度，很多兴起时间较短的健身项目都对中国武术造成了猛烈的冲击。在社会持续进步和广大群众生活节奏持续加快的大背景下，包括健美操和网球在内的诸多西方健身运动进入中国人的视野，中国武术受到前所未有的冲击。对大众健身人群进行调查发现，多数人都倾向于选择简便易学的健身方式，将武术选定为健身方式的人不多，这就是武术在当下面临的危机。如果不把时代特色鲜明的内容赋予传统武术，武术运动的群众基础难免会越来越薄弱，武术将会被兴起时间短、简便易学的健身方式替代。

（四）"神秘感"对武术发展有消极作用

在大众的认知里，习武之人往往隐居于山林深处和寺庙净土之地，同时只有得到很多奇缘的天才才能真正领悟到中国武术的真谛，才有可能成为武术界的大师级人物。多数人对武术的评价是变幻莫测、高不可攀、飞檐走壁，因此原本真实的中国武术被人们蒙上了一层神秘的面纱，武术成为虚无缥缈的化身。

但我们需要清醒地认识到，"神秘感"过头会影响广大群众对武术形成客观而清晰的认识。举例来说，如果习武者旨在追求想象中的"武林神功"，那么他经过长期艰苦练习后会发现自己掌握的"功夫"和想要获得的"武林神功"有很大差距，这无疑会使这些习武者失去习武的信心，逐步形成对武术悲观失望的态度。这种心理落差和悲观失望情绪是很多习武者不能坚持练习武术的一个重要原因。

（五）现代传播媒介为武术神秘之树"施肥"

整体来说，武术影视作品和武侠小说在扩大中国武术影响力的同时，也因片面性、夸张性、多样性的传播方式使武术功力被虚拟化和扩大化。近现代的绝大部分人对中国武术的认识都是在民间武林传说、武侠小说、武术电影、武术电视中获得的。举例来说，《江湖奇侠传》的问世有效地扩大了中国武术的影响力，《少林寺》等诸多武术影视作品深受广大群众的认可和欢迎，包括李小龙、李连杰、成龙在内的武术明星为中国武术在世界各地的传播和推广贡献了很大力量。但这些方面的推广使得武术充满了神秘感。因此，现代传播媒介等同于给充满神秘感的武术之树"施肥"，从而进一步增加了武术的神秘感。但武侠小说和武侠电影中或多或少有不同于真实武术的地方，这些不同之处在很大程度上夸大了武术的客观功效，影响人们对武术形成正确的认识，这难免会对武术的大范围推广产生消极的作用。

二、当代武术的发展走向

针对当代武术的发展走向，本节逐一对传统武术的发展走向、大众武术的发展走向、竞技武术的发展走向以及学校武术的发展走向进行详细而系统的阐析。

（一）传统武术的发展走向

传统是时间概念，历史的事物发展到当下会被纳入传统的范畴，当下的事物发展至若干年后也会被纳入传统的范畴，同理，当下的竞技技术在百年后会被后人叫作传统的竞技武术，但百年后被称为传统的竞技武术和原本意义上的传统武术是有差异的。当传统武术作为一种特指的名词概念时，具体含义是自明清以来凭借家传形式表现的流派武术。

虽然竞技武术允许多个拳种同台竞技,但竞技武术致力于追求同一尺度下标准化的武术,同时其要求评判标准仅能是一种尺度、一种标准。倘若不同武术流派都根据自身的标准来展示,则可将其判定为非真正意义上的竞技。

传统武术是世代武术大师积极传承后遗留给后代的巨大文化财富,劲力和招法精妙绝伦、哲学思想丰富、富有美学意蕴的传统武术是名副其实的非物质文化遗产。

现实情况表明传统武术拳师门下的徒弟呈日益减少的趋势,主要原因是传统武术未能及时优化,未能紧跟时代节奏,这就造成了多数人远离传统武术、极少数人痴迷于传统武术或作为非物质文化遗产传承人继承传统武术的局面。

但必须重申的是,历史拥有鲜明的荡涤性特征,并不是所有传统武术都应被纳入后人积极传承的名单,很多价值偏低、技术有待完善的传统武术和时代发展节奏明显不符,因此淘汰一部分实属正常现象。但当代人必须自觉传承优秀的拳种、绝妙的技术,一旦流失就会成为遗憾。

当代人保护和传承的传统武术,不仅要具备历史"沧桑"的价值感,还要为后人的探索、研究提供便利。

原汁原味的传统武术不仅具有历史"沧桑"的价值感,还便于后人去探索它、研究它、发展它。但并不是说寻根意识和当代意识是对立和冲突的关系,当代人应当致力于探寻本根,尽最大努力根据原貌保存和保护,重中之重是务必在寻根溯源的过程中积极完成再创造。借助非物质文化遗产的形式保护传统武术是一项重要任务,科学创造置身于历史大潮中的传统武术并使其符合时代发展走向同样是一项重要任务。

在创造传统武术的过程中,当相关人士的层次、阅历以及文化资质存在差异时,他们创造出的新武术同样会有很大差异。我们无须将过多精力用于批判竞技武术运动员习练的传统武术"四不像"问题,只要竞技武术运动员自觉向民间拳师请教和学习,他们必定会凭借自身较高的综合素质在创造和继承传统中获得理想成绩。倘若竞技武术运动员以敷衍的态度参与比赛并获得相应资格,以骄傲自满的态度向民间拳师请教相关问题,那么他们创造出的新武术就犹如无本之木。

（二）大众武术的发展走向

大众和群众这两个词语有很大不同，大众着重指西方民主制度下的大多数人群，和大众对应的词语是精英。换句话说，大众不存在官民之分，当政界的社会精英作为大众体育参与者时，同样是大众中的一分子。大众武术与竞技武术或者民间流传的传统武术不同，它源于最大的人群中，从本质上来说就是生活中的武术。

一些人以为降低竞技武术的难度即可推向大众。其实这并不意味着大众一定会接受，原因在于其发展模式不对，其并非是一种大众亲自创造的技术模式。

大众武术是时代的武术，应当成为广大群众日常生活中的一个组成部分。如果人们对大众武术有浓厚兴趣，必然会有很大的主观能动性。如果人们需要大众武术，必然没有动员的必要性。有关人员应当立足于崭新的视角全面思考大众武术的模式、方法、内容，坚持不懈地完成相关的试验和更新工作。至于大众武术应当有多少养生价值、多少审美趣味、多少时尚象征，则需要武术工作者付出更多的时间和精力来研究和实践。

大众武术对构建和谐社区发挥了很大作用。举例来说，木兰拳作为适合中年妇女锻炼身体的一种运动方式，虽然某些内容和传统武术的基本特征并不吻合，但其形成后深受广大群众的肯定和喜爱，不得不说木兰拳是一项可喜的创造。

（三）竞技武术的发展走向

通过归纳和整合发现，广大群众对竞技武术的主要看法是成才难、发展成高水平运动员的难度大、周期长、淘汰率高、比赛观众屈指可数。就比赛观众少的问题，一方面是因为比赛枯燥、雷同、吸引力不足；另一方面是因为观众看不懂比赛。

但作为现代人不应遗忘竞技武术在成长初期的状态。竞技武术是西方体育影响下形成的产物，西方体育不仅使武术传承方式由师徒传承变成学校集体教学，还提出运动员要在遵守相关规则的前提下参与武术比赛，提出武术运动要实行标准化，要在动作规格、难度动作以及演练水平三个方面多下功夫。

我们每一个人都应当从历史的视角看待竞技武术，当武术在民间处于最底层时，以武谋生的人往往是保镖、护院者、教拳卖艺者，武术作为一项社会生存技能的地位必然比较低下，武术被高度重视是在国家大力倡导"尚武精神"的历史阶段，但武术在多数时间内都处在最底层。武术可以从民间最底层发展成国家大力开展的一项体育项目，无疑实现了质的飞跃，武术服务于国计民生且是中华民族弥足珍贵的精神财富。

诸多现象证实，竞技武术的确存在不中不洋、四不像、为进军奥运会"削足适履"的问题，但我们应当换一个角度把竞技武术当作武术中的一个分支。但把竞技武术视作当代武术的唯一必然不妥当，同时竞技武术在改革过程中的弊端也是不可否认的。

竞技武术应当存在，但存在的关键和根本是与传统武术充分结合在一起。对于竞技武术来说，当务之急是厘清和把握武术的规律，积极主动地挖掘和吸收传统武术的精华，竞技武术脱离传统武术的后果是越走越偏。竞技武术只有和传统武术相结合且深入挖掘和整理传统武术的成果，才能免于被入库封尘，才能始终拥有旺盛的生命力。武术界的相关人士应当鼓励和督促高水平运动员扎根民间潜心学习，对在民间整理出的资料进行提炼与选取，由此使当今的武术套路更加丰富多彩。

每当作曲家前往民间采风时，都会最大限度地汲取民间万事万物的精华和养分，由此编创出百姓喜闻乐见的歌曲，这值得武术教练和武术运动员学习和借鉴，此种方式能使自选套路蕴含的武术特色更加鲜明、文化底蕴更加深厚，此外能有效推动传统武术的创新和完善。

（四）学校武术的发展走向

学校武术是大众武术的一个重要分支，学校武术的开展和普及至关重要。日本柔道和韩国跆拳道都已经是学校的专门课程，原因在于普通教育是所有人都需要经历的，抓好学校武术是扩大武术普及范围的一条有效途径。

学校是发展民族传统体育的重要阵地，将武术传播至学校具有战略性意义。站在历史的角度来审视，中国武术往往是在民间下层社会传播，封建社会中几乎找不到学校武术的踪迹，这极大地增加了武术传播至上层社会的难度。将武术传播至学校的意义在于：一方面，能使潜在的社会名家逐步演变成武术教育的接收者；另一方面，能充分挖掘某些特定人群在武术未来发展路上的价值。教育发展到今天已经很普遍了，绝大多数人步入社会前都会接受学校教育，因此说学校是不容忽视的大型传播阵地，具备人员集中、人数众多这两重优势。综合分析发现，很多发展势头大好的运动项目都是把学校设定为传播起点，在此基础上慢慢传播到社会的各个角落。通过分析足球运动、橄榄球运动、德式体操、军事学堂的兵操等诸多运动项目和游戏中发现，它们都是在发挥学校中介作用的基础上逐步向高水平竞技项目过渡的。很多民族体育项目在各级各类学校大范围推广、普及、训练、提高、完善之后，逐步在体坛中占据一席之地，随后逐步发展成全人类共同享有的体育文化财富。纵观已经成功进军奥运会项目的日本柔道和韩国跆拳道就会发现，这两个运动项目都是在充分发挥学校对青少年的传播作用后，由在青少年群体中传播过渡到在社会各界人士中传播，再到走向世界传播。在竞技武术呈现出良好发展势头的情况下，学校武术的发展现状仍有待改善。学校武术要想实现可持续发展，就必须全面、真正地走进学校，通过多元化途径使自身成为深受学生喜爱的运动项目，此外诸多研究成果也提出了发展学校武术的深远意义。从整体上来说，武术向学校传播的过程中，应当认真完成以下几项工作任务。

1.使武术真正走进学校

设法获得教育部的支持，促使武术真正走进学校体育课堂。要想使武术真正走进学校需要妥善处理好两项问题：一是师资问题，即各级各类学校都需要有专门的武术教师；二是课程内容，即选择哪些武术内容在学校传播。学者郭玉成从国家武术运动管理中心了解到，发展学校武术已经被提到工作日程中来，同时已经初步取得成效。值得一提的是，学校武术的内容务必和大学生、中学生、小学生的体质特征相符，不仅要达到典型性要求和安全性要求，还要集文化性、体育性、娱乐性、技击性四项特征于一身。

2.充分发挥武术的文化教育功能

中国武术是文化艺术项目中的一种，文化艺术教育能为民族精神的弘扬和民族凝聚力的增强发挥积极作用。纵观我国政府部门近些年制定的相关政策会发现，中宣部和教育部等多个政府部门都在适度增加武术等内容在体育课中的比重，同时把武术教育设定为弘扬和培育民族精神的一条途径。

从根本上来说，通过文化艺术对民族精神进行培育和弘扬始终是社会主义文化建设的关键性课题。保存和维护民族文化艺术以及推动民族文化艺术走向世界的过程，都是对民族文化和民族精神进行弘扬的过程。中宣部和教育部将培育和弘扬民族精神的实施对象设定为青少年群体，究其原因，我国各级学校在很长时间内都高度重视应试教育、忽视素质教育，这造成很多青少年对中国传统文化的认识较少，少数青少年甚至存在数典忘祖的问题，这些方面的问题使得我国多个领域的拜金主义倾向和享乐主义倾向十分明显，在很大程度上冲击了传统文化的价值观念，而这种世界观和价值观对青少年群体产生十分深远的影响。一旦没有优秀文化和高尚精神来引导青少年，就会极大地增加青少年的迷茫感，在这种情况下，在青少年群体中培育和弘扬民族精神就显得十分必要。在学校诸多课程中如语文课、历史课、德育课以及集文化教育和身体教育于一身的武术课等都可以渗透民族精神教育。详细来说，中国武术蕴含着很多传统文化，武术教育的本质就是全方位的传统文化教育，切实有效的武术教育可以很好地培育和弘扬民族精神。

但需要补充的是，在开展和实施武术教育的过程中要把武术的教育作用发挥得淋漓尽致，将武术教育在弘扬民族精神和增强民族凝聚力两个方面的作用发挥到最大，这不仅是学校传播的可行性策略，而且是中国武术应当肩负的历史性使命。

3.广泛开展学校武术比赛

开展学校内外的武术比赛，可以为学校武术的发展注入巨大动力，原因在于，以比赛的形式传播武术能对人们产生强有力的吸引力，进而大幅增加武术练习者的数量。可供学校选择的比赛形式有很多种，如组织全国性的武术比赛，或者组织地方级的大、中、小学生武术比赛等。

4.实行组织传播方式，开展会员制

相关人士应当在各个学校建立武术协会并实行会员制，坚定不移地走群众组织道路。多项调查结果显示，武术会员制作为一种传播方式能获得理想的传播效果。在开展武术会员制的过程中要充分发挥引导性作用，有目的、有计划地在我国各级各类学校中全面实行，也可以允许各武术协会组织不同形式、不同规模的武术赛事。

第三节 中国地域武术发展举例

一、地域武术文化阐释

（一）地理环境与地域武术文化

1.地理环境对武术的影响

我国地域跨度较大，具有多样化的气候特点，形成了多样化的地理环境，这些地理环境对于武术产生了相应的影响。

（1）地理形态对武术的影响：地理形态对于武术流派的形成具有很大的影响。我国北方多平原，冬季气候寒冷，武术技法以腿法见长；南方多山水，生活区域狭小，则武术以拳法见长，且技法细腻。

我国地域辽阔，古时交通不便，山脉阻隔，从而不同地域所产生的武术流派的交流与融合相对比较困难，并且古时各门派相对比较保守，从不外传功法，这就使得我国传统武术在相对独立的环境中发展，形成了不同的武术流派风格。

（2）气候对武术的影响：气候也对社会文化具有重要的影响。北方气候寒冷，受草原游牧文化影响，人们粗犷豪放，自然就产生了摔跤、散打这种独具民族特色和地域特色的武术形式。南方的气候条件相对较好，从而形成了情感丰富、心思缜密的性格，其武术功法也表现为手法灵活、拳势劲悍的特点。

2.地域文化对武术的影响

地域文化是特定区域的人们在特定历史阶段创造的具有鲜明地域特色的文化。武术来源于人们的生活，受到自然文化方面的影响，不同的资源环境形成了不同的民族文化特性。同时，传统武术也是地域文化的一个重要方面。

地理环境在一定程度上影响了人们的生产生活方式，人们会针对不同的地理环境发挥自身的聪明才智来利用、开发自然，从而表现出不同的文化特征。

我国长期以来以男耕女织的自给自足的复合型经济为主，人们从事农业生产，追求稳定与安宁，从而对于人与自然的关系有着较深的理解。"天人合一"的思想也是在这一环境下产生的。传统武术追求人与自然的和谐，这充分显示了我国传统体育的个性特征。

当然，传统体育文化不仅受地理环境、区域文化的影响，还受到区域的政治、经济等方面的影响。在地区的各种因素的综合影响下，区域传统武术文化不断发生适应性变化，表现出多样化的地域风格。

（二）传统武术文化的地域性特征

地域文化在区域地理的基础上发展而来，其带有历史的痕迹，文化底蕴深远。近年来，随着我国对于武术文化的整理和研究的不断深入，很多学者开始对武术的地域性进行研究，武术与地域文化之间的关系逐渐被揭示。

我国地域文化的不同是传统武术文化多样性存在的基础，这也使得我国武术派系丰富多样。不同地域的武术具有鲜明的地域特点，因此很多学者根据地域将传统武术分为不同的门派，从而有了北派武术和南派武术之分。在北方特有的地理环境影响下，北方人的体质相对强壮，因此，北方拳种以刚为主，主搏于人的拳术较多；相比之下，南方人短小精悍，情感丰富，拳法细腻且复杂。

我国传统武术与传统文化之间具有密切的联系，与我国的哲学、医学、兵法、艺术等相互影响、相互融合。在对其进行研究时，如果仅从一方面来对其进行解读，显然会带有一定的局限性，是片面的。很多学者从地域文化学的观点出发，注重从多个角度来对传统武术进行综合分析，这就打破了以往相对封闭的学术研究，这就对掌握武术的内涵和发展流变具有重要的意义。

二、京师武术文化

（一）京师武术文化的起源和发展

京师作为我国的历朝历代国都、各行各业聚集之地，是经济最发达、文化交流最为活跃的地方，吸引了大批的艺人在此卖艺、杂耍，保镖、拳师等职业为武术的发展提供了空间。

1.京师地理位置的变迁

（1）我国古代各朝代的京师：京师，即首都，是一个国家政治、经济、文化等各个要素的聚集地，象征着国家权力和统治者的地位。在所有城市中，京师的地位是最高的。在古代封建社会中，京师的崇高地位表现尤其明显。相比世界各国，中国的首都经历了多次变动，变动次数远多于其他国家。华夏文明具有强大的包容性和成长性。这些特性的出现，得益于我国广阔的国土和多样化的地域经济。在中国5 000多年文化的发展过程中，有200多座城市被历代统治者选择为首都。

通过观察不同时期各个朝代的都城，我们可以得出结论：在王朝较统一的时期，封建统治者更倾向于将都城定位在北方。在北宋之前，历代王朝建立都城的城市主要集中于长安、开封等地。在北宋之后，历代王朝建立都城的城市主要集中于北京、开封、南京、杭州等地。国都的变迁会改变国家经济重心的文治，重新分配政治、军事、历史、地理等因素。在西周之前，三河地区是统治者的主要迁都地区。在西周之后、宋朝之前，关中盆地和伊洛盆地是统治者的主要迁都地区。宋朝之后，东部近海地区成为统治者的主要迁都地区。

时代的发展改变了历朝都城的位置。中国古代文明持续了数千年，其中统一王朝的持续时间约3 000年，分裂王朝的持续时间约1 300年。统一是我国朝代形态的主流。在统一的朝代中，前期迁都由西向东，后期迁都由南向北。国都的迁移改变了国家的经济发展中心，推动了不同民族文化之间的交流、融合，改变了都城周围的地理环境，重新分配了国家的政治因素和军事因素。简言之，都城位置的变迁推动了中华民族的发展，以汉族为主要组成部分的中华民族逐渐发展成为强大的民族。

（2）京师的社会背景：在选择都城时，统治集团的利益是统治者首先考虑的因素。纵观历史，各朝代统治者选择作为都城的城市都具有良好的天然防御，土地肥沃，山水齐全，交通便利，经济发达。天然山脉可以构建都城的防御工事，四通八达的交通可以保证都城的运输通畅，丰饶的土地可以保证统治者和都城居民衣食无忧，大川河流可以为都城居民提供充足的水源。自然环境、地理地势、气候条件等，是影响统治者选择都城的主要因素。自古以来，我国各朝代都城都具备较强的军事防御能力、繁荣的经济实力、秀美的高山大川、便利的交通运输。运河的起点、终点、途经区域都和都城有着密切的联系。时代发展会影响都城的选址，都城的选择需要考虑国家的政治中心、军事中心、经济中心。时代的发展会改变国家的中心，都城没有绝对理想的选择。统治者的个人好恶无法完全决定都城的选择。政治、经济、文化、军事、地理是影响统治者选择都城的主要因素。

（3）北京成为京师的原因：安全是首都选址的首要因素。首都是全国人民的心理寄托和精神寄托之处。首都被占领，将会直接摧毁全国人民的心理防线，影响国家的生死存亡。西周时期，都城镐京被犬戎占领，标志着西周的灭亡。北宋时期，都城汴梁被金军占领，标志着北宋的灭亡。明朝时期，都城北京先后被李自成、多尔衮占领，标志着明朝的灭亡。首都选址的基础是城市的经济发展状况，经济决定了首都居民的生活质量和生活水平，居民的生活状况决定了社会的稳定性，社会的稳定性决定了统治者的政权稳定性。西安、洛阳等各朝都城的社会经济都比较发达。都城一般会选择位于国家中心的城市。中央区域有助于首都联系全国各个区域，调配资源和经济利益。

历史机遇和地理位置是北京成为首都的重要原因。北京的西部和北部依靠太行山、燕山，东部面对大海，南部是平原地区，整体呈现半封闭的状态，易守难攻，军事优势明显。

2.京师的地理环境

（1）地理环境对文化的促进作用：在社会实践过程中，人类的价值观念会化为文化。自然环境是文化产生的基础，不属于文化的范畴。气候和地理环境影响了北京地区的人文环境。区域划分、人地关系、地理特征都是影响地域人文环境的重要因素。在古代，我国没有较系统的地理学理论和人文地理学理论，缺乏相关理论研究。在近代，国外已经出现了较成熟的人文地理学研究，如德国的环境决定论、法国的可能论等。第二次世界大战后，各国逐渐形成了独立的部门，研究人文地理学理论，开发人文地理学技术。在当代，人文地理学的发展速度较快。空间、全球化、城市化、人口、迁移、文化、景观、发展、政治等，都成为人文地理学的主要研究方向。经济地理学、城市地理学、旅游地理学、政治地理学等，成为人文地理学的主要分支学科。经验主义方法、实证主义方法、现象学方法等，成为人文地理学的主要研究方法。地理学逐渐成为研究人文环境的核心学科。

为了研究地理环境对人文环境的影响，我们可以从人地关系入手，借助国外成熟的人文地理学知识和理论，坚持唯物主义原则，了解北京地区的地理环境和人文环境之间的关系。政治、经济、文化、人群、风俗都会受到地理环境和气候环境的影响。按照人和环境的相处模式，可以将人文环境理论划分为环境决定论、环境可能论、环境适应论等多种人文环境理论，其中协调论、可持续发展论是人文环境领域接受程度最高的两种研究理论。

（2）北京地理环境对文化的影响：北京位于我国北部，地形主要以山区和平原为主，山区较多，平原较少。北京西部、北部、东北部以山区为主，整体分布呈扇形，围绕在北京平原地区。北京整体地势呈现出西北较高、东南较低的状态。起源于西北山地的五条大型河流流经北京地区。暖温带半湿润大陆性季风气候是北京地区的主要气候类型，这种气候类型的特点是冬夏季时间较长，春秋季时间较短，夏季持续高温，降水丰富，冬季温度较低，空气干燥。

地理环境对北京文化的影响比较显著。在先秦时期，北京文明初步形成，北京地区气候恶劣，战乱频发，距离中原地区较远。常年战乱、气候寒冷、土地贫瘠，严重缩短了北京地区居民的平均寿命，削弱了人们的身体素质。北京地处东北平原、华北平原、黄土高原、蒙古高原的交会处，汉族和北方游牧民族连年征战，农耕文化和游牧文化在北京不断对抗和融合。

3.京师的人文环境

地理环境是京师文化产生的基础，京师居民是京师文化产生的关键因素。为了满足生活需要，获取个人利益，北京地区逐渐形成了具有浓厚地域特色的文化和民风。汉文化是北京文化的主体内容，其中包含着部分少数民族文化。按照文化的强弱，京师文化可以分为强势文化和弱势文化两种类型，二者都具备完整的文化属性和明显的文化特征。华夏汉文化的包容性较强，文化体系完整，可以包容少数民族文化，吸收其他文化的精华来补充汉文化的内容。

（1）先秦燕国文化：先秦文化是华夏文化的先驱者，对华夏文明的影响比较显著。在先秦时期，北京属于燕国的国土范围，燕国文化是先秦文化的重要组成部分。国力和环境都是文化发展的重要影响因素。燕国是诸侯国之一，成立于周朝。公元前222年，持续了800余年的燕国被秦国打败，宣告灭亡。燕国文化属于周朝文化的组成部分之一。燕国地处北部，和其他诸侯国没有较多往来。燕国文化中时常具有一种慷慨悲壮的气息。燕国统治者常感叹燕国国力弱小，难以抵抗强大的外敌侵略。政治、经济落后是燕国覆灭的主要原因。燕国文化属于苦寒文化的一种表现形式。在苦寒文化的影响下，燕国文化出现了很多可歌可泣的英雄事迹，如"荆轲刺秦王""黄金台招贤"等。

（2）秦汉唐宋时期的文化融合：在接触和交流过程中，不同特征的文化互相吸收、渗透、学习、融合的过程，被称为文化融合。在秦汉唐宋时期，北京文化的发展可以分为两个阶段：第一阶段是北京内部文化的融合；第二阶段是内部文化和游牧文化的融合。

（3）建都后的首都文化：元朝之后，北京成为首都，占据了国家的文化中心和经济中心，文化和经济都进入快速发展时期。繁荣的社会经济为文化的发展奠定了良好的基础。从唐代之后，我国经济中心呈现出向南偏移的局势。北京重新成为首都后，全国各个地区成为北京的经济供给区域，国家统治者和北京原住民成为北京地区的主要居住人口。朝廷成为京师文化的主要影响因素。相比地方文化，京师文化逐渐呈现出平和中庸的状态，失去了时代的先进性。北京特殊的地理位置，为中原农耕文化和北方游牧文化提供了良好的融合环境。北方的骑射文化逐渐改变了北京的文化组成。"五四运动"将马克思主义带入北京文化中。北京文化逐渐走向文化的前沿，具备了时代的先进性。至今，京师文化一直处于全国地区文化的领先地位。因此，北京成为我国的文化中心。

（二）现代京师武术文化的社会定位

为了实现中华民族的伟大复兴，我国必须在增强国家硬实力的同时提升国家软实力。中国武术是中华民族传统文化的典型代表之一，而京师武术又是中国武术的重要组成部分。京师武术理应担负起增强人民意志、强健人民体质、帮助国民建立强大的民族自信的责任。为了发展京师武术，必须严格把握京师武术文化的价值取向和文化内涵。京师武术文化应成为社会主义文化的载体。

体育价值、教育价值、文化传播和时代责任，是现代京师武术文化的主要社会定位。

1.现代京师武术文化的体育价值

武术文化是中华文化的组成部分之一，具有搏杀、健身、娱乐、教育的功能。武术的价值决定了社会对武术的接受程度。京师武术是中国武术的典型代表，其价值发展也具有很多时代特点。京师武术的体育价值是新中国成立以后才开始体现的。在古代，为了争夺生活资源，开疆扩土，武术具有重要的搏杀价值。新中国成立后，武术的搏杀功能被时代淘汰，体育价值开始凸显，强身健体成为武术新的价值体现。在全国范围内，武术的体育价值逐渐受到人们的重视。京师武术成为全国武术的代表，再次成为中国武术发展的先锋。

北京是新中国的首都，京师武术是我国体育化改造武术的首要试点，京师武术的成功改造为全国武术的体育化改造提供了宝贵经验。

1949年，中华民族进入崭新的发展时代，中国武术进入新的发展时期。居住于北京的大量习武之人开始进入社会，为北京居民传授武术技巧和武术经验，增强人民的身体素质。在国民政府期间，很多武林人士没有施展伟大抱负的环境。新中国的成立，为他们提供了新的环境。武馆、武术社等民间组织大量出现在北京城中。公园、体育场、广场等公共活动场所都成了武林人士教授群众习武健身的重要场所。

新中国成立后，北京多次举办了大型运动会和联欢会活动，为习武之人提供展示武术技巧的平台，增强武术文化的社会影响力。1951年，劳动人民文化宫举行了大型联欢会活动，武术表演是表演项目之一。

新中国成立后，武术的体育属性和文化属性受到武术领域的重视。中华武术具有庞大的内容、复杂的种类、多样的形式，因此传承中华武术，舍弃武术文化中的糟粕成为我国发展传统武术的重要问题。武术属于体育项目的一种，国防和生产是当时武术的主要服务目标。1952年，我国成立了国家体委，设立了体育研究会，开始对民间武术进行整理、继承、推广等工作。为了研究民族武术，我国展开了第一届全国民族形式体育表演和竞赛大会，任何民族武术都可以成为比赛项目，并登台演出。

1955年，我国确立了整顿武术、收缩武术的发展方针，取消了武术比赛的对抗内容，演练武术套路成为武术比赛的主要内容。

技击和击舞是武术的基本功能。两者都需要得到充足的发展空间。将技击作为发展中心或者将击舞作为发展中心，成为当时武术领域各学者争相讨论的内容。武术是一种复杂的文化表现形式，同时包含技击性质和体育性质。体育是武术的主要属性，技击是武术的辅助属性，应以体育作为武术的主要发展内容，保留武术的本质内容。之后，发展击舞成为武术的最终发展方向。

2.现代京师武术文化的教育价值

（1）政府主导武术进入教育领域：1952年，国家体委成立。1955年，在全国体育工作会议中，国家体委提出整顿和收缩是我国发展武术的主要方针。竞技化武术是中国武术的重要发展方向。改革开放后，中国武术进入正常发展阶段。散打成为中国武术发展的主要内容，成为国际性武术赛事的比赛项目。1978年，我国成立了武术散打调研组。1982年，全国武术工作会议提出了武术发展的设想。19世纪90年代后期，中国武术逐渐适应了市场经济，发展速度明显加快，商业性武术比赛逐渐出现在我国。1998年，北京召开了全国武术经济会议，确定了经济开发的总体思路，成立了中国武术协会经济开发委员会。2000年，北京举办了中国武术散打比赛，中国武术竞赛体制正式开始改革，中国武术被推向市场。武术套路是我国优先发展的武术项目之一。

为了统一武术技术和武术动作，我国出版了大量的武术教材。1956年，由国家体委编写的《简化太极拳》在人民出版社出版，这本书规范了太极拳的武术技术和武术动作，改革了太极拳中的部分武术技巧，简化了太极拳的动作和套路，降低了太极拳的学习难度。1989年，长拳、太极拳、刀、剑等正式成为亚运会和国际武术比赛项目。2007年，我国重新设置了武术等级的评价标准，所有武术等级均需要习武之人通过考试获得。

新中国成立初期，武术逐渐成为北京居民的日常运动项目之一，北京出现了大量面对群众的武术流派和武术组织，组织人们进行武术训练，增强身体素质。改革开放后，京师武术的传承思想逐渐开放，武术运动逐渐发展成为全民运动。北京的各大公园、居民区的空地、广场，都成为人们练习武术的主要场所。在政府的领导下，武术进入了北京城的大街小巷，进入了北京居民的日常生活中。强身健体、展现自我成为人们练习武术的主要目的。

（2）高校对京师武术文化的重视：武术是体育活动的项目之一，人们的生活习惯和认知程度决定了武术的传播和发展程度。作为国家重要的人才储备，年轻人更需要练习武术，以强健体魄、充实思想。

在一些大学里，学校团委带领部分爱好武术的学生成立了高校武术协会。热爱中国武术和传统文化的学生，是高校武术协会的主要成员。高校武术协会属于非营利性质的社会团体，由学校团委直接领导。武术运动开展的状况决定了武术协会的发展状况。在北京的很多高校中，如清华大学、北京邮电大学、北京科技大学等，武术协会、太极拳协会、散打协会比比皆是，这说明武术运动在高校中的发展状况良好。增强学生的身体素质、传承民族文化、发扬中华民族优良传统，是高校武术协会办会的主要目的。招新活动、训练活动、武术比赛、名家讲座等是高校武术协会的主要活动内容。

3.现代京师武术文化的时代责任

（1）社团组织对京师武术文化的促进：在政府的支持下，北京出现了很多民间武术组织。为了振兴中华武术，传承民间武术文化，很多武术大师提倡北京人民积极成立民间武术组织，凝聚民间武术力量，统一管理民间习武人士，扩大武术的传播范围，增强民间武术的社会影响力。

（2）民间武术组织的发展特征：普及武术运动，提高武术水平是民间武术组织的主要宗旨，人民群众是民间武术组织的主要服务目标。为了传承民族文化，研究武术内容，整理全国武术，生活在北京地区的习武人士开始聚拢分散的民间武术力量，成立较为集中的武术群体。1900年，太极健身推手研究会成立了四民武术研究会。抗日战争期间，四民武术研究会销声匿迹。1984年，四民武术研究会再次组建，为北京市民提供各类武术服务。同年，吴氏太极拳研究会成立，举办了多次公益性太极拳表演活动。

民间武术组织应积极承担引导国民思想的职责，通过武术帮助国民建立强大的民族自信。民间组织是我国对外传播传统文化的重要力量。为了弘扬我国的优秀传统文化，很多民间武术组织积极参与国外出访活动和演出活动，将我国的优秀武术文化展现给国外的人们观赏。陈式太极拳研究会会长冯志强曾参加过北美洲、南美洲、欧洲、亚洲多国的武术演讲活动，为当地人民传播我国的传统文化。

（3）京师武术文化在国家层面的传播：京师武术文化研究以北京地区为主体。在武术领域，管理武术事务的中国武术协会和武术运动管理中心，是国家推动武术发展、传播的重要组织机构，中国武术协会和武术运动管理中心均坐落于北京。

传播武德、传播武术美学、传播武术进取思想、传播武术健身功能是我国传播武术文化的主要方向。在武德方面，武术的道德决定了武德的内容，每位习武之人都应遵循武德，规范自己在武术活动中的行为。崇武尚德、尊师重道、舍己为人、见义勇为等是武德的主要内容。在武术美学方面，武术包含技击和击舞。技击代表了武术的技巧，击舞代表了武术的美感，应以发展技击为前提，着重发展武术的美学。只注重技击而不注重美感的武学动作应被舍弃，只注重美学而失去技击功能的武术动作同样应被舍弃。水平、难度、美感、新颖度是判断武术动作的重要标准。美感确定了武术动作的规范和武术动作的层次。在武术进取思想方面，创新套路、为国争光是武术进取思想的主要内容。在各种国际性武术比赛中，为国家夺得荣誉，是每一位武术运动员应当具备的基本思想。在武术健身功能方面，练习武术的基本目的是强身健体，练习武术的主要作用是内外兼修、强健体魄。武术运动管理中心应积极开展全民性的武术健身活动，推广民间武术，推动全民武术事业的发展。

（4）现代京师武术文化的价值体现：体育、教育、文化传播是现代京师武术文化的社会定位。强身健体、教育功能、文化功能是现代京师武术的价值内容，其中强身健体是价值内容中的主要组成部分。

无论是以"术"为表征的武术技术，还是以"道"为表征的武术文化，都依赖于武术价值的传播和交流。在古代，搏杀是京师武术的主要价值。在近代，搏杀和强身健体成为京师武术的主要价值。新中国成立后，国内进入和平发展时期，强身健体、休闲娱乐成为京师武术的主要功能。京师武术成为中国传统民族文化的重要载体。

（三）京师武术文化的发展规律

京师武术文化的发展具有一定的规律。为了利用京师武术文化，增强京师武术文化的服务性，需要探寻京师武术文化的发展轨迹，掌握京师武术的发展规律。

1. 古代京师武术文化的发展动力

在古代,京城是统治者的居住场所,是皇帝生活起居的城市。古代封建统治者的需要为京师武术的发展提供了充足的动力,营造了良好的发展环境。武术的搏杀功能可以帮助统治者建立政权。古代的统治者会严格控制民间武术的发展,将武术的核心技巧和内容控制在皇室手中。最终,掌握在统治者手中的民间武术逐渐发展成宫廷武术。为了吸收全国各地的优秀武术人才,武则天创立了武举制度,全国各地的优秀武术人才都可以前往京城参加武举考试,成绩优异者还可以直接进入皇宫担任职位。辛亥革命后,孙中山等革命人士推翻了统治我国几千年的封建王朝制度。统治者对民间武术的控制力迅速消失,京师民间武术取代了宫廷武术,成为中国武术的引领者。新中国成立后,为了增强中国人民的身体素质,振兴中华民族,武术的健身功能逐渐被开发使用,并得到了全面推广。

2. 时代环境决定了武术的主要价值

武术的本质属性是技击,时代的发展会改变武术的本质属性。社会的需要决定了武术的发展方向,在古代,战乱频发,保护生命安全和财产安全是人们练习武术的主要目的,体现了武术的搏杀功能。新中国成立后,武术的搏杀作用逐渐弱化,健身作用逐渐增强,健身成为武术的主要功能。

3. 京师武术文化的当代价值

京师武术文化汇聚了全国武术文化的精华,是武术文化中的瑰宝。京师武术文化的发展决定了中华武术的发展。和其他地域性武术文化不同,京师武术文化承担着统揽全局、领导武术发展的重大职责。在竞技武术、社会武术、学校武术、武术产业等方面,京师武术文化一直是全国武术文化的引领者。现代,京师武术文化的价值定位为民族精神。民族精神是中华民族最宝贵的民族财富,京师武术文化是传播中华民族精神的优秀载体。中华民族是持续繁衍了五千多年的古老民族,文化自信是中华民族屹立不倒的重要保障,从古至今,中华民族一直保持着勤劳的民族作风,崇尚和平,追求和平,自强不息,厚德载物,在建设现代化社会主义的今天,我们更应该坚持中华民族的优良传统,保证民族精神的传承。

近年来，京师武术在全民健身方面的影响越来越大。在学校武术方面，中小学、普通高校和体育院校都十分重视武术。在文化传播方面，社团组织和国家层面都发挥了重要作用。现代京师武术文化的价值具体体现为健身、教育、文化等方面。通过练习京师武术，练习者可以提高文化自信，增强身体素质。在练习过程中，练习者可以逐渐理解京师武术中包含的中华传统文化。

三、燕赵武术文化

（一）燕赵地区武术发展环境与武术文化的形成

在中国武术文化发展历史中，燕赵武术文化是其中重要的组成部分。燕赵地区内和武术活动有关联的物质、精神创造成果，都属于燕赵武术文化。

1.燕赵地区的自然环境与人文环境

（1）燕赵地区的自然环境：燕赵地区常年旱涝交加，处于南北交会处，沧海桑田和大禹治水是流传于燕赵地区的两个传说故事。在尧舜时期，黄河经常发洪水，洪水泛滥的地区就是燕赵地区。历史上，燕赵地区的人民在洪水的侵害下苦不堪言、土地歉收、食不果腹、民不聊生。北宋庆历八年，黄河决堤，洪水淹没了河北清河、冀州等地。嘉祐五年，黄河再次决堤，洪水泛滥于河北大名县。此后，黄河多次决堤，河北省部分地区成为黄泛区。南北交会是指燕赵地区处于黄河中下游平原的北方，燕山是南北的分界线，燕山以北是内蒙古高原和华北平原，属于游牧民族的生活区域；燕山以南则是汉族的农耕区域。在历史上，燕赵地区一直是兵家必争之地。北方游牧民族进入中原后，曾将燕赵地区作为开拓的基础。燕赵地区囊括了海河、辽河、古黄河、大运河等众多流域。隋朝在燕赵地区开凿了大运河，连通了这些流域和水系，进一步完善了燕赵地区的水路交通。燕赵地区的环境特征成为地域文化的发展助力。

（2）燕赵地区的人文环境：古代汉族和北方游牧民族融合于燕赵地区。在漫长的历史发展过程中，燕赵地区发生了很多传统的融合、破碎、创新。北方游牧民族进入中原需要经过燕赵地区，中原居民北上也需要经过燕赵地区。从历史上看，燕赵地区一直处于两军战争的最前线。东汉时期，鲜卑、南匈奴等藩国侵略燕赵地区。晋卫十六国时期，北方游牧民族再次入侵燕赵地区。唐朝的安史之乱兴起于燕赵地区的幽州。宋代以后，中原和各北方民族更是在燕赵地区进行了多场战役。在历史因素的影响下，燕赵地区的生存环境充满了武力，该地区的人民性格刚烈，尚武之风盛行。为了应对战乱，燕赵地区的人民大都掌握了军事武技的使用技巧和使用经验，使得武力成为燕赵地区人民生活的重要能力。

从民族交流和文化融合的角度来说，燕赵地区是文化交流的前沿阵地和主要区域。燕赵地区以北是代表游牧民族的游牧文化，以南是代表汉族的农耕文化。两种不同风格的文化在燕赵地区开始碰撞和融合。游牧民族文化为农耕文化注入了新的生命力，对中原农业文化形成了巨大的冲击。在清朝，为了应对燕赵地区的文化冲击，康熙、乾隆等皇帝调整了政策，将燕赵农业和手工业融合发展，打造了中国封建历史上最后一个盛世王朝。

2.燕赵地区的武术文化形成

燕赵地区尚武之风盛行。在历史上，燕赵地区出现了多位著名的将军和武士。在中国古代各朝的武举考试中，燕赵地区的武状元层出不穷。在燕赵的地方戏中，更是有很多戏剧（打戏、武戏较多）中有武生、武旦等角色。

（1）燕赵武士：在冷兵器时代，诸多大大小小的战争都需要高超的格斗技巧。这种形式的战争推动了武术的发展，造就了大批武功高强的将领和战士。在春秋战国时期，乐毅、廉颇等名将出身于燕赵地区。在东汉三国时期，张飞、赵云、文丑等名将出身于燕赵地区。在东晋唐朝时期，刘琨、罗艺等名将出身于燕赵地区。在宋朝，赵匡胤、高怀德等人出身于燕赵地区。

燕赵地区不仅名将辈出，还出现了很多令人尊敬的武状元。在明嘉靖四十四年，燕赵地区的武举占据了皇榜前三位。燕赵地区出身的武举占据了明朝武举总人数的半数以上。根据《状元史话》记载，燕赵地区的武状元占据了全国历代武状元总数的三分之一。

（2）燕赵地区的民俗武风：在历史环境、地理环境、政治、经济、战乱等因素的共同影响下，燕赵地区开始盛行尚武之风，民风刚健，文化内容丰富。纵观历史，燕赵地区接近胡人的地区，常年受胡人战乱的影响。在文化领域，燕赵地区的文化属于汉人文化和胡人文化的融合文化，其中包含了少数民族的豪爽、刚健。因此，燕赵地区的人民擅骑射、武术。在历史的发展过程中，燕赵地区出现了很多可歌可泣的历史事件，如荆轲刺秦王、忠君报国、程英保遗孤等。

我国是一个多民族的文明古国。在武术的发展历史中，每一个民族的武术技能都对中国的武术发展作出了巨大的贡献。不同民族之间的武术交流，推动了中国武术的发展。

（二）燕赵武术文化的拳种体系与个案分析

1.燕赵拳种体系总况

燕赵武术的武术资源丰富，拳种较多。从元朝以后，北京一直是一座特殊的城市。燕赵地区也一直是中国武术文化的发展中心。燕赵武术文化散布于中国武术的大部分拳种中。形意、太极、八卦、八极是中国武术的主体部分。很多起源于燕赵地区的武术类型和拳种逐渐传播向其他区域并开始发展。燕赵武术包含众多武术门派、拳种和拳械。沧州是这些拳种的主要聚集地。在长期传承过程中，这些拳种融合了当地的地域特色，逐渐发展成为地方性拳种，如沧州的八极拳、保定的形意拳、唐山的猿功拳、衡水的梅花拳等。燕赵武术文化种类繁多的另一个原因是燕赵地区集合了多个民族，包含了多民族文化的特点。

2.燕赵拳种示例

（1）八卦掌。

第一，董海川和八卦掌的起源：董海川是八卦掌的创始人，出生于河北文安，自幼学习武术，长大后进入肃王府，将八卦掌传入北京。同治十三年，董海川开始收徒传授八卦掌。1882年，董海川去世，其徒弟记载了他的生平事迹，并将八卦掌继续传承下去。《八卦掌源流之研究》中记载，董海川开创了八卦转掌，八卦转掌就是后来八卦掌的雏形。

第二，以奇巧著名的八卦掌体系：八卦掌属于内家拳术，特点是掌法多变、行步灵活。练习八卦掌时，练习人要按照八卦卦位进行圈位行走。每圈八步，契合八卦的八个方位，因此被命名为八卦掌。八卦掌以八个卦位为基础，分为八形。每一种拳形分为八组，每组均使用一个字概括动作内容。八卦八组共六十四个字，符合周易六十四卦的分布。每一组有七种不同的基本动作，以七代表"七日来复"。八卦掌的每一形有五十六种不同的动作，加上连环动作，共六十四个动作。每一形分为上、中、下三路，对应天、地、人三才。

八卦掌分为动功和静功。转圈方式分为顺时针和逆时针，左右对称。掌法和步法分离，互不干扰。八卦掌的基本功和核心内容是走圈。这是八卦掌和其他武术最大的区别。八卦掌中使用的器械有八卦刀、连环剑、五行棒等。这些兵器造型奇特、技法奇巧，是八卦掌的重要特点之一。

（2）形意拳。

第一，形意拳的起源：形意拳分为三种流派，分别为山西形意拳、河北形意拳、河南形意拳。形意拳的起源是心意六合拳，即心意拳。河南还保留着心意拳的说法，山西、河北两地统称为形意拳。在燕赵武术文化中，形意拳属于传入燕赵地区的外来拳种。

第二，形意拳的发展：形意拳已经经历了三百多年的发展。1836年，李飞羽开创了心意拳术，并对其进行了改革和创新，逐渐发展成为后来的形意拳。形意拳发于内功，拳法精巧，拳路形象，气势恢宏。形意拳在河北发扬光大，后来传入燕赵地区。形意拳在技法方面除遵循"武术技法原理"外，还强调下述基本技法规律，形成其技法特色。这些基本技法包括：顶垂扣抱，上下相照；犁行踩砸，疾动紧随；沿直簪翻，护中夺中；齐蓄齐发，内外六合。使拳法不仅有着实战作用，更有理论作用。

第三，形意拳的历史：形意拳的起源早于八卦掌和太极拳。形意拳的拳法包含了传统哲学思想，以内外双修、体艺兼备作为技法的指导原则，体现了中华民族传统的整体思维。形意拳以整体思维为基础，讲究拳法要素之间的联系，创造出了劈拳、崩拳、钻拳、炮拳、横拳等技法，在当时是具有一定科学性和先进性的拳法。形意拳重在形意。五行拳、十二形拳是形意拳的核心。形意拳中包含了拳理、道理、医理等内容，提高了形意拳的武学起点。形意拳的基础拳法学习难度较低，对练习者没有过多的要求，男女老幼都可以修习形意拳。形意拳以明劲、暗劲、化劲为基础，创造了固定的练拳方法、练拳步骤和练拳过程，使形意拳的进步过程循序渐进。根据五行化生的原理，形意拳的动作可以锻炼人体的内脏，保证内外兼修。

形意拳，以形意为主，讲究内外兼修，风格独特。初期的形意拳包含前六势和后六势。后来的形意拳传人都以这十二势为基础，对形意拳进行创新和发展。形意拳中包含了团结爱国的思想传统，河北、山西两派形意拳弟子的友好交流展现了形意拳门人的团结互助。形意拳门人和其他各门派武术门人的关系都很和谐，和八卦掌、八极拳的门人联系比较密切。形意拳门人的爱国主义精神，是形意拳受后人尊敬的主要原因。1911年，形意拳门人李存义在天津创办中华武士会，联合武术界的同行，培养更多的武术人才，从而推动了中国武术事业的发展。

（3）大成拳。大成拳是燕赵武术文化中的新兴拳种，诞生于20世纪40年代的北京。大成拳的训练特点是站桩训练，不讲究步法。相比其他拳种，大成拳的发展历史比较短，但特色鲜明、理念成熟，属于中国武术中的新拳种。

第一，从形意拳到大成拳：1918年，王芗斋来到嵩山少林寺，和当时的形意拳传人恒林和尚切磋数月。从少林寺离开后，王芗斋以形意拳为基础，抛弃了形意拳中的形，以意为核心，创造了意拳。1928年，王芗斋在杭州国术大会表演意拳，引起轰动。1937年，王芗斋定居北京，并开始传授意拳。经过四十多年的发展，意拳正式更名为大成拳。1944年，在《大成拳论》中，王芗斋确定了大成拳的拳学理论，并以此作为大成拳的理论基础，标志着大成拳正式成为一种成熟的拳种。

第二，大成拳的七妙法门：站桩、试力、步法、发力、试声、推手、实作是大成拳的七种基本功法。这七种训练方式是一个整体，具有较强的系统性。在大成拳的拳学理论中，力来源于站桩，试力可以了解力度的强弱，推手可以懂得力度的本质，实作可以指导力度的变化，试声可以巩固练习者的元气。七妙法门成为大成拳的理论框架。站桩训练成为大成拳的武学基础。在中国武术中，站桩是一门优秀的传统功法，大多拳种门派不会将站桩训练流传出去。王芗斋将站桩作为大成拳的基本功，并对外公开站桩训练的方式和内容。大成拳的站桩训练不是简单的静力训练，其主要目的是助长精神、锻炼身体、增加气力。

第三，大成拳的拳道：大成拳具有其他武术门派没有的特殊优点。大成拳包含了形意拳的发力迅猛、八卦掌的独特掌法、太极拳的借力技法、梅花掌的武学技能，博采众长，练用合一，系统性强，训练方式科学。大成拳强调神和意，不迷信，不封建，注重人的本能。大成拳的拳道是中国武学的一次创新。在当时，只有大成拳可以对练习者的身体进行全面的锻炼，并且没有年龄限制和性别限制，男女老幼皆可练习大成拳。

武术发展成熟的重要标志是实战表现。大成拳的成就和其出色的实战表现有一定的联系。王芗斋创立大成拳之后，大成拳门人的实战表现都获得了广泛的认可和尊重。1940年，王芗斋在大羊宜宾胡同举办武林同好会，接待了来自世界各国的武术爱好者，其中不乏一些国外的武术大家。王芗斋一生都在研究大成拳的站桩理论和养生之道。在养生方面，王芗斋吸收了各家的优秀理论，将站桩训练扩充为二十四式，使养生站桩训练趋于完整。新中国成立后，王芗斋开始游走于各个医院和研究院，推行养生保健的方法，为中国的医疗事业作出了巨大贡献。

（三）燕赵武术文化的发展概述和发展历程

1.燕赵武术文化发展概述

（1）颜李学派和创新拳学体系。

第一，颜李学派的思想意识：颜元，河北人，明末清初的著名哲学家、启蒙思想家、平民教育家。李塨，颜元弟子，河北保定人，颜元思想的继承者和发展者。二者的代表学说统称为颜李学派。在五十多年的教育生涯中，颜元将自己的体育思想融入生活中的每一个细节。他认为学习武术需要博采众长，吸收各家的优秀技艺，文通武备。颜元开设了漳南书院，创办武备斋，教授兵法和水陆作战方法，开创了我国古代教育的先河。颜李学派的思想在当时广泛传播，甚至流传海外，对后世的影响比较显著。颜李学派的体育思想甚至改变了近代中国体育学校的教育方法和发展方向，成为新体育提倡者的理论依据。梁启超曾对颜元的思想进行了高度评价。

第二，孙禄堂拳学体系升华：孙禄堂，河北人，形意拳的早期研究者，后学习八卦掌、太极拳。1918年，孙禄堂将形意拳、太极拳、八卦掌合为一体，开创了新的拳法体系——孙氏太极拳。当代武术家、历史学家马明达曾这样评价孙禄堂："孙禄堂先生是传统武术文化的集大成者，武术领域的珠穆朗玛峰。他的武学体系是一座文化昆仑，其成就使后人难以逾越。"

(2)先行一步的近代武术组织和学校武术教育。

第一,中华武士会的创建和精武体育会的辉煌:1910年,形意拳传人李存义在天津创办天津中华武士会,该组织是中华大地第一个民间武术组织。李存义创办中华武士会的目的是团结习武之人,研究武术,培养人才,传播民族精神,此举受到孙中山同盟会的大力支持。1910年,霍元甲创办精武体育会,是我国创办时间较早的武术研究组织。精武体育会以体、智、德为宗旨,倡导爱国、修身、正义、助人、强国、强民、强身、乃文乃武的精神,这两个武术组织推动了中国近代武术的发展。

第二,中央国术馆的成立及影响:1928年,南京中央国术馆成立,是中国近代武术发展史中的里程碑代表,对中国近代武术产生了深远影响。中央国术馆的三位发起人张之江、李景林、张宪都是燕赵地区的河北人。1928年,中央国术馆举办第一届国术国考。在30名优胜者中,河北人占据了其中的13个名额,更是囊括了前5名的位置。1936年,中央国术馆跟随国家队参加第十一届柏林奥运会,中华武术首次在世界舞台上出现。

第三,学校武术教育的开展:1911年,许禹生成立了体育研究社,提倡将武术加入学校的体育教育课程中。1915年,天津全国教育联合会提出将武术作为学校体育教育的内容。1920年,蔡元培将武术加入北京大学的课程教育中。

2.燕赵武术发展历程

(1)镖局的兴衰:在清朝康熙和雍正时期,近代中国的发展影响着镖局的发展,镖局则影响着中国武术的发展。清朝初期,镖局生意兴隆,商人、官员、贵人都会通过镖局运输一些比较贵重的东西。在乾隆、嘉庆年间,镖局异常活跃。北京地区是镖局发展最活跃的地区。燕赵地区的河北沧州,是当时多个地区的货物集散地,汇集了各路达官显贵,保镖、运镖业务空前繁荣。20世纪后,以北京为中心的交通网络相继启用,传统的镖局行业受到冲击。军阀混战,群雄割据更是压缩了镖局的生存空间。1921年,兴盛于北京地区的八大镖局相继关闭。从此,镖局行业在中国正式退出历史舞台。

(2)义和团运动:清末民初,燕赵地区一直是民间活动的主要聚集地。1900年,义和团运动将民间武术活动推向了顶点。义和团运动起源于山东,后发展至燕赵地区。义和团运动的最初目的是反抗殖民者的侵略战争。甲午战争时期的八国联军统帅西摩尔曾回忆说:"如果义和团所用的武器是近代枪炮的话,那么我所率领的联军必会全军覆没。"义和团运动是中国封建社会武术运动的最后一次大规模实践活动。甲午战争之后,面对杀伤力巨大的西方现代武器,中国武术的技击功能彻底丧失。

(3)太极拳的振兴:在封建社会中,中国武术一直以小农经济社会的特点缓慢发展,并保持着一种自然演变、自给自足的状态,对环境的适应性较强。19世纪50年代,河北永年人杨露禅进入北京,开始传授太极拳。太极拳起源于河南温县陈家沟,在早期是一种很少有人知道的拳种。后来,太极拳传入燕赵地区,成为中国武术文化中的一大拳种。太极拳经历了大约150年的发展,从默默无闻到享誉全国,见证了中国武术文化的历史变迁。太极拳成为中华民族传统文化中的重要组成部分,在无数武术传承者的努力下传承至今。

3.燕赵武术文化发展中的爱国主义精神

我国著名学者陈其泰曾经说过:"文化史研究所强调的整体性,有力地启发史学史研究者更加自觉和充分地考察优秀史著如何反映了时代的脉搏,怎样体现出我们中华民族自强不息、奋发进取、勇于创造、不畏强暴、从不屈从于外来压迫的精神。"在燕赵武术文化的发展过程中,无数燕赵地区的习武之人更是以爱国主义精神谱写了一部又一部的壮烈悲歌。爱国主义精神深植于中华民族的精神土壤之中。

(1)从慷慨悲歌到廊坊大捷:春秋战国时期,当时的燕国统治者将此地命名为燕赵地区,燕赵地区位于两个大国的交界处和游牧民族相邻。在战争年代,燕赵地区的人民经常会受到胡人的侵略,为了生存和自保,他们自幼习武,推崇尚武之风,以武术保卫家园。公元302年,燕赵人民发起强国运动,为了抵抗大秦的压迫,燕国太子丹寻访能人志士,最终和荆轲上演了一幕传奇的"荆轲刺秦王"。正如《咏荆轲》中,"燕丹善养士,志在报强嬴。招集百夫良,岁暮得荆卿。君子死知己,提剑出燕京"。这些都体现了燕赵地区人民悲壮的爱国主义精神。1900年,义和团在燕赵地区取得廊坊大捷。武术是义和团成员的重要反抗工具。当时的义和团成员凭借血肉之躯,以武术战胜了西方的枪炮,以中华民族的不屈意志震惊了全世界。

(2)从闻鸡起舞到卢沟晓月:刘琨和祖狄是燕赵地区有名的爱国志士,

二人苦练武艺，闻鸡起舞，互相鼓励，互相学习。

卢沟晓月是燕京八景之一。1937年，日军发动全面侵华战争，卢沟桥事变标志着战争的全面开始。29军大刀队以夜袭的方式，直接挫败了日军的锐气，使当时的日军胆战心惊，29军大刀队中有很多来自燕赵地区的习武之人。燕赵武术名家担任大刀队的武术指导。民国时期国术大赛的第一名朱国福也担任过29军大刀队的武术教练，培养了大批优秀的武术人才。

燕赵地区的人民以爱国主义精神和自强不息的传统，坚持着自己的以武保家卫国的精神。从18世纪到20世纪30年代，燕赵地区的武者为中华民族的伟大复兴作出了巨大的贡献，从驱除鞑虏到抗日战争，燕赵武术融入了每一次反抗压迫的战争中，使中华武术在中华民族发展史上留下了浓墨重彩的一笔。

（3）精神长城：在冷兵器时代，建造在燕赵大地上的万里长城是难以逾越的鸿沟，但蜿蜒曲折的万里长城没有阻止任何一个朝代的兴衰更替，也没有阻止游牧民族进入中原。长城的命运和中华武术的经历息息相关。在冷兵器时代，战乱四起，民不聊生，中华武术开始发展壮大。经历数千年的发展之后，中华武术进入鼎盛期，但西方列强使用坚船利炮打开了我们的国门，中华武术终究难以抵抗洋枪火炮，从此退出了战争的舞台。时至今日，中华武术的技击功能已经逐渐不再适用于现代社会，现代人修习武术更多是为了强身健体、修身养性。人类社会的发展使中华武术逐渐转变为体育健身运动。

时代的变迁改变了中华武术的技击功能，但无法磨灭中华武术中蕴含的爱国主义精神。科技的发展、社会的进步都不能改变中华武术中蕴含的爱国精神。燕赵武术文化以其博大的胸怀，包容不同的外来文化，完善自我，积极进取，跟随时代发展的脚步。燕赵文化中的爱国精神、尚武之风会继续传承下去，不断发扬光大。

四、武术文化流派举例

（一）少林武术

1.少林武术概述

少林武术是中原武术中范围最广、历史最长、拳种最多的武术门派，因出于嵩山少林寺而得名。

（1）少林武术的起源。少林寺建立于北魏时期，当时天竺僧人跋陀来到我国，孝文帝在嵩山建寺供养跋陀，也即少林寺。少林寺僧人在修禅、健身和防卫的过程中逐渐创立了少林武术，经过僧人的不断习练和完善，而逐渐发展成了独立的武术流派。

（2）少林武术的发展。在北魏时期，少林寺是皇家寺院，得到了朝廷的丰厚赏赐，田产丰厚。为了保护这些财产，僧人开始习武。在隋唐时期，少林寺方丈组建了僧人队伍，成员为身强力壮、善用兵器的僧人，主要职责是保护寺院的安全，其后僧人开始不断参与政治活动，少林寺就开始养一些僧兵，发展到后来就是武僧。从此，有组织、有纪律的僧兵训练开始出现，并在历史上有显赫的武功。相关的史料记载着"十二棍僧助唐王"，少林寺和少林武术声名远播。

宋太祖赵匡胤和抗金名将岳飞等人都学过真正的少林武术。赵匡胤习练拳术，创立太祖长拳，对后世拳术产生了重要的影响。《少林拳术精义》记载，少林僧人向岳飞传授武术。明朝时，习武在民间开始盛行，武术在这一时期得到了快速的发展。僧人多次参加战争，并且立下战功。少林武术在武术领域占有重要的地位。清朝初年，民间禁止习武，少林寺僧众则多在夜间秘密习武。辛亥革命前后，少林武功得到了进一步发展，很多爱国人士学习少林武术。中华人民共和国成立之后，我国尤为注重武术的发展。一些省市创办了武术学会和武术训练班，有效促进了武术的发展。我国对各种武术项目进行了挖掘和整理，少林武术开始走向世界。

少林武术博采众长，将不同流派的武术精华容纳其中，从而形成了博大精深的少林武术文化。具体而言，少林武术融入步战、马战、气功、轻功、徒手、器械等，在世界范围内具有广泛的影响力。

（3）少林武术的门派。少林武术内容极其丰富，在一千多年的发展中，逐渐分为北派少林拳和南派少林拳。少林支派众多，有"三大家""四大门"之说。"三大家"即为红家少林、孔家少林、俞家少林。"四大门"包括大圣门、罗汉门、二郎门、韦驮门。

2.少林武术文化特征

少林武术是北派武术的代表，其功法朴实无华、刚劲有力，有利于进行实战。少林武术文化的特点主要表现在以下几个方面。

（1）禅武合一。少林武术源于少林寺，深受禅宗哲学思想的影响。唐宋以来，少林功夫的主流思想逐渐被"禅武合一"代替。禅是静，武是动，二者呈现的是一种截然相反的状态，实现合一主要将禅心应用于武术习练，将武术的内涵进一步丰富和发展，原本的攻击行为逐渐被"大慈大悲""积德行善"等代替，这对少林武术的发展产生了重要的影响。

"禅武合一"的练功方法是少林僧众在坐禅修炼中创造出来的。对于少林僧人来说，修禅即修行，而武术是一种练功方法。通过动静之间的结合，来促进自身修为的提升。武功高强的人，往往能够更好地理解禅理。少林武术的"禅武合一"的哲学对于我国传统武术具有深刻的影响，我国的传统文化也在少林武术中得到了很好的展示。

（2）朴实无华。朴实无华是少林武术的重要特征之一。少林武术在形成和发展过程中，其主要的作用反映在防身、护寺、健身等方面。少林寺各种武术都是在实用的基础上发展而来的，各种套路始终注重实战的要求。

（3）短小精悍。少林拳术是少林武术的重要内容，其拳术具有短小精悍的特点。其套路相对较短，一般都少于36组动作，并且动作之间的组合十分紧凑。整个套路动作可在短时间内完成，有利于全神贯注地完成动作。

（4）出疾收快、招式多变。少林武术的出手时间较快，对收势时的速度也有较高的要求，并且招式多变，可以根据实战的需要进行变化。

（5）刚健有力、刚柔相济。少林武术作为传统武术的代表，其具有刚健有力、刚柔并济的特点。在习练过程中，少林武术的劲力以刚为主，出招迅猛，能够给予对方以重击。同时，少林武术注重刚柔相济，或先刚后柔，或先柔后刚，使得对方难以摸清虚实。

（二）太极拳

1.太极拳概述

（1）太极拳的起源。关于太极拳的起源，学术界至今仍无定论。太极拳的起源学说，主要与唐、宋、元、明、清几个朝代有关。关于其起源，具有如下几种说法。

第一，唐代许宝平或明初陈卜起源说。一些学者认为，唐代的许宝平或明代初期的陈卜是太极拳的主要发明者。可从许氏手抄拳谱与陈氏家谱中找到相应的证据，其真实性有待进一步考证。

第二，张三丰起源说。这一说法认为，太极拳是由元明时期武当山道士张三丰创立的。张三丰被认为是武当派的创始人，振兴了武当山道教。学者们认为张三丰对阴阳太极有着较深的研究，其融合传统武术而创立太极拳。张三丰真有其人，但是张三丰与太极拳的关系并没有相关的史料可以证明。

第三，陈王廷和蒋发起源说。太极拳起源最可信的说法是陈王廷和蒋发起源说。明末清初太极拳开始流行，主要集中在河南农村一带区域。河南省习练太极最盛行的地区是温县的赵堡镇和陈家沟，蒋发和陈王廷就是出生于这两个地方。目前来看，这一说法的可能性最大。

（2）太极拳的发展。明清时期太极拳在河南农村传播。19世纪初，河北永年人杨露禅前往河南学习太极拳，拜陈长兴为师。其后杨露禅将太极拳功法在河北进行了宣传和推广，其后北京一带也出现了习练太极拳的人。从此，太极拳文化逐渐在全国范围内得到了传播。经过长期的发展，太极拳的内容逐渐完善，并形成了众多的流派，其中最具代表性的有五大门派，即陈式、杨式、吴式、武式、孙式太极拳，各家太极拳都有其自身的特色。

传播历史最悠久的则是陈式太极拳，外刚内柔，手法多变。现阶段，流传最广的是杨式太极拳，杨式太极拳由杨露禅首创，在第三代杨澄甫定型，动作协调连贯，具有良好的审美价值。吴式太极拳由吴氏太极创始人吴鉴泉创编。武式太极拳则是由武禹襄在河南温县赵堡太极拳的基础上发展创编的。孙式太极拳则是在武式太极拳的基础上发展而来的。

新中国成立之后，武术运动不断被挖掘整理，这使得武术运动得到了较快的发展。人们对于太极拳的认识不断深入，各种形式的书籍、影像资料众多。1986年，太极拳被正式列入国家体育竞赛项目，极大地促进了其发展。如今，太极拳不仅在国内得到了传播和发展，在国际上也深受人们的喜爱，并有着良好的发展前景。

为了便于在广大群众中推广太极拳，1956年，我国在杨式太极拳的基础上删去繁难和重复的动作，选取二十四式，编成"简化太极拳"。简化太极拳简单易学，如今已经成为人们健身的重要选择，其对于国民素质的提升具有重要的促进作用。

2.太极拳的文化特征

（1）人与自然和谐的哲学观。太极学说是太极拳的重要理论基础。太极学说认为，太极即天地未开、混沌未分阴阳的状态，太极演化出阴阳两极。人体是一个"小太极"，而自然则是一个"大太极"。在习练太极拳时，应注重阴与阳、虚与实、刚与柔，并将自身融入自然，最终达到"天人合一"。

（2）人与人和谐的伦理观。太极拳是重要的内家功法，其注重养生，练习者通过太极拳能够提升自身的素养。在习练太极拳时，推手动作是重要的习练内容。两两推手充分体现了人与人和谐相处的伦理观。

（3）追求终身和谐的养生观。太极拳注重身心的和谐、人与自然之间的和谐，其动作与动作之间也充满和谐的意蕴。太极拳作为重要的内家功法，其与其他功法的最大不同是注重养气。我国传统理论认为，"气"是生命之源，养生在于养气。而这就要求人们修心修德，在武功提升的同时，武德也有完善，这样才能够被称为宗师。

（三）武当派

1.武当概述

（1）武当武术的起源。武当山是道教圣地，位于湖北十堰市。武当地区在古代具有重要的战略位置，武当可被理解为"武挡"，即武力阻挡。武当武术其实早在张三丰之前就已经初具规模，其后不断得到发展。在唐末时就有武林人士在武当山隐修，当时已经有了武术的传承。

在张三丰之前，武当武术就已经诞生。但是，这一时期的武术不够完善，不能自成体系，影响力相对较小。张三丰是道教的集大成者，同时深受儒家思想的影响，其借鉴少林功法，将道义纳入武技，使得武当武术得到了快速发展，自成体系。元末明初时期，武当武术正式确立。在武当太极拳的经典拳经中有相应的歌诀，揭示了武当武术与道教的渊源，展现了儒道两家的融合。武当武术由前人不断实践所创，而并非张三丰一人之功。

（2）武当武术的发展。张三丰是武当武术史上的重要人物，其对三教同源比较提倡。在这一理论的影响下，张三丰的主要观点表现为：只要行善积德、仁慈悲悯、忠孝信义诚，自然不远仙道。其内丹学对真心、真性对于修炼内丹的重要性比较重视。张三丰还将儒家伦理与道教真心与真气的修炼相结合。张三丰总结前人理论开创了武当派，武当武术以"内家功夫"著称，对后世产生了重要的影响。

张三丰以道家理论为依据，将道家的内丹功和养生导引术与武术拳法糅合在一起，从而形成了独具特色的内功功法。这一功法注重养生，以防守为本，注重以柔克刚、以静制动、借力打力、后发制人。其后，经过不断完善和发展，武当武术逐渐发展成为与少林武术并肩的武术流派。中华人民共和国成立以来，武术运动发展迅速。在1982年，武当武术的庞大体系得到了一定程度的发掘。武当有众多门派，如太极、乾坤、八卦等派别。2006年，武当武术被国务院认定为中国首批"非物质文化遗产"。

2.武当派文化特征

武当武术理论体系完善，涉及养生、炼药、武术健身等方面的内容，它是我国传统文化的重要组成部分，我国的传统哲理都能够在其功法理论中得到呈现。武当武术是在我国传统文化的基础上发展而来的，其蕴含着深刻的传统哲理，具体而言，其主要包括以下几个方面的内容。

（1）武当武术的道家哲学。武当武术以道家理论为根本，反映着道家哲学。武当武术本质上是人们对于生命活动的探讨和展现，这是道家生命观的体现。武当武术在此基础上逐渐发展演化，从而形成如今完善的体系。

道家哲学是我国道家先哲对天、地、人三者之间的关系进行探析过程中形成的一种哲学观念。道家哲学在我国不断发展，并与佛、儒两家相互融合，对我国人民产生了深远的影响。道家思想最重要的概念是"道"，"道可道，非常道""道生一，一生二，二生三，三生万物"等都离不开一个"道"字。道家哲学认为，天地之间存在着"道"这一永恒，万物都是由其发展演变而来的。人们在行事时应该顺应大道。用道家的这一哲学原理来指导武术，收到了良好的效果。武当武术在各个方面都反映了道家文化，从养生炼药到自身防身，都是其体现。

（2）武当武术的技击为末学。武术其实质是一种攻防技击运动，这是公认的观点。但是，武当武术与其他武术运动具有很大的不同，其注重养生，而视技击为末学。这与道家哲学思想的影响具有很大的关系。

武当武术是在道家思想和哲学理念的基础上发展而来的。道家从老子初创之时就主张"清静无为",主张以理服人,不提倡进行争斗,处处宣扬无为而治的思想。因此,武当武术将武术的技击视为末学也就不足为奇了。技击对抗就是要削弱或消灭对方,在这一过程中和谐被破坏,造成相应的伤亡。这与道家的思想是相违背的。道家注重养生,通过身心的发展来实现长生的目的。所以,武当武术在道家思想的影响下,重养生而轻技击。由于武当武术注重养生而轻技击,这也使得其习练者多为老年人,而年轻人则相对较少。

另外,虽然武当武术视技击为末学,但是仍然创造和发明了很多武术功法,其也具有一定的技击功能。这是因为道家坚持朴素的辩证主义哲学思想,事物的发展都是对立统一的。因此,人们应该以善为本,但也应该注重对于不善的防范。武当武术注重后发先至正是这一道理,其功法强调在被动情况下的反击,而不提倡主动出击。

(3)武当武术的道德门风。武当武术门派自张三丰开山创派以来,其各代传人都要遵守祖师的训诫,这是武当武术的门风。虽然现代人已经无法知晓张三丰留下的训诫的具体内容,但是从道教的一些戒律以及武当内家拳派的各种传承的戒律中可以大致了解其内容。虽然各家拳派的戒律内容和条款各不相同,但是其基本原则还是比较统一的。

道门中有很多训诫,其在修行方面有"三戒",即皈依戒、皈神戒、皈命戒。具体而言,皈依戒是指要一心向道,排除杂念;皈神戒主要是指应信奉三十六部尊经;皈命戒则是指应听从高德行的法师的指引。由此可见,武当门派对于道德门风的重视。

(4)武当武术的道法自然。"道"反映在万事万物之中,通过对万事万物进行观察能够探索道的本源。万物从生到死,从起点到终点而形成了一个"圆",因此万事万物都不能脱离这个"圆"。在这一思想的影响下,武当武术中正圆融,处处将圆、圈、旋的有机交合运化之势体现出来。最鲜明的是八卦掌和太极拳,这两项功法都绕圆走转,处处体现圆融之美。道家还注重"道法自然",武当武术也从自然中获取灵感,很多招式都来自对动物的模仿。例如,太极拳中的各种招式,很多都是在对鸡、虎、鹤、马等的模仿基础上整合发展而来的。

第三章 中国武术文化与其他传统文化的融合

传统武术是一项原始的民族传统体育，它是在长期的生产劳动中形成的，具有明显的民族特性。在传统武术的发生发展过程中，中国传统文化对其造成了很大的影响，从而赋予传统武术更多中国传统文化的色彩。本章内容主要包括传统武术的文化进程、传统武术与中国传统哲学文化、传统武术与东方古典美学文化、传统武术与中国传统艺术文化、我国不同地域传统武术文化研究。

第一节　中国传统武术文化解读

经过数千年的文化熏陶，中国传统武术在发展中独具民族文化特色，成为传承中国传统文化的重要载体之一。传统武术兼具文、武两种文化成分，其中文化层面受到先秦思想文化及宋明理学的影响最大。

一、先秦时期思想文化的影响

我们传统文化形成于先秦时期，其中，春秋战国这段时期更是将中国文化发展推向一个兴盛期。在此期间武术受到百家争鸣等影响，形成了四个影响传统武术发展的文化特色。

（1）传统武术受到尚武之风的影响，呈现出刚健的文化特色。

（2）中国传统的重道哲学影响着中国传统武术的发展。

（3）重德的文化理念影响着传统武术的发展。

（4）在诸子百家时期，墨子的"非攻善守"、老子在军事方面"以守则固""不敢为主而为客，不敢进寸而退尺"的思想，让传统武术向防卫性文化特色的方向发展。总之，先秦文化极大地影响着传统武术各方面的发展，让传统武术这种单一搏杀技术的体育形式得到迅速的发展，并绵延至今。

二、宋明理学的影响

中国传统文化进入第二个发展时期的标志是宋明理学的兴起。该文化理念综合了儒释道教思想，其中将儒学作为其文化的基础。在当时的历史条件下，社会的方方面面都受其影响，传统武术也毫不例外。明清时期，中国的传统武术文化得到更好的发展，并逐渐走向成熟。同时，武术各方面都受到中国传统文化的影响，其具体体现为以下各方面。

（1）传统武术与宋明理学进行融合，体现出"刚柔相济"的特点。

（2）全方位展现传统武术的重道特色。

（3）在传统武术的发展过程中，"德艺双修"文化理念受到宋明理学的影响。

（4）在传统文化中，传统武术的精神追求及主要技术要领是和谐。对传统武术的文化特色进行探讨及分析，从中汲取精华，摒弃糟粕，在民族文化及精神的发展大潮中，不仅可以积极推进传统武术的发展，还能更好地完成国家和民族的时代使命。

三、武术的文化发展

中国武术文化传承从根本上来讲，与中国文化的传承存在一致性，中华民族的向心力、凝聚力，共同的信仰、信念，是维系中华民族自强不息的原动力。中国武术文化在中国传统文化中摄取养分，通过武术文化，可以窥见一个民族的文化历程。中国武术从文化发生角度而言，是以中国传统文化为基质并不断融合与发展的过程。天行健，君子以自强不息；地势坤，君子以厚德载物。"自强不息"可以理解为努力进取，刚毅坚韧，奋发图强，生命不息。武术作为一种格斗技能，本身是残酷血腥的，在发展过程中，武术经传统文化的熏染，激发出拼搏精神、爱国精神、正义精神，这些精神正是中国传统文化对习武者的精神塑造的结果，在历史上被众多文人墨客崇尚，在诗歌典籍中均有体现同仇敌忾、共御外辱的爱国情怀，如屈原《九歌·国殇》是一首悲壮的爱国主义的赞歌，唐代诗人李白在诗歌中抒发保家卫国的豪情壮志……同时，道家思想也把老子的贵柔思想巧妙地融合于拳理拳术之中，体现出以慢制快的策略。

四、武术的文化缩影

中国文化表现了中国人特有的思维方式、行为方式、认知方式，如儒家讲"实"，道家讲"虚"，儒家讲"动"，道家讲"静"，武术技法的一招一式、一动一静、真假虚实的变换无不显示出它的意蕴及哲理，只有深入了解中国传统文化，才可领会其中的意境和智慧。

自从武术从本能转变为技能后，人类开始在冲突中大肆运用武术技巧。战争使武术进入了全新发展阶段。在历史发展过程中，统治阶级掌握着武术的命脉。武术是统治阶级防身、发起战争、巩固统治地位的重要技能。

武术的发展丰富了武术的文化内涵。在中国，武术经历了千百年时间的发展，共经历9个发展阶段，每个阶段都有独树一帜的文化内涵，其主要包括：①早期人类赖以生存的搏斗之术；②余暇休闲的游戏之术；③武术、祭祀、观赏用的武舞之术；④古代战争使用的搏杀之术；⑤复仇使用的行刺之术；⑥泄愤使用的决斗之术；⑦追求和平、平息纷争的止戈之术；⑧珍爱生命的养生之术；⑨育人育才的教化之术。这些发展阶段包含了中华武术从蛮荒到文明的演变过程。中华民族5000多年的发展历史孕育了具备中华民族特色的武术文化。

第二节 武术文化的价值与层次

中国武术体现了中国文化的魅力。人与人、人与社会、人与自然之间的和谐关系，是中国武术的追求。武术是人类评判自我价值、肯定自我努力的一种方式。人类文明发展孕育了武术文化，武术文化也推动了人类文明的发展。在中国传统文化的影响下，"生""养""和""合"成为中国武术文化的主要表现形式。

一、武术的文化价值

（一）武术对"生"的追求

"养生"一直是中国传统文化的重要组成部分。"生"是"养"的基础。中国武术对"生"的追求和价值观念，决定了中国武术"养"的文化。生命、生产、生活、生存、求生、谋生等，是"生"的主要内容。这些内容和中国武术之间存在着联系。人类的本能追求是对"生"的追求，即对生存的需求决定了人类的本能，赋予了中国武术价值和特点。武术是人类追求"生"、满足"生"的需求的重要方式。武术的初衷是保证人类生存，为人类创造更好的生活条件。

在远古时期，为了保证生命的延续，原始人类发明了武术。武术成为原始人类对抗自然、征服自然、保证生存的主要方式。借助武术，人类可以获取食物，收集生存资源，扩充生存范围，改善生活环境。在人类社会文明阶段，人类族群之间开始出现战争。武力成为不同族群之间争斗的方式，也成为胜利者最大的依仗。强大的武力保证了战争的胜利，胜利者可以得到失败者的生存资源、生活环境等。在当时，族群提高战斗力的方式是进行武术训练。武术贯穿了中国社会的发展过程，成为无数人安身立命、谋求生存的重要手段。

春秋战国时期，武者可以成为侠士或者刺客，司马迁在《史记·游侠列传》中对武者这样评价："今游侠，其行虽不轨于正义，然其言必信，其行必果，已诺必诚，不爱其躯，赴士之厄困，既已存亡生死矣，而不矜其能，羞伐其德，盖亦有足多者焉。"

在近代，武者既可以成为教会帮派的武术教练，也可以成为馆社组织的保护者。在宋朝，武者可以通过武举进入官场；在清朝，武者可以成为达官显贵的保镖、镖局的镖头或镖师。这些都是武术为人类提供的求生手段。

人类对"生"的追求，是人类发展的伟大目标。生存的欲望决定了人类的发展方向。征服自然，征服野兽，征服敌人，都体现了人类延续生命、保证发展的愿望。生产、生活、生存、谋生、求生都可以通过武术实现。武术可以满足人类对生存的渴望，为人类生存创造有利条件，满足人类的生存需要，进而推动人类历史的发展。

（二）武术对"养"的追求

在中国古代社会，百姓温饱，决定了"天下太平"。我国古代文明属于农耕文明，具有长达几千年的发展历史，温饱问题是人类最基本的生活需求。中国人对"养"的最终目标是"太平盛世"。"养护身体""养家糊口""修身养性"是中国人追求"养"的具体表现形式。通过修习武术，人们可以增强体质，满足生存需求，达到"养护身体"的目的。通过修习武术，习武者可以陶冶情操，端正思想，净化情绪，达到"修身养性"的目的。通过修习武术，习武者可以将武术作为谋生的手段，获取生存资源，保护家人，保证家庭的长期发展，达到"养家糊口"的目的。"生"是"养"的基础，"养"是"生"的深层次体现。"生"是人类的基本需求，"养"是人类的高层次需求。在中国传统文化中，"生"代表了对生命的尊重，"养"代表了对生命的追求。

从内容形式来讲，武术属于体育项目的一种。从精神思想来讲，武术的精神层次高于体育。武术不仅具备体育的健身、娱乐、竞技等特点，还包含了文化价值和社会思想。武术的中心思想是"运动养生文化"，包含了中国的儒家思想、释家思想、道家思想等，"以人为本"是中国武术的核心观点。尊重生命、人与自然和谐共处是中国武术的基本原则。

（三）武术对"和"的追求

中国传统文化思想对中国武术的影响比较显著。中国武术以"和"为主要思想，"人和"是中国武术的最终目标。中国武术是中国传统文化思想的载体和表现。儒家思想中的"尚和中庸""以和为贵""和谐"是中国武术的核心思想。武术的本质是斗争和格斗。中国武术将"和"与"争"完美融合在一起。武术追求的目标是"和"，表现形式是"争"，二者对立统一，相互影响，相互制约。

在西汉时期，刘向指出，武力是国家强行统治人民的手段。不利用文化和道德改变人民思想，单一使用武力强硬统治的统治者，最终会被同样的手段推翻。在西晋时期，束哲指出，武力是维护国家安全、抗击外敌侵犯的主要手段，文化和武力是相辅相成的。

和平思想根植于中国传统文化思想中。天人之和、身体之和、人伦之和、社会秩序之和、协和万邦是中国传统文化思想中和平主义思想的主要内容。和平不仅是我国处理国家和民族之间关系的基本原则，也代表了我国人民爱好和平、以和为贵的民族精神。儒家文化是中国传统文化的核心部分。"以和为贵"是儒家文化的核心思想。"和"是人民为人处世的基本原则，也是人民不断追求的最终目标。"不争""无为""天之道，不争而善胜""夫唯不争，故天下莫能与之争"是道家的主要思想内容。"兼爱""非攻"是墨家的主要思想内容。"不战而屈人之兵"是兵家的核心思想。"和平"是武术的追求。

中国人民希望的发展模式是在和平中谋求发展，寻求进步，提倡和谐共处、稳定发展。

（四）武术对"合"的追求

"天人合一""知行合一""形神合一""阴阳合一"是中国武术追求"合"的重要目标，是中国古代哲学思想的具体表现。在中国传统文化思想中，儒家、道家、墨家、佛家等学派均赞同"天人合一"的观点。在武术的发展过程中，"天人合一"的思想影响了武术的发展，赋予了武术深刻的文化内涵。人类对大自然的渴望和崇拜是"天人合一"思想出现的主要原因。我国古代是农耕社会，人们日出而作、日落而息，对土地的依赖和自给自足的生活方式造就了我国人民重安稳、尚和平的性格。武术的价值取向取决于民族性格。武术的作用是防身自卫和强身健体，武术的养生理论体现出了人与自然的和平共处。为了保证生命的延续，必须遵从大自然的规律，尊重自然，谋求与自然的和谐发展。在中国传统文化思想中，"天"代表着万物，代表着造物主，地位崇高，无法企及。人类必须遵循大自然的规律才能正常发展。人类对自然的追求和探寻，是"天人合一"思想的具体表现形式。

"知行合一"是中国古代哲学中的重要观点，促进了中国武术的发展和传承。"知行合一"中的"知"代表知识,"行"代表行为,知识和行为的结合是解决矛盾的重要方式。以现代的观点解读,"知行合一"就是理论和实践相结合的发展方式。古代习武者掌握了武术理论和动作后,都会去寻找实践对象,深化对武术的理解,从而掌握武术技巧。实用价值是中国古人重点关注的内容。价值至上是中国古人的思维方式。"知行合一"对武术的发展产生了显著影响,保证了武术的传承。

"形神合一"是中国武术文化的基本组成部分。"形"是指人的身体和动作,"神"是指人的精神和思想。"形神合一"倡导人的动作和思想要合二为一,相互协调,心到手到,是武术行为追求的最终境界。武术行为是传播武术文化的载体,包含了中华民族的传统文化,具有浓烈的东方特色。

"阴阳合一"是中国武术体现最多的学说。"阴阳"代表了中国古代哲学理论,解释了事物的不同属性对立转化的过程。阴阳的特点有互相依存、互相协调、互相转化、互相制约、互相独立、自成一体。"阴阳合一"的思想影响了中国武术的发展,中国武术中的对抗技巧讲究刚柔并济、虚实互补、攻守兼备、动静结合。

"和合"文化是中国武术人文追求的表现形式。"和"指和平、和谐,"合"指融合、相合。"和合"的思想决定了中国武术的思想,是中国武术文化的思想本源。

中国武术的文化本质集中体现在"生""养""和""合"四个方面,中国传统文化是中国武术文化的核心,"以人为本"是中国武术文化的主要思想,人类的发展需求决定了武术的价值。人类是武术的主要服务目标,可以使用武术完善自然,保证社会发展。武术的文化内涵和文化价值决定了武术的发展程度,深层次挖掘武术的文化内涵,可以促进武术的发展。

二、武术文化的层次

文化是武术存在的基础,是武术发展的前提条件。在我国,武术文化被分为外层文化、中层文化和深层文化。其中外层文化包括物质文化,中层文化包括制度文化,深层文化包括精神文化。器物文化、精神文化、道德文化、伦理文化、价值文化、心态文化、行为文化、制度文化和观念文化都是武术文化的重要组成部分。根据文化种类，武术文化可以分为物质文化、心态文化、思想文化三个层次，其顺序为：外层是物质文化，中层是心态文化，内层是思想文化。

（一）物质文化

物质文化是武术文化中存在实体文化的类型。武术技术、武术理论、武术招式、武术套路、拳种、功法、器械等实体都属于武术的物质文化。器材设备是武术实体文化传播的载体，是人类进行健身活动、修身养性、保护安全的重要工具。

（二）心态文化

心态文化是武术文化中核心文化的延伸文化。心态文化没有实体，包括武术的价值观念、思维模式、审美情趣、武德规范、行为准则、伦理思想、宗法制度等文化内容。武德决定了武术伦理文化的发展方向。武德和武术伦理属于武术的行为文化。制约人的行为，纠正人的思想，完善人的情感表达，则是武术心态文化的主要作用。在武术的文化结构中，心态文化属于深层次文化，受外界因素的影响较小。

（三）思想文化

思想文化是武术文化的核心部分。中国武术文化的核心内容和基础是中国传统文化。武术文化是中国传统文化的具体体现，包含了中国传统文化的精髓。中国武术文化的发展伴随着中国传统文化的发展。在中国传统文化的影响下，中国武术文化不断发展壮大，出现了百家争鸣的局面。中国传统文化决定了中国武术文化的层次结构。传统文化思想是很多武术流派的思想基础。中国武术的思想文化涉及很多学科，其中包括古代哲学、伦理学、兵学、中医学、史学、宗教学、美学等。

物质文化体现了武术文化的真实性，心态文化体现了武术文化的内隐性，思想文化体现了武术文化的传承性。物质文化代表了武术文化的发展程度，心态文化决定了习武者的处事原则和道德规范，思想文化决定了武术文化的精髓，承载了民族的灵魂。三种文化层次之间存在着较为密切的联系。

（四）道德文化

在武术道德方面，礼本来指交往的方式。一是，武术"礼"体现为确立"度量分界"，即对习武者社会秩序的构建和维护，彼此不越界，由此建立起武术门派的社会秩序。二是，武术强调人的重义守信，克己正身。

（五）精神文化

中国人具有坚强的意志力，能够适应各种艰难的环境。习武者经过日积月累的练习，具有刚健自强的精神，以及强烈的爱国主义精神，许多武林志士在国家危亡时刻挺身而出，舍生取义。

第三节　武术文化与传统民俗文化

中华民族是一个统称，是以汉族为主的多民族的汇合体，经过长达千年的交往与融合，各民族在政治、经济和文化方面相互融合，使人民有着共同的精神、心理状态、思想方式和价值取向。在历史的发展长河中，各族人民的民族特色印记体现在文化上，最后形成了中华传统文化。中华文化最开始是以华夏文化作为核心，各族民族文化共同形成的集合体，这是整个中华民族共同创造的集体智慧结晶。它影响着整个中华民族的儿女们，维系着中华民族的传承。我们常说：一定的文化是一定的时域、地域的人群的精神意识在其社会实践中的凝聚、整合、升华和外化。每个民族都拥有着独一无二的文化，在中华文化这个大家庭中，具有独一无二的重要性。每个民族都有自己文化的脉络和生命，他们都是中华文化的组成要素。以住房为例，中国人建居买房都喜欢坐北朝南，普遍认为朝南的房子才是"正"的。以前，大户人家庭院深，也以朝南的房子为正房，其他的房子叫偏房或厢房；就连皇家的宫殿也不例外，认为朝南的风水最好，住在这样的房子里就会有好运气。如今城市人买房首选朝南的房子，农村人建房就更不用说了。这一从古至今流传下来的居住民俗观念已经牢固地扎根在世世代代中国人的思想中。

如果说生物生命的基因是DNA，那么文化生命的基因就是哲学意义上的民俗。比如，中国民间四大传说之一《白蛇传》中的白娘子是一条修炼成人形的蛇精，其深得中国人的喜爱，编成戏剧、拍成电视剧以后更受到中国百姓的喜爱。这种"蛇崇拜"与中国的龙信仰之间的关系十分密切。蛇不仅构成了龙的躯干，而且就连中国人的始祖也是人面蛇身。

俗话说，一方水土养育一方人，民俗对一个地区人们的心理和性格的形成起着十分重要的作用。由于各地的居民所处的自然环境不同，在长期的生产和生活中，就会形成人们独特的性格。要探讨中华民族的民俗文化，不研究武术就不可能真正理解中国民俗文化中的许多独特现象。在中国古代民俗中，尚武之风盛行，不仅源远流长，而且常盛不衰。早在汉朝时期，武术就在民俗文化中占一席之地，那时尚剑蔚然成风，佩剑成为一种时尚。到了武术全面成熟的年代，武术完全与民俗文化融为一体，成为民俗文化中不可缺少的内容之一，而且常盛不衰，一直持续到现在。在我国中原的许多地区，至今仍流行着"请归神"的习俗。每到更年换季，农家人便将门神像贴在院门两侧，驱灾镇鬼。有意思的是，这两位傲立于民间千家万户大门之上、抖尽威风的门神，竟是两位武艺高强、威风凛凛的武将。《三教源流搜神大全》载：唐太宗李世民即位后身患重病，夜梦恶鬼在门外抛砖弄瓦，呼喊不止。李世民十分害怕，于是命武艺超群的开国功臣秦琼和尉迟恭于夜晚守卫在宫门两旁，当夜果然平安无事。李世民大喜，命画工把两位武将怒目发威之像描绘下来，挂于宫门两旁。从此，恶鬼再也不敢来搅扰了。后来，民间仿效此法，将两位武将从宫门请到民间，久而久之，便成为一种习俗。据说，在梁山好汉武松"打店"的范县十字坡曾流行这样一个习俗：不管谁家生男孩，亲戚朋友都要送一种特殊的礼物——铁。孩子长大后，孩子的父亲请人将这些铁铸成一把大刀，让孩子学武练功，希冀孩子成年之后，像梁山好汉那样行侠仗义、保家卫国。至于逢年过节、集市庙会，武术更是不可或缺的节目之一。例如，北方的节庆"花会"上，不但有武术表演，很多歌舞表演也和武术有关，"五虎少林棍"就是代表性节目之一。

一、花会

"花会"是指节庆时民间演出的娱乐性节目,宋代叫"社火",明代叫"香会"。中华人民共和国成立后,正式定名为花会。花者,花样繁多也;会者,聚在一起也。唱的、吹的、舞的、打的、文的、武的……热闹一条街,吸引八方客。在一定意义上可以说,走进花会就等于走进民间艺术的海洋,找到民间历史文化的根脉。由于人们的生活环境、风俗信仰、欣赏习惯不同,因而这些歌舞在舞姿、风格、表现手法上也各不相同,各具鲜明的地方特色。花会是由庙会和节庆发展而形成的一种带有强烈地域性民俗文化特征的歌舞表演,在北方广大农村流行,深受民众喜爱,它的许多技艺传递着民族深层的互感互识的感情密码,也闪烁着万古永存的民族精魂,负载着中华原始文化的基因和传统国学的内涵。不同地区虽然有不同的花会表演内容,但许多项目都与武术有关。北京地区带有明显武术色彩的"五虎少林棍"、沧州地区的"武术扇""落子"等自不待言,就连"秧歌""拉花""迓鼓"和天津娘娘宫的"法鼓""飞镲"等,也都需要有武术的功底和技巧。随着农村不断地脱贫致富,花会这种生动、富有感染力的自娱性艺术集会近年也兴盛起来。花会是北方最热闹的节庆民俗活动,古北口是著名的花会之乡。早在元朝时期,古北口就已出现花会,清代更盛,得到过乾隆皇帝赐给的"杠箱",慈禧太后还拨给过"脂粉钱",古北口的花会也因此以"皇会"著称。自古以来,逢年过节和五谷丰登时,民间花会便繁花似锦,热闹非凡。1990年北京亚运会上的太平鼓,也是花会的一种表演项目。

二、英歌

英歌是中国汉族民间舞蹈,俗称唱英歌,流行于广东潮汕地区普宁、潮安、南澳、揭阳、澄海、域聚、惠来、陆丰等县市,在福建又称鹰歌。

广东"潮汕英歌"是深得南方民众喜爱的一种民间民俗艺术,它的产生与发展也与武术有着亲密的血缘关系。每年正月都要热闹很久，以男性表演为主，多化装为梁山英雄形象，每人胸前挂着梁山好汉的名字，多则108人，少则十几人，各执短槌击打前进。前导是化装为时迁的武丑人物，手耍布蛇，前后腾空飞跃，中间是化装为宋江的人物，执鼓指挥。这种流传数百年至今长盛不衰的民俗文化活动，与武术的发展更加亲密。后来，随着社会的发展，文化娱乐的需求，又在习武的基础上根据宋朝时期梁山英雄好汉攻打大名府的故事创编了"唱英歌"进行娱乐，表现了广东普宁市民众学英雄、颂英雄的思想感情。当时的人民群众认为唱英歌有益于身心健康，除了认为唱英歌具有学习英雄的精神境界、活跃文化生活，还认为唱英歌表示吉利。英歌唱起来，便能驱鬼神、镇邪恶、保平安、求福祉。现在每逢游神赛会、传统节日，乃至各种典礼都少不了唱英歌这项活动，况且英歌的情绪活跃，又能牵动人心，因而祖祖辈辈也就习而传之，并通过本地的海外华侨传播到了海外。

普宁"英歌"据传已有近三百年的历史，劳动之余演习武术，以此来消除一天的劳动疲劳，并能强身健体。普宁市文化馆的谢益充先生经过实地考察后证明，英歌是在武术的基础上发展起来的。武术不只在汉族民俗中发挥重要作用，少数民族兄弟也把武术融会到他们的传统家教节庆和仪式中。藏族敬佛娱人的热巴表演、壮族师公祈禳的舞仪、云南纳西族的东巴跳等，都有古老的武术内容。傣族有孔雀拳和孔雀刀法，景颇族有爱舞刀的传统，在目瑙纵歌节的刀术表演，更受到中外人士的赞赏。苗族是奉古代战神蚩尤为祖神的，他们的武术更有着科学的体系和明显的文化特征。深入研究武术在传统民俗活动中的重要地位，能更好地理解中华民族崇尚勇敢侠义、豪迈尚武、锄强扶弱、向往侠者精神的民族性格。

三、民间杂技

杂技艺术是一门综合性表演艺术，所以，它不仅要求技巧造型的难度、比例、均衡和谐、线条、色彩、韵律等方面的外在形式上的美，而且更注重在编导、音乐、舞蹈、服装灯光等方面，调动一切艺术手段，强调综合效应，使表演形成一个完整和谐的整体，以达到内容和形式的高度统一，并使技巧和艺术尽可能完美结合。从而使杂技的技巧从单一的、局部的形式美升华为一个结构完整、和谐，表演优美动人，有一定艺术氛围，有一定艺术意境美的艺术品。杂技比其他歌舞、曲艺等表演艺术更接近武术，许多超绝的武技可以直接纳入杂技节目，中国古代杂技项目中多数都直接来源于武技，或者可以转化成武技。

汉朝张衡在《西京赋》里生动地描写了跳剑丸、走绳索、爬高杆的表演情景。隋炀帝设立太常寺，教授杂技技艺，并于大业六年（公元610年）在长安端门外天津街举行过百戏演出。相传当时为了制作锦绣彩饰的服装，用了长安和洛阳两大城市的绸缎，大约有1.8万人，鼓乐声音，几十里（1里=500米）以外都听得见。唐人段成式《酉阳杂俎》载："张芬曾为书南康行车……以新涂泥壁，弹子打'天下太平'字。"以密集的弹子射到泥壁上，打出"天下太平"字样，是高超准确的射技，在这里已经成为带有娱乐性质的杂技艺术。早在宋代的瓦子诸艺中，作为杂技节目的"射"，已经把射箭武技演变成赏心悦目的杂技艺术。拉硬弓素来是武场考核的重要项目，历代武将力士都以能拉硬弓为功夫的标志。作为杂技节目，它不仅是"力"的表现，而且成为单独的"拉弓"节目。清末，北京天桥的杂技艺人能同时拉开五张强弓，每张弓重约120斤（1斤=500克），总质量在600斤以上。

马戏是杂技动物戏的中心节目，至今仍活跃在杂坛上。这些都是武士们骑御之技的必然发展。从车战到骑战的演变中，也发展了养马和驯马的技术。《诗经·鲁颂》中提到的名马有"皇、骊、黄、雅、骐、骆、鱼"等16种，还出现了善于相马之士如伯乐那样的人物。

古时武术和杂技经常交融在一起，许多兵器成为杂技的表演道具，如"飞叉"就是由武术器械演化而来的。落魄潦倒的武林人物常常流落江湖，打拳艺和跑马卖解常常是武士们谋生的手段。杂技艺术行中也有许多武艺高超的人物，对于中国武术的发展普及起到了有益的作用，有的还成为反抗官府、发动和组织人民起义的领袖人物。如参加了明末李自成起义大军的著名女将领红子，就是位武艺高强的杂技艺人。清代康熙年间山西太原的陈四，既是武术家又是杂技艺人，他领导的起义者都是武艺高强的人物，虽只有60多人，却在9年之间，从山西进湖广，又从湖广直到云南，转战大半个中国。乾隆年间，山东农民起义的女将乌三娘,也是位武艺高强的杂技艺人;白莲教的起义领袖王聪儿更是剑法高强的杂技艺人,她所领导的起义震惊朝野。清末民初,中原杂技相继下南洋谋生,路过广东,使广东的杂技艺术得到了充实和发展。

新中国成立之后,杂技艺术焕然一新,许多省、市成立了专业剧团,创造了许多新节目,并增添了灯光、布景、乐队。许多杂技艺术团先后出国访问,并屡获国际大奖,我国成为世界杂技大国。中国武术的硬功和柔术常常被杂技发展为独具特色的表演节目,至今活跃在舞台上。中国戏法有着悠久的历史和丰富的内容,是人民喜闻乐见的杂技,并且为中华民族赢得了世界声誉。中国戏法不同于魔术,魔术的机关一般隐蔽在后面,只能三面看,不能后面瞧。中国戏法由于千百年来街头巷尾的演出,观众四面围观,一件长袍,罩住了所有的秘密,因此表演古彩戏法的演员必须具有深厚的武功技巧,特别是腰功和手法。

戏法是变幻的艺术,巧手灵变,全在十指,《仙人摘豆》和《巧结连环》两个小节目是国际魔术界公认的中国戏法的典型佳作,表演艺术的高低,全在手上的技巧。中国戏法讲究手、眼、身、法、步五字诀,古彩戏法演员要从身上变出体积大于自己两三倍、质量达一百斤的东西,又都是些光滑的瓷器、玻璃缸之类,有的还要带水带火。这些东西挂在身上,还要不显臃肿,在罩袍的掩盖下,演员要上下匀称、形象完美,这里不仅需要力量、技巧,还要求演员有吸腹的"气功"。这一切都要经过持久的武功训练,因此古彩戏被内行称为"文戏武活"。

第四节 武术文化与传统养生文化

武术与医学相辅相成,武术中反映着医学理论,医学又应用于武术发展之中,二者相互通融,互补互成,关系密切。常言道:医易同源,医武同道。我国古代武术与医学本为一家,它们在本质上是相通的,都是为人类健康服务的。

中国武术号称博大精深，就是因为中国武术包含着博大精深的中国古代思想。从医学的发展史上来看，伤与武术不可分；从医学发展史来看，自古以来伤与武术的关系是极其密切的，正如"拳起于《易》，而理成于医"的说法，武术与医理的相通之处还体现在气沉丹田、力劈华盖等方面。而习武之人在武术切磋中集中"要害"的地方，实际上都是人身的大穴或神经走行集聚的部位，如百会、哑门、肾俞、关元、委中、涌泉等。

"拳医相融，一功两用"，民间武术界、医学界自古以来就有"医武结合"的传统。每有武学大师能创奇功的，多数都掌握了人体经络穴位及人体解剖等医学知识，对医理颇有深入的研究，虽比不上当时的名医，但也在当地医界享有名声。

医武兼修之人，最早可上溯到东汉名医华佗。众所周知，华佗发明了中华象形武术的彝祖——"五禽戏"，这是一种模仿五种动物动作和神态的武术，包括虎戏、鹿戏、熊戏、猿戏、鸟戏，对于强身健体大有益处。民间盛传唐代名医孙思邈也精通武术，曾运功以一指点穴法治愈大将尉迟敬德的肩痹风。

武医结合、精武良医一直是武林人士所极力推崇的，他们对于自救、救人的医疗知识和技术极其珍视，口口相传，为中国中医学留下了一笔宝贵的财富。到了清代，出现了大批武医结合的典籍。清代医学家吴谦曾编纂了《医宗金鉴》一书，其中《正骨心法要旨》部分的理法、方药就是民间武师千百年来积累的经验。

习武之人都比较注重阴阳五行、食养药补、四气五味等，这和中医文化都有密不可分的关联。中医在诊疗治病的过程中，许多手段也与武术同源，如点穴疗法、导引疗法、按矫疗法、运动疗法等。在中医学的范畴中，武术伤科、中医针灸与武术之间的关系最大，联系也最紧密。

武术伤科是一个古老的专科，也是中国武术与中医结合的典范。很多习武之人在以武会友或习武之中受伤，导致骨头关节等关键部位的损伤。为了避免这种情况发生，习武之人在以往的经验中会总结出一些减缓这种伤害的医疗方式。因此医疗是与武术相辅相成的。

一方面，在武术中受到的损伤推进了骨科发展的进步，从而创造了很多实现骨科医疗的机遇，如金疮药、续命丹等有利于治疗骨伤的医药。另一方面，为了保证习武之人的锻炼和恢复医疗，中医药在保健治疗方面也提供了很多，如解除疲劳、消除炎症，从而增加功力的医药。

进入近现代以来，出现了一大批武术伤科名家。在整复骨折与脱臼时，他们的手法纯熟自如，牵、端、挤、按正确而敏捷，运用理筋通络的推拿、按摩减缓习武之人的损伤。人们所熟知的黄飞鸿就是伤科首屈一指的医师。黄飞鸿从小就随父亲采药行医、习武练功，成年后接管父亲的"宝芝林"药铺。而黄飞鸿的医术、武功竟出于福建九莲山南少林寺，医术、武功并蓄，针灸推拿并用，将武术伤科运用得出神入化。

武术与针灸的关系也十分密切。针灸，是一门博大精深的学问，只有接触，才知其深远，无论是针灸发展的历史还是经络穴位排布与主治，每一个问题都值得去探索研究。宋金元时期是一个医学流派纷呈、学术思想活跃的时期。这一时期，无论是针还是方都在临床应用方面取得了质的飞跃。北宋，最著名的医疗成就就是铸造"铜人"和编写《铜人腧穴针灸图经》。

而针灸与武术是相辅相成的，习武之人在练武过程中所受的伤，便可由针灸医疗祛除病痛，起到缓解伤痛的作用。

由此可见，医易为武学之纲，武学为医易之用。医、武在本质上是相通的，它们都是为人类健康服务的，值得习武者传承并发扬光大。

在武术雏形初露之际，古人还对武术的"内外兼修"有了认识和实践。当时，由于古人居住的房屋简陋，腿部受湿气侵袭严重，大多数人都患有严重的腿部疾病。先民们在手舞足蹈中，发现活动筋骨可以使关节疼痛得到缓解，也可以让身体进一步强劲。因此，部落的首领们开始一传十、十传百，武术的健身效果才得以传播。

第四章 武术文化传承发展与思考

武术历史悠久，武术文化传承至今表明了武术文化的顽强生命力。纵观武术文化发展史，武术文化在各个历史时期表现出不同的发展特点，在当前新时期，社会经济与以往任何时候相比都发生了重要的变化，武术文化发展的可持续性受到了严峻的挑战。基于我国传统文化的传统武术文化在当前开放的社会环境、国际环境中受到了许多因素的影响，武术文化在发展过程中不断被注入新的元素，这也就引发了武术文化传承的本真性的思考，同时，如何在新的国内、国际社会环境中确保武术文化核心本质不发生根本性改变，又能通过适当的变革来促进武术文化的持续传承值得深思。本章主要针对当前新时代环境下武术文化的本真传承与合理变革进行辩证思考与解析，以探索武术文化传承的可持续发展路径。

第一节　武术文化传承的必要性

一、武术文化传承的"断层"危机

（一）内容断层

文化的传承，首先要有文化，如果文化不存在，那么文化传承也就没有任何意义。文化传承，必须确保"有文化可传承"。

受传承方式的影响，长期以来，我国传统武术的传承方式都是师徒传承和血缘传承。在现代社会，由于各种原因，从事武术的人越来越少，很多武术正面临着失传的危机。

我国传统武术文化内容丰富、项目众多，而我国专门从事武术研究工作的人数十分有限，当前，由于研究不够深入，我国很多传统武术项目因为其传承者的病危和环境变化已经成为濒危遗产，而这些文化遗产是不可再生的，一经消亡，就将永远从人类文化中消失，无法再恢复，因此，抢救与保护武术文化是目前非常紧迫的任务。

（二）传承人断层

当前，我国武术文化面临的一个重要问题是，武术文化在形式上尽管丰富多彩，但它的消失和失传也是不争的事实，而且这种消失速度惊人。尤其是在少数民族地区，武术文化急剧消失，传承人匮乏问题十分严重。

发展到现在，我国的社会经济发生了很大的变化，现代人的生产生活状态、社会心理也发生了很大的变化，武术作为一种传统文化，关注者和从事者却越来越少。

相比于我国古代，现代社会环境中城市生活和工作都是快节奏的，农村人口不断向城市流动，农村生产生活方式、特色文化在不断消逝，而武术文化的生存土壤更多的是在农村。

城乡发展不平衡，使得农村年轻人对城市的生活十分向往，大量外流，在我国少数民族地区，许多村寨的大部分年轻人都已不愿意将精力置于传统文化的传承中，而是更多地放到农活上或到外面去打工谋生，打工成为他们试图改变原有生活方式最便捷的途径。目前，只剩下一些村寨的老人还掌握着武术的技能、民族风俗习惯。

年轻人的大量外流造成了大范围的武术技艺后继无人，大规模的人口流动使得土生土长的农民变成城里的"农民工"，脱离了原来的生活环境，脱离了本乡本土的身份转换，造成传统武术创造主体的缺失，武术文化传承遭遇断层、断代的危机。

（三）传承"变异"

1.文化冲击

在世界体育一体化发展趋势下，东西方文化相互碰撞，西方经济体育文化对我国传统体育文化产生了重大的冲击。

西方体育文化的霸权行为更是让我们对中国武术做出了一系列削足适履的"改革"与"创新"，武术竞技化改革是武术在新时期持续发展的重要途径，但有些改革建议和措施已经严重背离了武术发展规律，是对西方竞技体育标准的一味迎合。

2.利益诱导

在市场经济条件下，一些人为了获得经济利益，不惜以武术文化宣传和表演为借口，实际上却是权钱交易，武术竞赛也有了暗箱操作。

社会组织的高度商业化，使得传统武术的师徒关系不再具有文化的热度，而变成了建立在钱、权基础上的"契约关系"。虽然这种"大量复制"的"培训式"武术传承有利于中国武术的横向传播，但武术本体被改变的现状值得深思。

在现代社会，随着社会的不断转型，我国武术已经逐渐脱离了其最初产生发展的社会环境与文化土壤，当前的武术发生了重要的分化与变异。具体表现为：一方面，受历史运动总态势的推动，武术"原生态"的生存空间逐步消解；另一方面，当下"个体化社会"进程中的社会、经济、文化环境使得个体对武术更多的是健身、休闲的消费行为，为武术的再度勃发奠定了客观发展基础。

二、武术文化身份的重新思考

（一）武术文化身份的重申

"全球化"发展是一个不可避免的社会发展趋势，包括政治、经济、文化、信息等多方面的全球化发展。"全球化"发展有利有弊。一方面"全球化"为世界各国的经济、文化提供了一个交流与学习的平台；另一方面，"全球化"带来了文化霸权主义和文化身份认同等问题。

就文化发展来说，在"全球化"进程中，各种文化相互碰撞、渗透，如何在诸多文化中找到本国本民族文化的立足点，保持本国本民族的文化核心不被其他文化同化，同时能吸收各外来文化自我丰富与发展，是每一个国家和民族都需要慎重思考的问题。

在全球化与多元文化共同发展背景下，不同文化的"身份"意识越来越受到人们的重视，"我是谁"成为全球化时代的根本问题。

长期以来的"土洋体育之争"是不同地域的体育争论，更是不同环境下的文化对生存空间和话语权的争夺。

当前在多文化共生的国际背景下，武术文化将如何"安身立命"需要对自我"身份"进行重新思考。

（二）武术文化的国际地位

1.西方竞技体育文化在国际体育文化中的主导地位

全世界范围内，虽然各个国家、地区、民族的文化都共同构成了人类文化，但在当前国际文化中，西方文化依然处于主导地位。

奥林匹克运动深入人心，其根本原因是奥林匹克体育文化的深入人心。奥林匹克文化在西方具有广泛的影响，这与奥林匹克文化的竞争性和西方各国民族文化的张扬性的一致具有密切的关系。西方文明在开始阶段就表现出了对现实功利的积极追求，他们追求在平等的基础上开展竞争，努力获取个人的最大利益和幸福。整个西方文明发展史，就是不断从周边的许多先进文明汲取营养的发展史。

西方竞技体育文化开放的文化精神造就了张扬的西方体育文化品格。这种张扬的文化品格一直传承至今。

2.武术文化在世界文化中的重要影响和作用持续发扬光大

世界体育的发展，不仅是体育项目技能的发展，也离不开体育文化的发展。武术文化作为世界体育文化的重要组成部分，在世界体育文化中具有不可替代的地位。

我国武术文化是建立在农耕文明的基础之上的，传统的农耕社会使古人形成了注重节制、追求和谐的文化性格。在传统文化中，始终讲究"礼之用，和为贵"。在这一思想的影响下，"以和为贵"逐渐成为中华民族的一种普遍的社会心理。

"宽容""中庸""追求和谐"等民族性格造就了中国古代体育文化的内

敛特性,这种内敛不仅表现在其发展的走势上,也体现在其运动项目本身,包括武术。

武术的存在,并非为了挑起争端,其根本在于平息争端,这就是所谓的"止戈为武"。武术不以竞争为目标,而以健身、健心、养性为目标,这种内敛、无争的文化特性,与奥林匹克竞技文化的追求——"更高、更快、更强"形成鲜明对比。

中华武术历经数千年的传承发展,在现代社会逐渐衍生为"竞技武术"和"传统武术"两大体系。当今世界,西方文化占主流,西方文化强烈地冲击并侵蚀着我国的传统文化,因而使中国传统文化处于相对的弱势地位,但不可否认的是,在世界多元文化交流、融合下,中国"竞技"武术正在走向世界,并争取加入奥林匹克大家庭,而中国"传统武术"的哲学思想和武术道德与精神也对西方体育观念产生了重要影响。武术文化在世界体育文化中,在世界文化体系中发挥着重要作用,随着我国国家文化软实力的不断提升和对武术文化的不断推广与传播,这种影响作用还将持续扩大。

第二节 武术文化传承发展战略

一、重视改革,输出为次,融入为主

成功的体育文化国际传播,是体育文化对国际体育文化大环境的适应,我国武术文化的国际化和全球化传播也应遵循这样的规律。

文化全球化发展背景下,东西方体育文化激烈碰撞,为了提高我国体育文化的竞争力,争取在全球体坛掌握话语权,我们需要突破顽固的守旧模式,尝试对体育文化的传播方式、传播内容等进行创新,并在创新的过程中去其糟粕。

我国武术内容丰富多彩,拳种风格多样,能够使不同受众的需求得到满足,但是繁杂的武术内容体系也增加了武术传播的难度。一些武术拳种动作复

杂，招式要求严苛，习武者在习练过程中感觉很吃力，并需要长期坚持数年甚至更久才能见效，这就增加了文化传播过程中引起关注的难度。

就我国国内武术文化的普及和传播经验来看，24式简化太极拳就是对武术技术进行简化的一个典型。在全世界范围内，要进一步传播我国武术文化，可以充分借鉴国内太极拳简化创编的成功经验，对复杂的武术技法、套路进行简化创编，然后再推广，从而使更多国外武术爱好者能够切身参与武术，体会到武术运动的魅力。

二、加强宣传，以点带面，全面开花

2000年，联合国开发计划署发表的《人文发展报告》指出："必须扶持本土文化和民族文化，让他们与外国文化并驾齐驱。"可见，"多元文化、文化多样"成为国际共识武术文化的国际传播，不可能做到全部武术文化内容的一次性全面铺展性宣传，这是不现实的。对此，应找到武术文化传播的一个代表"点"，以某个武术拳种、武术文化作品为敲门砖，打开武术文化全球化传播的大门。

在武术全球化发展进程中，必须正视的一个问题是，当前，在世界范围内，我国武术虽然走出了国门，但没有形成一个好的文化品牌，无法充分满足当前全世界范围内对武术文化和相关产品的需求。

现阶段，要进一步在全球范围内，提高武术文化的国际地位和影响力，可以充分借鉴"孔子学院"国际化推广的成功经验，在全世界范围内设立传统武术教育机构，使更多的人关注、了解、传承武术。例如，在华人聚集地，开办武术专修学院的模式，培养更多的传统武术专业人才，实现"以点带面"的传播效果。通过主动创办武术教育、交流机构，提供武术教育、交流平台，让更多人认识、认知、认同我国传统武术文化，以形成"广覆盖、规模化"的文化认同。

三、原生态化，丰富内涵，保护精品

文化的保护要坚持原生性，原汁原味，使文化在其发展过程中保持其最本真的传承。文化的发展一般会产生两种结果，一种是一直保持其原本的文化特性，并没有因为历史的变迁和社会的发展而改变，称为"原生态"文化。另一种是在原来的基础上衍生或创造了新兴的文化，离开了原有文化的生存、发展的文化环境，便不再是原有的文化了，而是成了另外一种文化，成为"次生态"文化，如现代趋向于高、难、美、新的竞技化方向发展的"新兴武术"，武术文化的全球化传播与传承，新兴武术是敲门砖，是传承的铺垫，真正要推广和传承的是原生态的武术文化，传统武术文化的传承与非物质文化遗产的保护，必须保留其"原生态"性。对武术文化的传承，就是要对其文化的合理内容与形式进行继承，这是文化属性的根本所在，要强调保持传统武术的"原生态"性。

在全球化背景下，各个国家、地区、民族的不同文化相互影响，相互融合，当前，西方文化的痕迹（西式快餐、美式电影等）在我国随处可见。随着西方文化的融入，我国的民族价值观和思维方式正在发生变化，倘若民族价值观发生了很大程度的改变，那么中华民族的文化也就被颠覆了。在传统武术的国际化传播过程中，不仅要传播武术技术文化，还要在世界上推广武术深层文化，在传播武术技术的过程中将更多的中国传统文化的价值观展示给世界各国，要在武术文化传播与传承过程中不断增强文化意识，大力促进武术"文""武"的结合，使我国传统文化在国际多元文化中始终保持文化优势。

在全球范围内，诸多民族共存，创造出丰富多彩、种类多样的优秀文化。传统武术文化和非物质文化遗产之所以要被重点保护和传承，正是在于其对于整个人类文化所具有的重要历史意义。在现代社会，在以往特定时期产生的武术文化面临着严重的生存与发展危机，因此，要对其进行重点保护。

四、整合媒体，依托赛事，创建品牌

在武术的国际化传播过程中，要重视借助各种各样的传播媒介来加强武术文化宣传。此外，为了更好地在全球范围内传播武术文化，必须要有创新意识，应以现代化的视角来对传统武术的内容形式、传播方法与手段等进行创新，其中一个重要手段就是革新武术的传播手段与方法，充分运用传媒资源，有助于进一步提高传播效果。借鉴我国国内武术宣传的媒体应用的成功案例，如河南卫视的《武林风》、河北卫视的《英雄榜》、中央电视台的《康龙武林大会》等电视节目，都把武术类电视综艺节目推向了一个新的高度。我国武术爱好者通过观看节目，对武术的认识有了更加具体、直观、形象、生动的认识，且泰国、美国、日本等国家的众多武者也参与了节目，促进了中国武术和其他外来武技的交流与融合。此外，在信息时代，应加强武术国际门户网站的建立，通过互联网传播我国武术文化。

从近年来我国的武术文化传播经验来看，武术赛事是我国武术文化传承的重要和有效途径，我国传统武术于1991年的亚运会首次被列为国际比赛项目，其所蕴含的运动价值也得到了亚洲各国的广泛认同。而随着在亚洲各国不断开展武术套路的比赛，传统武术的国际影响力也得以不断提升。武术套路成为亚运会的固定比赛项目，不仅是对传统武术的一种推广形式，也是对我国传统文化的大力宣传。目前来看，我国传统武术文化不断获得世界人民的广泛认同，不仅冲出了亚洲，而且逐渐走向世界，并争取努力成为奥运会正式比赛项目，届时将真正促进中华武术文化走向世界化并广泛传播。

当前，我国武术虽然跨出了国门，走向世界，全世界范围内的习武者和武术爱好者数以亿计，但是，我国武术没有一个具有世界知名度的文化品牌，国外对我国武术文化的认知也多停留在"中国功夫""少林武术""太极拳"等字词层面，并没有具象化的文化品牌能有效、简要、准确地阐述我国武术文化内涵。对此，可借助我国武术代表项目的知名度，塑造具有广泛影响力的武术文化品牌，如进一步打造武术影视文化、武术竞赛文化、武术表演文化等，使国际社会对我国武术文化的了解更加具体化、形象化。

第三节 武术文化的教育传承的价值和策略

一、武术文化的教育传承价值

武术文化具有丰富的教育传承价值。学校武术教育和传统武术教学，不仅能够促进学生身体正常发育，全面提高其身体素质，增强其体质，还能使学生通过武术文化、基本功、技击原理、技法等的学习，培养学生坚强的意志品质，使学生形成自己的世界观、人生观以及价值观。传统武术具有丰富的文化内涵，是我国几千年文化和民族精神的结晶。通过传统武术教学，学生可以充分认识与了解我国传统文化，并养成良好的道德意识和提高对中华民族精神文明的认知。因此，必须充分认识到，武术运动知识与技术的学习并不只是为了学习，更重要的是希望学生通过接受武术教学，形成终身体育意识和习惯，提高学生武术文化素养。

对武术文化教育价值具体解析如下。

（一）武术体育价值

武术属于体育的范畴，武术具有体育运动所具有的一般运动价值，体育健身价值是武术运动的基本价值之一。通过传统武术学练，能促进习武者的身体素质发展。

武术的基本功与武术动作、武术套路学练能实现身体全方位的活动，对于身体各项素质的发展、生理机能的提高具有重要的促进作用。

另外，技击攻防是武术的本质特征，武术的两两对抗、多人对抗搏击等运动形式，对习武之人的身心统一提出了很高的要求。

如果不具备良好的身体素质，则不能在对抗搏击中轻松应对，因此长期习武可令运动者比一般人更矫健、灵活、勇猛，这些运动特质都是身体素质强健和提高的表现。

（二）武术健心价值

1. 完善人格

习武者身心统一的实质就是身心和谐地发展。和谐是武术的一个重要理论，这主要取决于中国传统文化对和谐价值观的重视，习武者不论是在外在的动作技术上，还是在内在的心态与精神上，都能够将"积极向上""刚健有为"的民族文化精神充分表现出来。武术习练能使习武者的身心和谐和激发习武者始终保持积极向上的心态。

（1）在中国传统文化中，精髓之一是和谐，最高价值原则也是和谐。和谐对中国传统文化的发展具有深远的影响。武术文化对和谐的重视，是对人与物和谐的一种追求，对人与自然、人与社会及人自身内外的和谐的一种追求。由于对人与社会和谐的重视与推崇，因此很早之前就提倡练习武术但不遇事动武。武术所倡导的是"止戈为武"，这对于习武者的为人处世中待人友善、不争、崇礼具有重要影响。

（2）传统文化基本精神的多元化格局中，与人为善、中庸豁达，同时做到刚健有为，这是我国古人认同的人格精神，武术习练可令习武者具有自强不息的精神以及宽广的胸襟。

2. 完善道德

武德是武术文化的重要内容，武德是练习武术者体现出来的道德，它具体包括习武者在社会活动中应该具备的道德品质、应该遵守的道德规范和行为准则。

在我国传统武术文化的长期发展过程中，道德修养贯穿于武术的形成和发展过程的始终，道德修养是一直备受重视与关注的，武术习练者与其他任何社会成员之间的和谐关系主要是依靠"崇德扬善"这一道德观来调节的，以此来使习武者成为德艺双馨的武术传承者。练习武术者的个人修养、道德水平、精神境界以及武术礼仪等都深深地受到武德的影响。武术者在社会关系中的为人处事也受到个人武术道德观念的影响，通过武术学练，有助于个人思想道德的优化与提高。

3. 增强民族意识

武术文化是中华民族文化的瑰宝，是中华民族文化的精华，传统武术的重要价值与功能是增强民族认同感和凝聚力。武术动作技法的习练过程中会自然而然受到武术道德、武术观念、拳理哲学等的影响，这些东方文化内涵和精神，有利于人们民族强烈自豪感的产生，有利于民族向心力、凝聚力的增强。

以我国武术拳术为例，我国武术拳术内容体系丰富，各流派不乏名师出现，这些拳界宗师不仅重视自身的修养，还具有高尚的民族气节。

近年来，我国传统武术学习热潮的兴起使得各地习武活动活跃，不同地区的武术比赛中，参与者除具有强烈的竞争心外，民族集体荣誉感也会在参赛和观赛中油然而生。因此，传统武术运动的开展有利于民族之间的团结与协作，有利于习武者的民族意识的增强。

（三）武术美育价值

传统武术从东方美学文化中创造出来，传统武术的道德思想、一招一式、或动或静等，都表现了古人对美的理解和追求。

武术美学重点表现如下。

1. 技击美

传统武术对手、眼、身、法、步等身体动作规范性具有很高的要求，并且要求习武者内部的精、神、气要与力、功相统一。通过武术动作的演练来将武者的精神、节奏与风格体现出来，积淀在技击中的人的智慧、才能、力量、品格等，给人一种特殊的审美感受。

2. 技理美

拳家将武术中的节奏形象总结描绘为："动如涛，静如岳，起如猿，落如鹊，立如鸡，站如松，转如轮，折如弓，轻如云，重如铁。"在动静、起落、快慢、轻重、高低、刚柔的对立转化中都充分表现出武术的技法美。此外，武术技法拳理之美还表现在"虚实结合""动静相宜""进退有序"等诸多方面。

3. 形神美

"神韵"是武术运动的一个重要特征。武术技法动作追求形神之美，传统武术中的一些动作是对自然景象或动物姿态的模拟，同时强调动作模仿的形似、神似，在动作模仿习练过程中，注重内外运动符合生命的自由和谐运动，实现自我形神的统一。

4.意境美

武术动作方面,意境美表现突出。单就武术动作命名来说,武术中的"弈射九日""仙人指路""走马卧槽"等拳名在表现武术的意境和情趣方面就很有特点。武术动作方面,武术套路演练过程中,各种动作流畅不断,动作与心理达到"情""境"交融、"情""技"交融,套路演练,不仅是动作模仿,还可表现出精神、斗志、气概,也是对武术意境的表现。

5.精神美

武术武德的美育价值。武术文化美学内涵反映到现代学校武术教学中,对提高学生的审美、精神美、创造美的能力具有重要的促进作用。

武术具有重要的美育教育价值。通过武术教学,不仅可以提高学生的审美能力,包括对武术的动作美、身体形态美、精神美、同伴间的完美配合等的审美,还可以提高学生发现美的能力和审美的能力。武术武德教育是武术教学的重要组成部分,武术武德和各家各派的习武规范都体现了武术作为一项体育运动的精神内涵,如"三不传""五不传""十不传""五戒约""八戒约""十戒约"等,传统武术精神美综合体现在"仁、义、礼、信、勇"五个方面。传统武术教育中的师徒授教,师傅不仅要看徒弟的身体条件,还要观其人品。现代社会,武术教育不仅要提高学生的身体素质,更要重视对学生的精神教育,培养心理健康、人格完善的高素质人才。此外,在武术教学中,教师注意对学生武术技术动作和动作组合的随机性与多样性的培养,可不断提高学生的创新能力。

(四)武术智育价值

武术智育价值表现在两个方面。

首先,武术运动是一种身体运动,运动过程中,身体的各项生理活动会变得十分活跃,这对于促进大脑的血氧供应具有重要作用,可为大脑工作提供更多的营养物质,由此可促进大脑的生长发育,进而可以改善与提高智力。

其次,武术动作学练、套路演练、对抗搏击中有许多技法技巧与哲学原理,这些都需要习武者在武术动作完成的过程中进行思考,如此才能体悟武术的技法理论和规律,这对于习武者的大脑思维能力的提高具有重要促进作用。

(五)武术德育价值

我国的传统美德是植根于古代"礼仪文化"而不断发展起来的,它所提倡的传统美德体现出儒家思想中核心伦理思想——"仁"。"德""艺"是中华民族传统美德的主要表现与反映。

武术文化根植于我国传统文化,并受传统社会伦理道德的重要影响,形成了自身比较完善的道德体系,即武德。关于武术的美德对习武者的影响在本书前文中已详细阐述多次,这里不再赘述。武术教育中,武德教育是非常重要的一个环节,是现代武术教学中必须引起教师重视的内容。

二、武术文化教育传承推进策略

(一)重视普及,重视武术文化传承人发掘

现阶段,推广、传承与发展我国武术文化,开展武术教育教学是一个非常重要和有效的途径,这是复兴我国武术文化的必然选择。学校教育传承是武术文化传承的最主要的途径。这种传承方式能够在一定程度上扩大传承面。

在大力普及和推广武术文化的过程中,还要重视优秀的武术文化传承人的发掘和培养,通过将传统武术纳入学校教学体系,通过学校教育进一步普及与发展传统武术,吸引和影响更多的人(包括学生及家长)传承武术文化,同时,也有利于发现和培养优秀的武术文化传承人。

(二)完善体系,构建武术文化教育大环境

武术文化教育的持续开展,需要教育系统和整个社会环境的支持。

就整个社会教育来说,应充分利用多元化的现代媒体在全国乃至世界范围内大力宣传传统武术,让传统武术融入人们的生活。另外,完善社会教育系统的武术教育,在军队、公安、武警、保安等系统中加强传统武术训练,充分发挥传统武术的现代价值。

就我国整个学校教育系统来说,一方面,将传统武术纳入学校教育体系,

在幼儿园、小学、中学、大中专院校以及研究生教育阶段全面开展传统武术教育，让传统武术切实走进校园，成为学生的必修课程。另一方面，学校体育教育体系中，西方体育占据教学的主导地位，以西方体育文化为主的学校体育教学发展模式等，造成了武术教学中文化教育性的缺失。对此，在学校体育教育中，应协调和平衡东西方体育教育的关系，适当增加包括武术在内的我国传统体育教育。

当前，我国正在由人口大国向人力资源强国转变，我们必须办"大教育"，学校武术教学也应该树立大教育观念，营造良好的文化氛围，武术教育应深入到全社会的各个角落，惠及全体国民。

（三）发展理论，为武术教育提供理论支持

和发展历史悠久的传统武术相比，针对传统武术的理论研究十分有限。发展到近代，传统武术的理论研究成果也十分有限，主要有以下两方面。

（1）形成了一个以阴阳五行学说为基本框架的古代武术理论体系。

（2）各家拳种已逐渐形成了很多趋于相近地从择徒到训练等方面的理论共识。

中华人民共和国成立后，我国传统武术的主要流传范围依然是在民间。因此，对于传统武术的研究多为武术的技巧方面，很少有传统武术理论方面的研究。而民间的大多数传统武术拳师知识文化水平都很有限，教学方法多是前辈通过口传心授的方式流传下来的，一方面没有系统的理论指导，另一方面很难有创新。因此，传统武术会在发展过程中出现技法练习、拳种认知上的偏差，在一定程度上会制约传统武术的发展。

基于以上情况，我国必须重视对武术文化发展、武术教育发展的理论研究，探索现代化学校武术教育教学的可持续改革、发展道路，为现代我国学校武术文化教育教学实践提供理论指导。

（四）简化套路，实施武术套路的国家标准

武术文化历史悠久，发展至今，武术已经形成了庞大的内容体系，武术技术复杂，套路繁杂，难以练习，因此在普及方面比较困难。因此，为了保证

传统武术的大众化发展，应对传统武术的常见套路进行适当的简化（综合的简化，而非简单的删减），并制定国家标准，使其更适应体育教学实践的开展，便于在校园中推广。

（五）改革教学，推进武术教学形式多样化

将现代科技与武术教学相结合，降低授课难度，从文化美学和形体欣赏的角度出发，寓教于乐，通过轻松积极的教学氛围培养学生对于武术课程的认同感，真正发挥武术课程的内在文化精神价值。

（六）优化师资，提高武术教师的综合素质

教育是培养人才的重要途径，学校是培养人才的摇篮，传统武术发展的后备军——未来的武术家也应通过教育的形式来培养。当前，学校教育需要高素质的师资队伍，因此，加强武术在学校的开展，提高各级各类学校武术师资的教学水平具有十分重要的现实意义。

当前，我国学校武术教学中，从事武术教学的体育教师多为其他学科的兼职教师，或者是一些武术专业毕业但教学经验不足的教师，或者一些教师有教学经验但武术技能的掌握情况、运动训练指导能力还需进一步提高。师资力量是任何学科教学的基本保障。当前，师资力量不足是影响学校武术教学发展的一个重要因素。

教师在教学活动中处于主导地位，是武术教学活动的引导者、帮助者、组织者。在武术课程教学系统中，如果离开"教师"这个要素，则武术教学活动将无法组织与实施。教师结合自己的教学研究和教学经验，制定出具有宏观指导意义的教学课程标准，各校的教师再结合自身的教学情况和本校武术教学情况进行具体的武术教学内容、方法、模式等设置。教师的武术教学素质的提高是非常重要的。

此外，还要不断提高武术教师的教学综合素质，提高教师的武术技能、武术知识、武术理论、武术训练等各方面素质和能力，促进教师的综合素质提高。优化师资，才能真正实现武术教学的进一步优化。

（七）传承武德，重视武术教学的武德教育

武术文化的教育传承过程中，不仅要对武术技能、史学知识、技法理论等进行学习、传播、传承，更要重视武术文化内涵的传承和武术精神的传承。

武德是武术文化传承的重要内容。在学校中大力开展传统武术的教学训练，重视传统武德教育，可以弘扬优秀的民族文化，培养出具有自强不息、坚强不屈的民族性格的优秀武术人才。

第四节　竞技体育背景下武术的技击嬗变

一、武术的技击本质

技击性是武术的本质属性，武术的技击属性使得武术在阶级社会中始终保持良好的军事功能而备受重视，同时，也正是因为武术具有技击性，使得其在当前西方竞技体育为主导的现代体育发展中具有持续发展的可能性。

武术的竞技本质属性表现在多个方面，这里从时间维度和空间维度两个方面进行阐述。

（一）时间维度

从武术发展历程来看，技击性是传统武术的重要属性和基本特征，是传统武术文化的重要表现特征之一。与传统武术的文化背景有着十分密切的关系，其萌芽并发展于冷兵器时代。传统武术有着漫长的发展历史，在其形成与发展过程中，传统武术的攻防技击性发挥着十分重要的作用。

（二）空间维度

从武术的地域发展及其与其他不同地区的体育文化交流来看，在我国本土上产生的各个区域的武术，均具有一定的技击性。虽然技击方式方法、技法原

理不尽相同，但各地武术均具有对抗性与对抗运动形式，表现出技击性。

此外，再从文化的角度来解析武术的技击性，在多元体育文化中，武术与其他体育运动的技击性表现在并非一定要分出招式多少、力量大小的输赢结果，双方对抗更多时候是点到为止，武术比拼的输赢不仅在形式上，更多的是在内涵、思想和德行上。

二、武术技击嬗变的文化背景

世界体育一体化发展背景下，西方竞技体育在世界体育中占据主导地位，武术融入现代竞技体育，其竞技性发展必须得到更多的重视。同时，为确保武术的核心价值和属性不发生根本性转变，必须在武术技击嬗变上进行正确引导，从竞技性发展入手探索传统武术的现代发展路径。

（一）西方竞技体育文化冲击

自从鸦片战争以来，我国被迫打开国门，西方文化涌入我国，对我国传统文化产生了重要影响，这其中包括西方竞技体育文化对我国传统体育文化的影响，可以说，西方竞技体育文化思想对我国体育发展的影响是非常大的，直接促进了我国传统体育的竞技化发展，包括传统武术。

当前，整个世界范围的各类文化都是处于一个开放性的环境中，而在体育全球化时代，西方竞技体育是世界体育发展的主流，世界体育以竞技体育为主要内容，以竞技性为主要发展方向。在这样的社会大背景下，我国传统武术要想不被世界体育发展淘汰，就必须在现代社会重新重视和突出武术的竞技属性，对武术的内容和形式进行竞技化改造、发展和创新，使武术的竞技性更加突出，更适应现代世界竞技体育的发展趋势。

现阶段，我国正在对武术进行套路和动作技术方面的改造，主要是进行规范化改造，使其符合现代竞技体育技术判断的需求。在西方竞技体育主流思潮的影响下，我国传统武术进行了竞技化改造，如通过将传统武术打、练分离开来，将传统武术套路运动分为若干竞赛项目，来适应现代竞技体育的项目分类，这些竞技化的改造使得武术受到了更多人的重视，不仅局限于老年群体

（参与武术以健身），更多的年轻人也开始关注和参与到传统武术运动中来（参与武术以搏击），同时，武术竞技比赛也吸引了更多的社会目光，如赞助商的赞助，这就使得传统武术具有了在现代市场经济社会继续生存的生命力。

在西方竞技体育主导下，我国武术实施竞技化改造，顺应现代竞技社会发展趋势，并力争进入奥运会，这都是我国武术竞技受到西方竞技体育文化冲击并顺应世界竞技体育发展潮流的技击嬗变的表现。

（二）武术文化所依附的社会环境的变革

从武术的产生发展历程来看，武术是在我国传统的阶级社会环境中产生和发展的，我国传统武术是在传统文化和传统哲学思想下产生、形成和发展起来的，而整个社会是在不断进步和发展的，社会的转型必然会带来一系列的文化变革。

进入21世纪，整个世界的社会文化环境和几千年前比，在政治、经济、文化、科技等方面都发生了巨大的变化，社会的发展变革使得社会诸要素都在发生着变化，人类社会不断向前发展，社会文明也在不断向前发展并适应社会发展需求。整个社会文化环境的发展变化对武术文化发展产生着重要影响。

社会环境变化从多个方面影响了武术的现代化发展，具体分析如下。

1. 政治方面

目前，我国政治环境良好，法制健全，社会安全保障能力逐步增强，法治社会使得中华人民共和国成立以前以"格斗"和"搏杀"为特征的传统武术社会需求逐渐消失，人们对传统武术的关注更多地集中在健身方面。

2. 文化方面

人与人之间的关系日益疏远，学校集中教育教学成为学习知识和技能的主要形式。传统伦理观念的转变和家庭结构的变化，使传统武术早期的师徒关系逐渐消失。

3. 生活方面

现代社会竞争激烈，生活节奏快，社会分工日益细化，传统武术原有的比较稳定的传承结构已经逐渐失去了其存在和发展的空间。

新时期，传统武术所依附的原有的社会环境发生了重要变革，在当前新的社会环境下，社会文化要素的发展都要适应于社会化的大生产要求、创造和发展为它服务的新文化，而武术作为一种传统文化，在当前社会新的文化环境下要想持续发展，就必须转变以往的传承方式、发展模式。正因如此，武术在现代社会发生了分化，形成了传统武术和现代竞技武术两部分。

三、传统武术的现代竞技化发展策略

（一）武术竞技化改造

对传统武术进行竞技化改造是传统武术在现代社会可持续发展的必然要求，必须转变观念，充分认清这一事实。

当前，竞技体育是世界体育发展的主流，对传统武术进行改造使其符合竞技体育的特征，才能促进其竞技化的科学发展，具体来说可以从以下几个方面着手进行武术的竞技化改造。

1.武术内容和形式的竞技化改造

（1）改造传统武术套路的结构，改变原有竞技武术套路模式化的类同现象，在丰富传统武术套路内容与形式的基础上，使其突出和充分体现西方竞技体育的一些特点，为其进一步融入现代竞技体育奠定基础。

（2）改造传统武术运动内容，提高竞技武术的娱乐性和观赏性，使武术既包含民族项目要求，又能将世界各国本民族的同类素材和内容融入其中。

需要特别提出的是，对武术内容和形式的竞技化改造不是盲目改造，必须坚持保留传统武术的基本特点为原则。

2.武术规则的简化和操作化改造

（1）简化武术规则。我国武术发展历史中，竞技性更多时候是被弱化了，武术更多地用于健身、养生、保健，在竞技方面缺乏经验，因此，现阶段，在武术竞技化探索过程中，武术竞赛规则的不统一和操作性的缺乏是影响传统武术竞技化发展的一个重要制约因素，对武术套路和动作的技术评判缺乏统一、明确的标准，直接影响了不同裁判在比赛过程中对参赛选手的评判。从裁判员的角度来讲，目前，在武术套路比赛中，技术动作的规则判定十分复杂，对裁判员的武术专业素养和裁判能力要求较高，而现在的武术比赛裁判员多为兼职，对武术技术动作研究有限，对操作性不强的武术竞赛规则的理解也有限。为融入现代竞技体育，针对上述问题的存在，传统武术必须统一规则，要方便武术竞赛规则的使用。

现阶段，要想保证传统武术竞赛公平、公正地进行，简化武术竞赛规则非常重要。简化武术竞赛规则是保证武术比赛的客观、公正开展的重要和有效手段，简便可操作性的武术竞赛规则便于裁判员评判，这是促进竞技武术竞赛的竞技化和国际化发展的必由之路。对传统武术竞技规则进行不断调整的过程，就是我国传统武术竞技性、规范化发展的过程。

（2）提高武术规则评判的可操作性。纵观西方各竞技体育运动项目，在竞技比赛过程中，竞技评判标准是可量化的，现代竞技体育的评判标准是非常直观的，是用时间、距离等客观数据说明的，如高度、速度、重量、进球数量、进攻次数等。规则的可操作性是现代竞技体育的一个重要特点。

反观我国传统武术，我国传统武术内容丰富、动作多变、套路多样，不仅重视技术动作，更强调"精气神"，讲究神韵，这就使得武术的评判不仅仅局限于动作、套路的完成。武术对抗，强调"点到为止"，这就使得对抗过程中的胜负关系判断变得很微妙。这种微妙和比武过程中谁的武艺武德更高一等同样变得很难描述和"不可描述"，这就为比武评判的量化、可操作化评判提高了难度。

因此，要想与世界竞技体育融合发展，就必须适应和建立一套符合西方竞技体育评判标准的竞技规则。我国传统武术内容丰富，要进行统一的技术评定，就必须做到规则的规范化，现代竞技体育比赛规则的规范化是武术发展的客观要求，这是传统武术评判标准适应现代竞技体育发展要求必须要改造的地方。我国传统武术于1952年作为民族形式体育项目进行推广。此后，我国多次对武术竞技规则和竞赛体系进行不断完善。传统武术的竞技化改造正在不断完善和适应现代体育发展。

（二）武术赛事创建

1.创办武术赛事

武术的竞技化发展离不开竞技赛事的举办，我国封建社会时期是不存在武术赛事的，武术对抗只是民间的"打擂台"，对抗规则并不规范。

从西方竞技体育传入我国，我国武术受竞技体育发展影响开始逐渐进行竞技化改造之后，我国开始陆续出现各种武术赛事，体育运动发展实践表明，赛事的成功举办对竞技体育运动项目的发展具有重要的促进作用，当前世界范围流行广泛、关注度高的体育运动项目都有规模宏大、影响广泛的重大赛事，如足球的世界杯赛事、网球的大满贯赛事、其他体育运动的锦标赛等。因此，要想促进武术竞技化发展，创办武术赛事是一个重要的有效方法和途径。

近年来，我国为推广武术，开始重视武术赛事的举办，我国各级各类武术赛事逐渐增多，武术竞技化发展道路逐渐步入正轨，武术竞技赛事市场逐渐打开，武术竞技赛事举办对武术推广发挥了重要的推动作用。

2.创建武术品牌赛事

在我国当前市场经济发展的背景下，有市场需求才有发展空间。传统武术的发展绝对不能走"酒香不怕巷子深"的道路，必须主动进行商品化改造，适应现代商品经济的发展。传统武术赛事发展围绕消费者的需求进行运作，要想使武术竞赛顺应竞技市场竞争、在竞技体育市场化过程中更好地抢占国际市场份额，促进我国传统武术竞技的快速发展，对于武术产品和武术赛事来说，无论是在设计、生产，还是包装方面，都要将以消费者为中心的理念充分地表现出来，并主动参与市场营销，注重打造武术赛事品牌。以此推广武术、扩大武术影响，并促进武术的市场化运行与发展。

经过不断努力，我国一些武术赛事逐渐具有了名气，如"散打王"已成为人们心目中的品牌形象，这是在中国武术与美国职业拳击选手、泰国拳手近几年的连续对抗中逐渐形成的。此类的武术赛事商业价值、市场前景巨大。2014年，我国首次举办全国武术运动大会，这是一项比较年轻的赛事，但也是当今中国武术运动水平最高的赛事，2018年8月第3届全国武术运动大会成功举办，约1 500名选手在48个分项、126个小项上进行了比赛，此次武术大会提出"让武术融入生活，让武术走向世界，共铸武术魂，同圆中国梦"的口号，并新设"太极"（八法五步）和"功夫"两个展示项目，进一步促进了我国武术运动的发展。

（三）武术竞技人才培养

人才是体育运动发展的重要基础和推动力，竞技体育技术、技能等的进步都需要相关竞技人才去完成和实现。传统武术的竞技化发展的推进，也应该将重点放在竞技人才培养方面。

当前，我国武术发展过程中，武术人才匮乏是制约我国武术持续发展的一个重要因素，武术人才培养不完善是一个不争的事实，武术人才缺乏，尤其是竞技武术人才缺乏严重制约了我国武术的竞技化发展。

现阶段，我国对武术竞技化发展改造还处于发展的初级阶段，传统武术的竞技化之路才刚开始，武术人才培养方面还存在许多不足之处。客观来讲，我国传统武术群众基础广泛，但是，在传统武术竞技人才培养方面有着许多问题。

当前我国武术竞技人才面临的最突出的问题是，投入多，成才率低，这是我国竞技体育人才问题的通病。我国竞技体育人员方面，由于塔基过宽、塔身过大问题的影响，竞技体育队伍的塔形不协调现象严重，在粗放式发展模式的影响下，投入和产出严重失衡，淘汰率不断增高，很多资源被浪费，效率和效益两者之间的矛盾日益突出，相关资料证实，以全国平均每年在业余训练队选取全部运动员为分析对象，只有在训青少年总量的1.3%。武术人才不像其他一些奥运体育项目具有竞技训练经验和优势，更容易获奖和体现官员的政绩，由于政府投资有限，缺乏武术训练机构或训练中心，武术人才培养的资金投入不足、组织机构和设施匮乏影响了武术运动从事者的成才。

在竞技武术迅猛发展的时代背景下，传统武术后备人才被割断，对传统武术文化发展带来了极大的负面影响。随着竞技武术的发展，在竞技武术人才培养方面已经形成系统性培养模式，具体划分成了上层、中层、基层。与此相反，在竞技武术主导作用越来越突出的情况下，传统武术被迫朝民间活动转入，通过这种方式来生存与发展，但在规范化和科学化两方面没有任何进展。在传统武术丢掉人才培养模式的规范化空间之后，传统武术发展基础与发展动力也逐渐消失，竞技武术发展事业也无人承继。

（四）武术竞赛体系完善

正如前文所提到的，在武术竞技化发展的道路上，竞技武术是一个年轻的竞技项目，发展时间短、经验少，竞赛体系建立不完善，要促进竞技武术的持续发展，就必须规范武术赛事发展，建立完善的武术竞赛体系，具体要求如下。

（1）创办赛事之初，应就武术赛事的市场定位与市场发展空间进行分析。

（2）实事求是，对举办地的政治、经济、文化、体育等环境进行深入调查，深入调查与分析影响武术赛事的内外环境，科学制订赛事计划。

（3）政府应为武术的竞技化改造与发展创造良好的政治、文化环境。应在竞技武术"既是民族的，又是世界的"这个涵盖深广的问题上做推广，以更好地适应世界各国人民的需要，扩大群众基础，为武术的可持续发展和竞技化发展创造良好的国内、国际武术文化的发展环境。

（五）重视武术文化的社会宣传

我国底层社会是武术得以传播的重要领域，因此社会民俗文化是推动武术传播的重要媒介，传统武术具有特定的广泛性和生命力，传统武术是对我国广大群众审美特点的反映，立足于武术形式和文化关联两方面，均显现了对人生和理想的观点，充分表现了武术的深层次内涵。只有大众武术文化观念得到普及与推广，才有武术的生存土壤。

第五节 文化视域下武术文化的认同与自我觉醒

一、武术文化认同

（一）文化认同与武术文化认同

文化认同是人们对文化的一种心理上的认可，是人们在一个民族共同体中长期存在的文化形式的肯定，对这种文化的认同其核心是对该文化、对民族的价值的认同。

武术文化认同，是指对武术这一文化形态的认同，包括对武术的文化内涵、思想基础、地位、意义、价值等的肯定认识。具体来说，武术是一种体育运动形式，也是一种文化形态，具有丰富的文化内涵，其伴随着中华民族的文化发展史，不断丰富和发展成熟，是中华民族的一种具有代表性、象征性的文化形式。武术运动具有健身性、技击性和观赏性多种属性，武术文化内涵丰富、博大精深，武术文化中所包含的"天人合一""形神兼备""扬善除恶""仁义谦虚"和"尊礼重道"等，都是武术文化的精髓，也是被中华民族认可的文化内涵，体现了东方传统体育与西方体育的体育观、价值观的明显的不同。

（二）武术文化的核心价值

文化认同，首先是价值观念的认同，从这一角度出发来分析武术文化，要实现武术文化的自我认同，就必须充分了解和理解武术文化的重要价值，尤其要理解武术文化的核心价值。这是实现武术文化认同的基础。

武术文化的核心价值具体表现如下。

1.尊礼重道

中国自古为礼仪之邦，"礼"是中华民族文化的非常重要的一部分，古语解释"礼"为"不易之礼，乃礼之里面，礼之精髓；礼之意义，约略如此"。重视习武过程中武术对习武者"礼"的教化，是我国传统武术文化的本体价值。"礼"是武术文化的"内核"，"礼"的本质为"道"。

从武术文化的发展来看，武术产生之初，是获得生产资料的手段，是丰富业余生活的身体活动，是军事训练的重要方法，并无"礼"和"道"的内容，但是，随着武术的逐渐发展，武术文化被赋予更多的"礼"和"道"的内涵。

传统武术文化中的"礼"最初是阶级社会中对权力的强调，在这种"礼"制下，武术逐渐具有了文化性质，并逐渐形成"尊师重道""武德戒律"等行为准则，在世代习武者身上传承、沉淀下来，并不断得到发展与完善。

传统武术文化中的"道"表现在多个方面，如武术健身养生之道、习武学艺勤恳之道、以武交友会友之道、对抗技击中的"点到为止"等。武术的"道"是对"礼"的具体阐述。

2.身形兼修

武术文化建立在我国传统武术哲学思想上，深受我国传统武术哲学思想的影响，在武术的健身、养生过程中总结出了一套身形兼修、修身养性的体育观。

作为一种身体活动的内容与形式，武术首先是一种体育运动，是一种肢体语言符号，它注重"身韵"的塑造，和其他体育运动形式不同，它的"身韵"内涵赋予了武术文化长久的生命力，并在此基础上追求"神韵"，主要体现在"形神兼备"方面，并讲究内外兼修。这是具有独特东方体育文化思想的健身养生观与运动观。

3.德艺双馨

习武重德，武术是一种文化资源和教育资源，通过肢体传播、思想影响。习武者在习武过程中学习武术体式、领会武术精神。武德是一种从武、习武道德，武德是习武之人必须遵循的行为规范和准则。

武德贯穿于习武者拜师择徒、教武、习武、用武的全过程，尽管在不同的历史时期和拳种门派中，武德的具体要求不同，但作为传统武术文化中的核心部分，从古至今，武德一直符合中华民族的伦理道德、行为处世准则和对"善""美"的追求，是习武者的自我约束，这种良好的品德修养还影响了同一时期的社会大众的道德观念。

"武德"是传统武术文化的重要组成部分，武德是在武术这一特殊领域中对社会伦理道德思想的具体运用，随着中华民族文化的不断发展，武术的"武德"不断丰富，并逐渐发展成为中华民族伦理道德思想的重要组成部分，成为中华民族的精神之一。

二、武术文化自我认同向文化自觉的转变

文化自觉，指一种文化在充分地认识自身文化的基础上，了解自身文化与其他文化的关系。武术文化的自我认同与自觉体现了现代人对武术文化的深刻认识。

（一）关注武术文化

关注武术文化是武术文化自我认同和自我觉醒的重要基础，是进行武术文

化保护和传承的前提，如果每个人都不关注武术文化，那么武术文化终将自生自灭。

中华人民共和国成立以来，我国非常重视体育发展，对于我国传统体育及其文化更是采取了高度重视的态度，在党和政府的支持下先后进行了几次大规模的整理与挖掘工作。武术文化作为我国传统体育文化的代表，其在新时期的发展也得到了重视。

目前，气功和禅修被广泛应用在养生益智与放松身心活动中，这些价值仅仅是气功与禅修的多元价值体系中一些作用较小的组成部分，现在却被赋予多项功能，这正是对武术文化的关注和重新认识。

（二）重视武术文化传承

武术文化是我国乃至全世界的优秀文化瑰宝，是人类优秀文化的代表之一。对武术文化价值观念的认同是促进武术文化发展的重要基础和前提，在此基础上，促进武术文化向文化自觉的转变。

武术文化传承是文化自我觉醒的重要表现，对武术文化的传承应是整体的、全面的，并非单一形式的技击技法的传授，具体到传统武术文化来说，传统武术属于一种独特的教育形式，传承传统武术文化就是开展一种教育活动，通过教育（"师徒传承""口传身授"），传统武术的技术和文化才能得以保存并流传发展。师徒传承、家庭传承、教育传承都为武术文化在现代社会的科学传承提供了传承途径。

武术文化传承能促进武术文化在现代社会的持续推广与普及，与新时期我国所倡导的"建立文化自信"的发展目标是一致的，有文化可传承，重视文化传承，是对自有文化保持自信的一种重要表现。

（三）丰富武术文化内涵

1.挖掘整理中国传统文化，吸收中国传统文化精华

我国武术文化发展至今，历经千年，文化内容体系十分丰富，在武术文化的发展过程中，许多文化内容在中途消失了，还有一些文化内涵没有得到正确的认识和深入挖掘。

传统武术文化在受不同历史时期的政治、经济、军事、宗教、文艺等社会诸多因素的影响下，不断吸收优秀文化成分，从原始的单一的身体运动形式，逐渐发展成为内涵丰富的体育文化体系，并在不同的历史时期影响着人们的思想，武术文化的影响还将持续下去。武术在我国历史悠久，流传数千年而不衰，充分说明了武术在其发展历程中能始终满足不同历史时期社会文化的发展需求，对社会和民族文化的发展具有重要的促进价值与作用。

传统武术文化是一种包容并蓄的文化。武术文化是在我国丰富的传统文化的培育下逐渐发展起来的，是中华民族传统文化的集大成者。在武术及其文化持续不断地发展历程中，通过对中国其他传统文化形态内容的吸取，传统武术对自身的文化内涵的不断丰富与调整、完善，因此，武术才能在社会文明不断发展、人们思想观念不断转变的过程中，始终保持较强的生命力。武术的文化内涵使其能在各个社会发展时期被人们认可接受，并在一些特殊历史阶段成为人们所标榜和宣扬的文化内容，武术丰富的文化内涵是其保持顽强的生命力的基础。

当前，建立文化自信，重视文化传承，挖掘与整理我国传统武术文化，就必须将武术文化放到我国传统文化体系中，进一步深入挖掘和吸取我国优秀传统文化的精华内容，不断进行自我丰富与完善武术文化的体系，见表4-1。

表4-1　武术文化不断丰富的内涵

武术文化	武术功能	武术需求	武术形式
文化萌芽	生存竞争	本能	人与兽斗
吸收兵学、军事	原始战争	政治	人与人斗
吸收宗教文化	宗教娱乐	宗教	武舞、战舞
吸收生活文化	谋生手段	竞争	卖艺、武艺
	养生方式	健康	导引术、气功
	锻炼身体	生命	
吸收儒道释文化思想精华	人性修炼	人格	修身、养性、解说流派学说
	心力修炼	心理	
	陶冶情操	兴趣	

2.吸收西方体育文化优秀内容，与西方体育融合发展

在世界文化体系中，武术文化是我国文化的瑰宝，也是世界优秀文化的重要组成内容，它不仅影响着中华儿女和社会文化的发展，还将影响全世界的人和文化的发展。

当今世界是一个开放的世界，各种文化相互影响、相互交织，整个世界范围内人与人、文化与文化的接触越来越频繁，"地球村"的概念被提出，这也就意味着任何一种文化都不可能"闭门造车"和孤立地不受外界影响。不同的文化之间的交流、影响，其根本动因就在于文化差异。文化差异作为初始动力，对文化交流的产生、扩大和发展产生重要的推动作用。传统武术文化的发展必将受到西方文化思想的影响，也会在一定程度上影响西方体育文化的发展。

鸦片战争以后，我国国门被迫打开，包括西方体育文化在内的西方文化涌入我国，对我国传统文化产生了极大的影响与冲击，当时，受西方体育观念的影响，我国传统武术在逐渐吸收西方体育文化理念的基础上，走上中西方体育文化融合之路。我国传统体育融入现代体育的范畴之中，具有了竞技化的性质，武术开启了竞技化发展的道路，见表4-2。

表4-2 传统武术与体育化武术的文化表征对比

项目	传统武术	体育化武术
功能	军事、健身、文化功能	以健身功能为主
属性	文化属性	体育属性
传承模式	师徒传承、家族传承	师徒传承、家族传承、馆校传承
传承方式	言传身教	课堂讲授
学训形式	以师傅带徒弟的形式，数人私密教授学习和训练	以课堂的形式，集体公开授课
学训场地	私密、僻静	公开的体育场馆、公共场地
学训内容	武德与武技，德艺同修的演练技击一体的功夫	课堂讲授的知识和技艺，强调武德教育，主要为武术演练技术

续表

项目	传统武术	体育化武术
理论基础	传统哲学、天人合一、阴阳五行学说、兵学、中医学	运动生理学、运动训练学、教育学、心理学、现代医学
价值取向	修身养性，淡泊名利；追求"天人合一"的和谐	重竞争和自我价值的实现；更多地与商业挂钩

当前我们看到的一枝独秀的竞技武术，与传统武术相比，在动作内容、动作结构、动作布局上都有很大不同，不同之处有攻防技击日益弱化、动作明显优美、动作难度增加，这些不同都反映了竞技武术的"高、难、新、美"，表明竞技武术通过这些方式来引发人们的关注和好感。这些例子都证实着如今传统武术和传统武术文化在西方体育价值作用下出现的异变。

发展到现在，在全球化境遇下，武术文化的传承不能仅囿于国内，必须走出国门，扩大传统武术文化的影响力。我国传统武术文化与西方体育思想的融合发展不仅是传统武术文化自身发展的需要，也是世界文化一体化发展的客观要求。

（四）增强武术文化凝聚力

文化凝聚力，是促使个体自觉从事某种实践活动的内在的一种驱动力。武术文化的经久不衰，使得中华儿女在文化认同上产生心理共鸣，使得中华民族文化能作为一种黏合剂将中华儿女紧紧地联系在一起。

民族文化的发展首先要得到本民族的认可，并为拥有和传承民族文化而感到自豪和骄傲，如此才能愿意投入民族文化的学习、传播、传承实践中去。

增强武术文化凝聚力，就是要增强中华儿女的武术文化自信，为武术文化的现代化传承奠定思想基础。

当前，为了提高个体和群体的武术文化自信心和凝聚力，要求做好以下两方面工作。

（1）在全社会范围内积极宣传武术文化，营造良好的武术文化社会氛围。政府应给予武术文化良好的推广、普及与传承空间与条件，营造良好的武术文化发展氛围，发动全社会的力量传承武术，使每一个人都认识到武术文化传承的重要性和意义，并自愿肩负起武术文化传承的责任。

（2）习武者要树立起武术文化自觉意识，积极参与传统武术及其文化的学练之中，坚持练功、修行，长此以往，才能提高自身的武术文化修养与品格，也才能保证对传统武术文化的全面理解和保持原生态的传承。

三、武术文化的自我反思与持续发展

传统武术历史悠久，源远流长，不仅是全人类珍贵的宝藏，还是先辈留给我们的精华，因此我们每个人都有责任去保护。我们可以在传统武术基础上变换花样，但不可以改变其本质、曲解其内涵。在当前竞技体育文化为主导的环境下，在高度追求运动成绩思想的作用下，强调武术的竞技化发展与当前体育竞技发展趋势的适应，同时，也要重点考虑传统武术的发展方向、文化冲突的解决措施，避免武术竞技化发展过程中的完全异化。

（一）肯定武术竞技属性，促进武术的技化发展

在世界体育一体化发展背景下，武术竞技化发展是武术适应现代社会和体育文化发展的一个重要途径和必由之路。

新时期，对武术竞技性不断挖掘，在确保武术文化核心价值和观念不变的情况下，对武术进行合理的竞技化改造，是武术在现代社会的自我重新定位。

近年来，我国政府特别重视武术的发展，在促进武术文化的传承与发展中作出了许多努力，例如，积极地组织和举办各类武术比赛、重视武术教育发展、开展多种类型的武术文化推广活动等，这些举措对我国武术的发展起到了重要的推动作用。2012年11月，第5届世界传统武术锦标赛在安徽举行，吸引了55个国家和地区参与，进一步推广了中国传统武术，弘扬了传统武术文化；2013年2月，武术被确定为奥运会候选项目，这是武术取得的又一个重要的进步；2016年7月26日，国家体育总局公布了《中国武术发展五年规划（2016—2020）》，各地武协认真部署、积极落实规划内容，发展武术之乡，设置地域性特色武术拳种校本课程，我国武术发展正在走上一个新的台阶。

但必须充分认识到的现实是，武术文化并没有渗透人们的日常生活中，武术文化只是在特定的场合被提起和被关注，我国武术习练的主要人群仍集中在老年人群中，这说明当前社会大众对武术文化的自我认同还没有达到较高的水平。武术及其文化的推广和复兴之路还很长。

需要特别提出的是，站在理论的角度进行分析，竞技武术是在传统武术基础上的再次创新，然而竞技武术在发展过程中已经丢弃了传统武术的本质特色，最后产生竞技武术和传统武术并行发展、彼此独立的怪象，由此出现了广大群众将竞技武术当成传统武术再次延续的错觉。当前，亟须解决的难题是怎样通过传统武术创新来凸显其本质属性，并且在突出传统武术本质属性、兼容传统武术"术道并重，内外兼修"特征的情况下，让广大群众更容易接受。因此，在武术竞技化发展过程中，应始终明确以下两点。

1.武术文化是一种需要内化的体悟文化

武术文化的传承是一个需要体悟实践和内化的过程。习武者在习练武术的过程中，不仅仅是身体训练，更是一种通过肢体运动接受传统文化的熏陶和塑造，内化武术内涵的体验过程、武术的习练过程还强调身心兼修，强调习武者对武德的学习和对武术文化的传承。而武术文化内涵丰富，并非一朝一夕就能掌握，也并非艰苦习练就能领悟，习武者对武术文化的解读需要一定的文化基础，大众对武术文化的理解也需要建立在对我国传统文化充分理解的基础之上。因此，武术传承，并非像西方竞技体育那样，单凭反复的技术训练和提高就能实现，还需要"体悟"。

2.武术文化是一种"知行合一"的文化

武术文化以我国传统哲学思想为基础，融合了我国传统文化的重要精神内涵，体现了古人对宇宙、生命、个体、群体的思考、理解与感悟。武术文化是一种自我教化的文化。武术文化的领悟需要一个较长的时间才能有所成效。因此，武术传承，并非像西方竞技体育发展通过技术改进来实现速度、力量、高度的发展，更需要"知而行，行而思，思而悟，悟而得"。

（二）挖掘武术娱乐健身性，满足现代人休闲娱乐的体育参与需求

当前社会已经进入休闲社会，在当前休闲体育时代，人们对体育文化的需求更多地倾向于娱乐、休闲，观看与欣赏武术文化表演、武术赛事是现代人接触和参与武术文化的重要方式。在娱乐休闲时代，人们享受丰富的文娱生活，也不仅仅满足于感官的刺激，人们更加重视心理需求，随着人们体育消费观念的转变和对消费质量的重视，当前的体育消费已经进入了一个由文化引领的时代。人们对体育文化的追求已经开始逐渐上升到更高的精神层面。武术与其他文娱活动相比，有着丰富的文化内涵，这是武术文化在当前休闲娱乐时代发展的一个重要优势。

武术的娱乐价值不仅指其具有外在的形式美，其技击性也受到人们的推崇和欢迎。在武术对抗中，武者能够将自身的勇敢、威武、顽强、聪慧甚至暴力的特征充分展现出来，使得观赏者在思想上受到熏陶，精神上得到满足。

在当前大众休闲娱乐时代，要进一步推广与发展武术文化，就必须充分发掘武术表演、武术竞赛的文化内涵，通过武术文化表演、武术赛事的举办，传统武术的娱乐性、观赏性、竞技性得到了充分展示，不仅促进了武术文化产业的发展，而且满足了当下人们对体育文化的欣赏需求。

（三）信息时代的武术文化网络传播

武术文化传播是武术发展的重要驱动力，当前，社会媒体在文化传播中的作用越来越大，对大众舆论和关注内容具有重要的导向作用。因此，可以说，当前的信息时代就是媒体主导的时代。

当前的信息时代，信息库的建立是信息资源链接中的一个非常重要的必要环节。中华民族传统武术的众多内容需要通过现代科技手段将各个环节数字化，并保留下来，同时，将其纳入"中国非物质文化遗产影像档案""中国非物质文化遗产数据库"系统，以及国际"人类活财富"等体系，通过现代信息技术处理使得武术文化更加形象、生动，并能得到全方位的展示，能得到最高效的文本复制与传播。

在信息时代，关注新媒体对武术文化的传播，需要明确以下三点。

1. 注重传统媒体对武术文化的传播

信息时代新媒体在文化传播方面具有很多优势，但这并不代表传统媒体对武术的传播是无效的，传统的大众媒体与体育文化传播之间是相互影响、相互促进、共同发展的关系。一方面，大众媒体可以促进体育文化的普及；另一方面，随着体育运动水平的提高和体育文化的备受关注，传统媒体在武术文化传播方面的作用也越来越强。

2.强调主流媒体的文化宣传主导作用

武术文化是我国优秀传统文化，是一种先进的文化，也是一种积极健康的文化，对其推介一定离不开主流媒体、自媒体等的宣传和推广。新媒体时代，人们可以随时随地接受来自各方面的信息，在这样的媒体环境下，普及与推广武术文化，需要对武术文化进行整合传播，因此，必须发挥主流媒体对其他媒体的主导作用。

3.加强言论和信息监管，规范信息传播环境

互联网的存在使得人们的信息交流更加便捷，也为各种文化信息的交流提供了一个自由、开放的传播空间，任何人都能自由发表言论、编辑信息，然后传播出去。在新媒体不断出现和博得大众眼球的当下，必须始终对武术文化传播保持警醒，对媒介生态环境有清晰的认识和把握，否则就可能导致武术文化的虚假宣传、误传，可能造成非常严重的不良社会影响。

第五章 武术的国际性交流与对世界体育文化的影响

第一节　武术的国际性推广与交流

从20世纪80年代开始，武术的对外推广在武术工作者中就成了一个很重要的话题，在这里"推广"只是文化交流的一个阶段。从长远看，文化交流是一个双向互动的过程，在中国武术的对外交流中，既包含外国人学习中国的武术，也包含中国人从外国相关的文化中吸收有用的东西。在这样的交流中双方又各自将自己固有的文化和从外部吸收来的文化相互结合，形成属于自己的、新的文化。因此不能把对外推广武术只看成中国人向外推，外国人只是学习这样一个简单的、单向的过程。

每个国家或民族的文化中都包含有自己的文化传统，这种文化传统是根深蒂固的，在不同国家间进行文化交流时（这里所说的"交流"不是指相互的参观或观看演出，而是指进行实质的学习。并使外来的文化成为自己文化的一部分）主要是在技艺方面的相互学习，不必也不可能在技艺交流的同时输出各自的文化传统。这一点在武术对外推广到一个较深的层次时就逐渐地显现出来。

世界上各种文化之间的关系是非常复杂的，在由于地理和交通的原因使得生活在不同地域的人们缺少交流的时代，为了自身的生存和发展，往往各自独立地产生了相同或相近的文化样式，这在一定程度上表现了文化的国际性。正因为文化有了国际性，才使得许多产生于不同地域的文化之间的交流变得更加容易。

生活在世界各地的人，从史前文明开始，并在后来延续很长的历史过程中都独立地发展了各自的武技。虽然这些武技的产生和发展是各自独立的，但从技术上考虑，这些源自世界不同地域的武技却有许多共同之处，这是因为"世界各个国家和民族的人有着共同的人体生理结构，有共同的运动规律，因此世界各民族的人有相同或相似的技击技术，有相同或相似的技击器械"。中国武术不过是这些武技中的一种。正因生活在不同地域的人都产生和发展了相同或相似的武技，所以中国武术和其他国家和民族的武技也就有许多的相同或相似之处，才使得武术在今天的国际文化交流中较其他的中国传统文化更容易为世界各国的爱好者所理解和接受，这也是武术不同于其他样式的民族文化，不仅可供其他国家和民族的人们欣赏，也为其他国家和民族的爱好者练习，并能较快地成为国际竞技体育项目的原因之一。

一、"推广"是武术对外交流的一个阶段

1984年在武汉召开了一次"国际武术界座谈会"，这是将中国武术有计划地向国外推广的前奏，是国际武术界的有关人士史无前例地坐在一起，商讨中国武术在国际上推广大计的会议，在世界各国代表签署的《备忘录》中有这样一句话："武术不仅是中国民族文化遗产的一部分，也是人民的共同财富。"这句话在一定程度上反映了中国武术具有国际性的状况，也正因为有了这样的基础，才使得武术更快地向国外推广。

现在我们常提到武术对外推广的问题，所谓"推广"，《现代汉语词典》上的释文是指"扩大事物使用的范围或起作用的范围"。因此我们也可以说武术的对外推广就是要扩大武术的使用和起作用的范围，而这个范围要扩大到国外。"推广"往往表现为一方相对主动地"推"，另一方则相对被动地"受"。也就是说，中国的武术工作者和广大的武术爱好者在主管武术部门的领导下，主动地向国外"推"武术，而外国的一些武术爱好者则表现得相对较被动地"受"武术。这往往是某一个国家或民族的文化向其他地域流传过程中的一个阶段。

19世纪以来，随着大量华人走向世界各地，武术就以较以前更快的速度在世界上更广阔的地区流传开来，逐渐为各国的人民所熟悉，"中国功夫"更成为外国人了解中国文化的一个窗口。最近二十多年来，有计划、有目的地向国外推广武术，成了我国武术工作重要的一环，并因此而为世人所瞩目。1982年徐才同志在全国武术工作会议的讲话中说："把武术逐步推向世界，积极扩大中华武术的影响，海外朋友强烈要求我们担负起这方面的责任……在这种形势

下，如何处理好国内发展和向外推广的关系？我们的方针是首先立足于国内，同时积极稳步地向国外推广。"为此，徐才同志在讲话中还提出了一些向国外推广武术的具体措施："①通过派出去、请进来的办法，传播中华武术。可以选择国内有传统、有影响的地方，如河南、北京、上海、广东、山东、江苏等省市，开设武术学校、训练班，收费广招外国学员。对国外要求派专家的，尽可能予以满足，要选派能胜任这项工作的同志出去，加强对他们的培训。②今后应利用一些大型国际体育活动，如奥运会、亚运会等机会，争取派武术团前往表演，还可派团队到国际体育组织中有影响的国家访问，广造舆论，争取支持。③组织适当的国际武术活动，如可以地方名义出面组织国际邀请赛，待条件具备时，再由国家组织正式的国际邀请赛。④通过各种宣传形式，包括拍摄武术电影、录像，向国外传播武术。"这是我国有关政府机关负责人的第一次正式地提出了把武术推向国际的问题。此前，武术的对外活动主要是一般的表演和宣传，此后，则进入了一个有计划的、实质性的向外推广的新阶段。在1982年以后的实际工作中，也正是按照徐才同志讲话的精神和提出的措施进行实施，武术的推广很快就取得了很好的成果。

在把武术逐步推向世界的过程中，中国武术协会领导着广大的武术工作者做了大量的工作，从20世纪80年代中期开始，中国就逐渐增加向国外派遣武术教练员的数量，有计划地在国外传播武术，同时组织国际武术教练员训练班，培养外国自己的武术教练员。从1987年起，开始举办国际武术裁判员训练班，编写统一的国际裁判员训练班教材。与此同时，举行国际武术邀请赛，1985年3月和1986年11月分别在西安和天津举行了两次国际武术邀请赛，裁判员全部由中国武术协会委派，而运动员演练的项目也是各尽其能，并无严格的规定。1987年在日本横滨举行了第1届亚洲武术锦标赛，这是第一次国际武术锦标赛，并开始由外国裁判员担任裁判工作，这是武术成为国际体育竞赛项目的开始。1991年北京亚运会，中国武术第一次被列为大型国际综合运动会的正式比赛项目，毋庸置疑，这是把武术推向世界取得成果的一个重要标志。为使这次武术比赛能更好地举行，不仅专门培训了亚洲各个国家和地区的武术裁判员，还特地创编了适合当时亚洲武术开展实际水平的比赛规定套路，为推广这些套路和使比赛顺利进行，还举办了与之配套的亚洲武术教练员训练班和裁判员训练班，这样就使得国际武术的竞赛活动从联谊性质的邀请赛过渡到了严格的竞技比赛阶段。这期间，中国武术协会还和各国及地区的武术团体合作成立了国际武术联合会，各洲的武术联合会也相继成立，武术比赛也在各大洲相继举行。这些活动都是把武术向国外推广的重要举措，可以说这些举措多是在中国武术协会主导下进行的，即使在国际武术联合会成立以后，在国际上的各种与武术相关的活动中，中国武术协会往往仍起着主要的作用。教练员训练班和裁判员训练班的教员都是由中国武术协会派出的，国际武术比赛中虽然有其他国家和地区的裁判员参与工作，并且人数也在逐渐增加，但是担负主要责任的裁判员都是由中国武术协会派出的人员担任。虽然在2008年北京奥运会以后这种情况有所改变，但从总体上看，这种情况可能还要持续相当长的一段时间，在国际上整体武术运动的水平还不是很高的情况下，只能如此。这正是中国积极主动地向外推，而其他国家或地区的武术组织和武术爱好者较为被动地接受阶段进行比赛和各种武术活动的权宜之计。

除竞技武术外，民间流传的武术活动也在积极进行，并且在开始阶段这些民间流行的武术还起到了先导的作用。在1987年第1届亚洲武术锦标赛以前举行的几次国际武术邀请赛上，比赛的内容比较随意，不管什么样的武术套路都可以参赛，主要是民间流传的武术，其后才逐渐过渡为只有若干竞技武术项目进行比赛。虽然如此，直到今天，民间流传的武术在国外的推广也并没有停止，传统武术的国际比赛也仍然在举行。

二、武术在国际上发展应使它成为开展武术活动的国家自己文化的一部分

其实在不同国家或地域的文化交往中，更多地表现为一种互动的过程，即"交流"。所谓"交流"，《现代汉语词典》的解释是指"彼此把自己有的供给对方"；《辞海》上的说法是"互相沟通。如文化交流；感情交流"。不难看出，某一"事物"彼此交流存在着不同阶段：开始，可能主要是某一方将自己所有的"供给对方"，另一方主要是"接受"，在此情况下，一方的"推广"是主要的。而"推广"只是文化交流的一种形式，或者说是一个阶段。因此，我们可以把现在经常提到的"把武术逐步推向世界"理解为在今天的历史

条件下，各国间进行与武技相关的技艺交流的一个阶段，在这个阶段，中国所要做的主要是"推广"，这是因为"武术源于中国，属于世界"。要使中国武术能在世界上更好地开展，首先就要使世界更了解它，并接受它，因此就要"推广"。积极地在国际上推广武术，这是中国武术工作者在国际武术活动中，在前一阶段和现阶段的重要任务。即使如此，其间也不可避免地有"彼此"交流的因素，以后在武术的国际活动中就可能更多地呈现出"彼此把自己有的供给对方"的状况，这样，武术的对外交流就逐渐进入一个新的阶段。

在这里我们注意到不同的文化在交流时都"带着自己的文化传统"，外来的文化是"带着自己的文化传统"而来，学习者们作为个体虽然未必会意识到，但实际上他们作为整体的一部分，同样是"带着自己的文化传统"来接触和学习外来文化的，也就必然会有意识或无意识地使这种传入的次生文化和他们原有的原生文化相互融合。最后，这些外来的东西就会"加入"到接受一方的原有"传统"中去，成为"传统的一个新成分，带来传统的变化"。在这样的相互融合的过程中使外来文化逐渐具有他们自己国家的民族文化特点，实际上已成为他们原有文化的一部分，也只有在这样的情况下，文化的交流才更具有活力和生命力。这是一个原生文化和次生文化之间关系的问题。在中国文化接触外来文化时，中国文化是原生文化，外来的文化是次生文化，必然以原生的中国文化为主，吸收、消化次生的外来文化，进行综合再创造，形成一种具有新内容和形式的、新型的中国文化。在中国的历史上有大量的文化是在中国固有文化的基础上，吸收了外来文化，再加以创造而成为中国文化中的一部分，并得到流传和发展。这样的例子不胜枚举。

笔者认为，外国人学习中国的文化，情况也应大致相同，因此，毛泽东同志的上述谈话的思想是有普遍意义的，不仅适用于中国人，对外国人也同样适用。因为，在外国人接受中国（对于他们来说同样是外国）的文化时也要使二者"要有机地结合，而不是套用外（中）国的东西"，"要向"中国"学习，学来创作"他们"本国""的东西"，"向外（中）国学习是为了今天的本（外）国人"，"吸收外（中）国的东西，要把它改变，变成本（外）国的"，"应该学习外（中）国的长处，来整理本（外）国的，创造出本（外）国自己的、有独特的民族风格的东西。所以从文化交流的远期结果看，大部分外国人在接受中国传统文化时，必然是以他们固有的原生文化为主，吸收、消化次生的，也就是外来的中国文化，形成他们的新的，或具有新的内容和形式的文化。

外国人在学习中国武术的过程中，就个人而言，开始是简单地模仿，如果只是一味地、原汁原味地接受中国武术原来的技术、风格和特点，那还是停留在"模仿"的低级阶段；当他们学习达到一定水平以后，也必然会和他们本国的文化相结合，表现出他们固有文化的某些特点，只有他们能将武术和他们本来的文化相结合，创造出新的东西来的时候，才使他们的学习进入一个学为我用、融会贯通得更高层次的"创造"阶段，对于注重张扬个人个性的西方武术爱好者来说更是如此。而从国家或民族文化交流的角度来看，如果有一天，中国武术在外国能具有更多那些国家的文化特点，成为他们文化的一部分时，才有可能真正在那里生根开花。

日本的少林寺拳法，源于中国少林寺，后来在日本流传，不仅提出了"拳禅如一"的思想，使这种武技和宗教思想紧密地结合，而且从练习的方式，到服装的式样、场地的布置，乃至一些礼仪都已经充分地体现了日本文化的特点。少林寺拳法经过这样的一番加工改造，在日本更加受欢迎。如今在中国流传的少林拳和在日本开展的少林寺拳法已有很大的不同，在中国的习武者看来，正如庞朴先生说的"反观其与原型的同异，虽未必面目全非，常难免橘枳之感"。有"橘枳之感"也是很正常的，因为其中已有大量的日本文化的元素，可以说它已成为日本自己文化的一部分，对此不必大惊小怪。我们可以把这一现象看成少林拳流传中一个新拳派的产生，只不过这个新拳派是由日本人创造出来的，起源于日本。前面我们引用过庞朴先生的话："各传统文化……也有的播迁他邦，重振雄风，礼失而之野。"少林寺拳法在日本的传播，正说明了这一情况，只是少林拳在中国并没有"礼失"，"播迁"到日本的少林寺拳法也有了更加浓厚的日本民族文化色彩，这同样是中国传统文化对世界文化发展所做的贡献。

其实许多外国的文化，特别是影响大的文化，多是吸收了多种文化综合创造而成的，如闻名世界的巴西桑巴舞就是如此，它原是流行于非洲的"森巴"，"森巴舞来到美洲后，很快吸纳了欧洲白人带来的波尔卡舞以及当地印第安人的舞蹈元素，演变为风靡巴西的'桑巴'"。这正是多元文化相互融合、创造新文化的很好例证。

自1982年全国武术工作会议以后，武术在国外的开展有了长足进步，至今，世界上已有122个国家和地区的武术协会加入了国际武术联合会，但从整体上看，许多国家从事武术锻炼的人还不是很多，一般老百姓对武术还不了解。钱鹭先生在《奥运项目有出才能进》一文中有这样一段话："那么在2008年的北京仅作为特设项目亮相的武术，会让中国人等待多久呢？"国际奥委会执委奥斯瓦尔德认为，武术的世界普及程度不够是进军奥运会的最大障碍，他说："一个项目要想被列为奥运会项目，首要前提是必须在至少75个国家和地区广泛开展，目前武术虽然在一些地区开展得很好，但在大多数国家和地区，知道武术并且练习武术的人还是太少。"实际上在部分成立了武术协会的国家中，群众性的武术活动并没有真正得到开展，即使有些活动，也主要是很少数的人进行了竞技武术的练习，可以说这是我们多年来对外推广武术更侧重于竞技武术这一倾向带来的结果。由于我们推广的主要是竞技武术，而在大部分国家不可能有从事竞技武术的专业队伍，只能由少数人利用业余时间参加训练和比赛，因此人员的流动性就较大，不仅影响了技术水平的提高，也不可能使武术在那里生根，也必然"在大多数国家和地区，知道武术并且练习武术的人还是太少"。要想改变这种状况，就要促使群众性的武术活动在外国更好地开展，并使武术真正地成为那些国家自己文化的一部分。

我们从思想上将武术的对外推广转变为武术的对外交流，看似是一个意思相近共同的替换，实际上却是以一种平和、平等的心态对待国外武术活动的开展，这是十分重要的。

第二节　中国武术文化对世界体育文化的影响

武术是中华民族传统文化的瑰宝，是一项内涵丰富、形式多样、具有独立体系和多种社会功能的运动项目。目前，中国武术在全球范围内得到广泛的传播，已成为世界体育文化的一个重要组成部分，对世界体育文化有着深远的影响。

在漫长的历史中，武术作为一种体育教育现象和高雅的文化现象存在、发展,它具有丰富的文化内涵和鲜明的民族特色,不仅是中华民族优秀文化遗产的一个重要组成部分,受到国内各族人民的喜爱,而且对世界体育文化产生了深远的影响。

一、一些国家的拳术源自中国或受中国武术的影响

(一)柔道

据一些中、日学者考证,中国武术直接影响了日本柔道的形成。在柔道各流派的著作中,有各种各样的说法。一种说法是柔术来源于中国唐代拳术。最有说服力的说法是,在日本爱岩山还残存一块题为《爱岩山泉法碑》刻着"拳法之有传也,自投化人陈元赟而始"的碑。19世纪末,日本人嘉纳治五郎吸收各式术派的长处,经加工整理,并不断改进,创立了柔道。现已普及世界各国,并被列为奥运会项目。

(二)空手道

日本国际拳道学联盟理事长大西荣三在《我所创建的国际柔道学》一文中写道:"相传在八十多年前,空手道从中国的福建省传到日本冲绳。后来冲绳首里的系洲官恒先生将传入冲绳的空手套路进行总结,形成了冲绳最初的空手流派。与此同时,冲绳那霸的东恩纳宽量先生正好在中国福建拜谢先生为师,并学成回到日本。"另据1989年11月22日《中国体育》登载:"由福建省体育总会、福建省旅游局和福建省武术协会以及日本冲绳县武术界的朋友在福州联合举行新闻发布会,正式宣布现今流行于冲绳县的空手道刚柔流源于福州市。该流派的祖师东恩纳宽亮的师傅系我国鸣鹤拳的一代宗师,福州人如如哥(谢如如)。"可见,日本的空手道是源自中国。

(三)跆拳道

跆拳道是朝鲜的传统武术。它的前身是"花郎道",起源于韩国的民间自卫术,与中国武术有着很深的历史渊源。早在明代之前,中国的武术技艺就传入朝鲜,特别是在近代,随着中国武术和日本武术的不断推广,花郎道的臂掌结合中

国拳术、日本空手道等技术，而融汇成一种独特的朝鲜拳术，即今天的跆拳道。

（四）泰拳

泰拳是泰国的国技。关于泰拳的起源众说纷纭，有一种说法是，泰拳主要受中国古代技击术的影响，源自中国。泰国古称暹罗国，明太祖洪武十年（1377年）始昭禄群鹰为暹罗王，建立了暹罗第一王朝。此后，中暹的关系日益密切，泰国人的祖先，大部分来自我国云南省西南的傣族。中国武术早就随着其他文化传到暹罗。经过泰国几代人的筛选、提炼、融化而成今日独具一格的泰拳，泰拳中的肘技、腿技和膝技等主要技击招式与中国武术完全相同或十分相似，这足以证明泰拳是源自中国、深受中国武术的影响。

（五）截拳道

美籍华人李小龙创编了独特的技击风格和技法的现代技击术——截拳道。李小龙之所以能创造截拳道，是因为他长期受到中国武术文化的熏陶。他依照中国武术"以无法对有法、以无限对有限"等拳理，根据咏春拳的手法和训练方法、戳脚拳中的腿法并吸取了西方拳击和东南亚一些国家的武术特长，从而糅合中外武术的精粹，逐渐形成了自己独特的技击理论和技击风格，创立了一种具有完整体系的新技击术——截拳道。

二、"武术热"丰富了世界体育生活

随着许多国家和地方出现的"武术热"，世界上武术团体纷纷成立，推动武术向广度和深度发展。国外有人把中国武术称为东方文化的代表之一。不少国家和地区请中国教练去教授武术，或派出人员来华参观学习。新加坡、马来西亚、印尼等国至今仍保留着精武体育会。在每年举行的东南亚武术邀请赛上表演的拳术，除流行的五祖拳外，还有泰拳、缅甸拳、本扎（印尼拳）等，都是吸收了中国武术技法而发展起来的一些拳种。

近年来国际比赛频频举行，促进了各国武术技术水平的提高。自国际武术联盟筹委会和亚洲武术联合会（1987年）以及国际武联（1990年）成立以来，已经分别举办了4届亚洲武术锦标赛和5届国际武术邀请赛。1992年10月，北京举办了首届国际武术锦标赛，从此，武术成为正式的国际比赛项目。1988年亚奥理事会正式通过将武术列为第十一届亚运会的正式比赛项目，从而使武术由单项的国际比赛变成国际综合性运动会的比赛项目。

三、中华武术深刻的哲理对西方健身观念的影响

中国武术在长期的武术实践活动中，形成了各种各样纷繁复杂、风格有别的武术流派。每个流派都有自己的一套理论或思想。但无论哪一个流派的理论大体都受着中国古代朴素哲学思想的影响。目前，武术中的哲学思想已被西方人士逐渐认识，并正发生着越来越深的影响。许多外国朋友不仅积极研习武术特有的精湛技术，而且积极追求和理解武术丰富的哲学文化内涵。

四、中华武术丰富了世界体育的美学观念

武术是一项具有健身和艺术之美的体育运动。武术美包含功架造型、攻防技击和手、眼、身、法步以及节奏、速度、力度等方面。其中功架造型直接产生技艺形式之美，攻防技击是武术特有的内涵，武术之美寓于攻防技击之中；眼神当有生气和活力，它对武术之美就起着画龙点睛的功效。武术的美学价值，丰富了世界体育的美学内容，给世界人民提供高尚的美的享受。

五、中国武术对世界医疗保健作出了杰出的贡献

太极拳能起到强身壮体、祛病延年的作用，受到很多国家的欢迎。据日本医学家古田信夫的研究证明，太极拳具有精神和肉体的双重医药效果，对高血压和肥胖病特别有效。因此，太极拳被誉为中老年人的健身法宝，是治疗慢性病的良药。美国从1964年至1977年出版的太极拳书籍已有31种，有的还再版了十几次。日本从1973年起，在东京成立了太极拳协会，并推广各式太极拳。此外，武术中的各种拳术和各种方法，也同样具有良好的医疗保健作用。

第六章 高校武术教学与大学生健康成长

武术是高校武术教学的重要内容，具有体育促进身心健康的多元价值功能，同时具有自身促进大学生健康成长的特殊性。高校武术教学应充分发挥武术教学对大学生健康促进的教育功能，促进大学生健康成长。本章在对大学生身心特点进行分析的基础上，重点就高校武术教学对大学生的身体健康、心理健康的积极影响进行系统分析。

第一节 高校武术教学对象的特点分析

一、高校大学生的生理特点

整体来说，大学生处于人体生长发育的末期，绝大多数大学生都已经发育成熟，生理各方面的发展都已经达到成人水平，处于人生理水平发展的"黄金时期"，这里重点从不同性别角度入手，就高校大学生的生理特点进行分析。

（一）男大学生的生理特点

男大学生青年期的骨化已经大体完成，身体的各部分都已经发育完善，身体各个器官过渡到生长的稳定阶段。

1.神经系统发育方面

到大学阶段，男大学生的大脑神经系统的发育功能要比女大学生快，大脑结构与功能变化显著，思维更敏捷，动作反应更快。

2.骨骼方面

受雄性激素的影响，男大学生在肌肉、骨骼、脂肪三方面均会发生结构与形态的显著变化，变化要比女大学生更加明显，如骨骼生长速度、脂肪的堆积等都会有明显的性别差异，男性的肌肉更健壮、结实，骨骼变得更长、更粗，脂肪不似女生那般丰腴。

3.肌肉方面

男大学生的肌肉与女生相比，会明显发达很多，一般来说，20岁的男大学生，其脑和内脏发育达到最大重量，各个器官的生理功能发育成熟。

4.心肺功能方面

男大学生的心肺功能水平在大学时期可以达到较高的水平，在运动过程中男大学生的呼吸水平会有所提升，心肌纤维的弹性会增加，纤维变粗，同时，血管壁的厚度增加、调节能力增强，在运动方面表现为体力与耐力水平的提高。

5.运动能力方面

男大学生的身体素质整体水平要比女大学生好，因此在运动能力方面，表现出较高的运动适应能力和运动水平，能承受比女大学生更强的运动负荷。

6.第二性特征方面

男、女性特征差异明显，男大学生出现喉结增大、声调低沉、皮下脂肪减少、肌肉结实、长胡须、生殖器官发育成熟等性特征。

（二）女大学生的生理特点

就女大学生而言，大学时期正处于青春期发育的最后阶段，身体形态在该阶段生长发育的过程中会产生很大改变。

1.身体形态方面

自20岁开始，在雌性激素不断分泌的作用下，女大学生的生殖器官和卵巢分泌功能都会越来越旺盛，总体功能旺盛时间往往会维持30年左右，包括胸部和臀部在内的形状特征会越来越明显。女大学生25岁之后，如果不注重饮食控制，会出现身体发胖的现象，这是青春期及青春期结束阶段女性身体内的激素分泌影响的结果。女大学生会表现出丰腴的体态，体脂含量会大大增加，可达到20%~25%，并因为身体脂肪在不同身体部位的堆积表现出身体曲线美。

2.骨骼方面

从外部身体形态上就能明显地观察出男、女大学生的骨骼发育特点的不同，与同年龄阶段男大学生相比，女大学生的长骨较细，骨骼（体重）较轻，柔韧性好。

3.肌肉方面

比较而言，男大学生的肌肉比较明显且更加魁梧，女大学生的脂肪多，身材更显丰腴。

4.心肺功能方面

男、女大学生相比，女大学生心脏功能弱于男大学生。女大学生胸廓小，呼吸肌力量弱，呼吸频率快，呼吸深度浅，肺活量小（约为男大学生的70%），最大吸氧量小（比男大学生少0.5~1升），女大学生心肺功能要弱一些。

5.体能方面

以有氧耐力为例，由于女大学生全血中血红蛋白的总量仅为男大学生的56%。因此，女大学生的有氧耐力不如男大学生。力量素质较低，通过运动健身可提高肌肉力量，但肌肉不会像男大学生那样发达；速度素质也不如男大学生；耐力素质方面，女大学生的耐力要优于男大学生，更能坚持长时间的运动健身；柔韧素质方面，女大学生的柔韧性要比男大学生好。

6.运动能力方面

参与武术运动健身或训练时，相同程度的负荷，女大学生的肌糖原、血乳酸水平、脂肪代谢能力及氧化脂肪的能力、对训练的反应均不如男大学生。

7.第二性征方面

女大学生表现出如下特征：音调细而高，乳房隆起，骨盆变宽，脂肪在胸部、乳、臀部堆积，皮下脂肪丰富，出现月经。科学研究表明，女性在月经期间参与武术运动锻炼并不会对身体造成损害，运动锻炼能够促进人体血液循环，能帮助女大学生按摩腹部、促进经血排出。但是经期生理反应大的女大学生则应暂停运动健身，月经期后可恢复日常健身锻炼。

二、高校大学生的心理特点

（一）大学生智力发展特征

对于正常生长发育的人来说，智力会随着年龄的增长而不断增长，到人成年时期智力可达到一生中的最高水平。一般是在20～35岁时达到最高水平。

个体智力由多种能力构成，对大学生智力的发展重点分析以下四个方面。

1.大学生观察力特点

观察力指有目的、有计划、有条理、敏锐、持久的感官（主要是眼睛）信息收集能力。大学生观察力普遍表现出以下特点。

（1）自觉性、专业性。随着年龄的不断增加，个人的自控能力会不断增加，大学时期，大学生的心智各方面都逐渐发育成熟，具有一定的自控能力，在学习、生活等方面有较好的自觉性。

大学生在高校期间学习不同专业，专业知识的不断积累和专业相关实践的操作会让大学生在看待问题方面习惯运用学科专业的思维和知识去分析，这就使得大学生的认知和心理都会表现出鲜明的专业性。

（2）准确性、深刻性。经过多年的学习积累，大学生的学识和阅历都有了一定的储备，在看待问题方面能够更加客观和全面，而不再遇事情就盲目判断，对一些问题和现象会去自觉地运用所学进行分析，这就增加了对事物和现象的更深入的认知，能够更准确地看待事物、分析事物，把握事物与现象发生发展的内在规律。也正是因为大学生思考探索的习惯和行为养成，所以大学生看待事物能不流于表面，高校大学生能仔细观察、深入分析，对问题的认识更加深刻。

（3）坚持性、敏锐性。大学期间，大学生都能对自己的未来生活和工作有一定的憧憬与规划，因此会制订一些或短期或长期的目标，并且具有完成这些目标的信心，以及能为了当前和未来生活进行改变的动力，能在具体行动上具有坚持性。

对于大学生来说，随着其心智、思想、行为等不断成熟，专业知识和技能水平不断提高，学习的动机和意志力也都会逐渐发展到较高水平，在观察问题和分析问题上能够用带有专业知识的思维敏锐地感受事物的发展和变化，且在具体问题分析上，每一个人都能结合自身所学观察到一些细节信息。

2.大学生记忆力的特点

记忆力是个体智力的重要构成部分，对于大学生群体来说，记忆力就是其积累知识和经验的能力，高校大学生的记忆力可以达到其一生中发展最成熟和活跃水平，与其他年龄阶段的人相比，记忆力表现出以下特点。

（1）意义记忆占主导地位。意义记忆对大学生的专业知识与技能学习是有益的，也能显著提高学习效率。对于大学生来说，要掌握抽象或复杂的专业知识与技能，就必须厘清各种知识、技能之间的内在联系，从逻辑体系、本质特征方面去分析和探究，这种思维有助于大学生把握事物发展的本质规律，对大学生的学习是有利的。

大学生依靠专业所学，建立专业思维，用专业角度审视问题，在理解的基础上进行意义记忆，且在记忆中占据主动地位，以帮助大学生更加快速和准确地掌握知识。

（2）记忆敏捷并具有准备性。记忆的敏捷性指记忆速度的快慢，记忆的敏捷性关系到单位时间内记住的信息数量和记忆同样信息量所用的时间长短。

记忆的敏捷性指及时、迅速"调取所学"。

高校大学生在大学期间的学习具有专业性、系统性，意义记忆占据记忆的主导地位，通过已学探索未知，运用已有的知识来帮助大学生更好地理解未知，高校大学生与中小学生相比，具有更高水平的注意力，这就使得高校大学生能更高效地进行学习，并为了实现一定的学习目的"有选择性地""调取大脑已储存"，这是大学生的记忆与学习能力的良好表现。

（3）记忆的持久性和准确性明显提高。和中小学生相比，大学生的记忆更持久、准确性更高。

由于大学生的思维能力发展比较成熟，而且能较长时间地集中注意力，同时，由于意义记忆的广泛应用，大学生能够更加准确、迅速地思考问题、运用所学，因此，大学生对大脑中的"有效知识"的反复运用，可以不断强化这些"有效知识"的存储，相当于是对这部分"有效知识"的反复学习、记忆，因此，会加深记忆，大学生的记忆的持久性和准确性要比中小学生好很多。

3.大学生想象力的特点

学生的想象力指学生对表象进行加工改造，创造出新形象的能力，"想象力是智力发展的翅膀"。和低年龄阶段的学生相比，大学生知识经验多，思维能力发展，他们的想象力表现出以下特点。

（1）现实性。中小学学生的想象力多呈现出理想化的特点，"天马行空"，随着年龄、认知、学识的不断增长，大学生的活动领域拓宽，知识不断丰富，能更加科学地认识事物、推断事物发展，因此，少年儿童时期的"天马行空"的想象变少，更多的想象是基于实际上的"合理联想"，学会从科学角度解释现象、作出推断。

（2）丰富性。可以说大学生与中小学生相比，更加"见多识广"，大学生接触的人、事物、活动范围会比以前扩大很多，而且他们的表象积累也会增多，丰富了想象内容。

（3）创造性。大学生认知的提高会使想象中的创造性成分增多，大多具有较丰富的创造想象力。

4.大学生思维能力的特点

思维能力的发展是高校大学生智力发展特点的集中体现，具有以下特点。

（1）抽象思维能力提高。中学时期，学生的抽象思维和逻辑思维开始初步显现，但这一时期的思考还是对以往经验的总结，属于"经验型"思维，并不能真正把握其中的规律性。

大学阶段，学生已掌握了较多的抽象概念、原理和法则，抽象思维开始从经验型转向理论型，并开始形成辩证思维，能更加准确地运用抽象思维去认识事物，大学生所学专业知识和技能更有助于帮助他们解决实际问题。

（2）创造性思维增多。相较于中小学生，大学生的知识、阅历、思维、行动能力等都已经发展成熟，再加上大学中拥有更多专业的实验室、仪器设备，以及更具学术造诣的教师队伍，与中小学的义务教学相比，大学的教学更具专业性、研究性，发展成熟的思维与认知及良好的教学环境将会进一步促进大学生的辩证思维和创造性思维发展。

此外，大学生的时间和各种活动参与更加具有自由性，自由性的极大提高，生活与学习环境的自由会给予大学生更多的思想自由，思想自由是大学生创新的一个重要前提，因此，大学生往往喜欢新事物，喜欢标新立异，喜欢创新。

（3）思维具有独立性和批判性。大学生在思维方面大多具有较强的独立性，同时，大学生处于"血气方刚"的年龄阶段和性格，看待事物具有批判性。

大学生接触新事物，不再像中小学生那样处处依赖老师，而是去自主学习、探讨，在理论型思维发展的同时，思维的独立性进一步增强。大学生更敢于质疑。

（4）思维更具广阔性和深刻性。知识的丰富、见闻的增多、思维的发散，促使大学生"凡事喜欢探个究竟"，凡事需要"刨根问底"，需要研究出个"所以然"来，而且有这个研究和探索的能力。大学生的思维敏捷性和灵活性大大提高，能预见性、举一反三地解决问题。

（二）大学生情感发展特征

大学阶段是个体情感发展最迅速的一个时期，在大学时期，大学生的情感会更加丰富、细腻、复杂，同时大学生彼此之间会表现出鲜明的情感个性。

1.情感的两极性

大学生在进入高校后，新的高校生活环境会给大学生带来更丰富的情感冲击与体验，各种情感体验也日益丰富，而且多种情感交织，具体举例如下。

（1）学业上，艰辛与兴奋、成功的喜悦与受挫的焦虑并存。

（2）人际交往中，有欢喜、有失落、有孤单，也可能有因背叛的愤怒或悔恨。

（3）对祖国的情感，关心中有期待、责任、参与的体验。

（4）对个人前途和人生意义，有激动、兴奋，也有忧虑、困惑和迷惘。

大学生正处于肾上腺激素的旺盛分泌阶段，容易兴奋、冲动，表现出青春活力和血气方刚的性格特征，这种特征有积极方面也有消极方面，如热情奔放、豪情满怀、正义勇敢，但也可能容易冲动、愤怒和不理智。

此外，大学生的情绪还会表现出具有文饰、内隐的性质，内心体验和外部会有差异，甚至可能完全相反。如心中激动万分，却表现得气定神闲。

2.高级情感的成熟发展

（1）道德感。大学生在家庭与社会中扮演着重要的担当角色，往往有着较高的责任感和使命感，热爱自己的国家和人民；他们憎恨不正之风，期望和谐、平等的人际关系；他们具有崇尚正义、团结合作、无私奉献的道德品质。

（2）理智感。大学生求知欲望强，兴趣浓厚而深刻，不再像中小学生那样，爱好广泛，稳定性差。大学生强烈的求知需要，为大学生理智感的高度发展奠定了基础，会在学习中表现出迫不及待的紧张感，为某个观点争得面红耳赤，想要明晰其中的科学发展规律与特点。

（3）美感。不同年龄阶段对美的定义和认知不同，在大学时期，大学生的审美会比中小学生的审美更加理性，并重视对内在美、精神美的追求，追求内在的人格美、品行美。

3.渴望理解，珍视友谊

大学是一个小型的模拟社会，大学生远离家庭，需要独自面对学习、生活中的各种问题，需要与人交往、竞争、合作，需要向他人倾诉，并愿意为朋友分担喜忧，具有强烈的交往动机，希望建立真正的友谊。

但是，大学生的友谊认知可能存在一定的极端性。例如，有些大学生重视"讲义气"，认为友谊就是"哥们儿义气"，无论遇到什么事情都强调要"为朋友两肋插刀"，可能导致一些大学生做出极端的选择和行为。

4.特殊情感体验——爱情

大学生活与学习空间自由、开放，加上男、女大学生的心智各方面发育成熟，在相互交往中会产生好感，为校园爱情的产生奠定了基础。

大学生的爱情比较单纯，较少有功利色彩，但交往动机可能各不相同。

有为追求事业志同道合地为学业和事业提供动力的爱情；有出于无聊增加生活情趣的爱情；有贪慕虚荣的爱情；有失去自我的爱情。大学生应该建立正确的爱情观。学校应该加强对学生正确恋爱观的教育和指导。

第二节 高校武术教学与大学生身体健康

一、武术可促进大学生生长发育

大学生处于生长发育的晚期，这一时期参与武术课程学习、学练武术，可在一定程度上进一步促进自我的生长发育。

（一）促进身体形态发育

参与武术学练，可以使得大学生的身心机能、器官与各个系统都表现出良好的生理状态与功能，并在运动锻炼的过程中保持良好的身体形态，如此便有助于大学生良好的身体代谢活动的正常、高效进行，可以促进大学生的身体健康发育与成长。

（二）促进骨骼发育

大学生参与武术运动锻炼有助于学生的骨骼发育，具体表现如下。

（1）增强骨骼力量。武术中的丰富多样的基本功练习与套路动作练习，可以促进学生的血液循环，促进骨骼发展。

（2）骨骼的内部结构复杂，骨骼中的骨松质可保持骨的坚固而又不过重。经常参加武术运动，可使骨密质增厚，增强骨骼的坚固性、韧性。

（3）促进骨骼增长。大学生练习武术，可以促进骨骼的新陈代谢，有助于骨骼长度（腿部骨骼）的增加，可增长身高。

（三）促进肌肉发育

武术运动实践表明，经常参与武术健身锻炼，可以令运动者的肌肉更加光滑、结实、有力，能具有比不经常参与武术学练的运动者更强的肌肉爆发力、肌肉耐力。

此外，武术健身锻炼还能改善大学生的以下肌肉生理功能。

（1）增大肌肉的生理横断面。

（2）扩大肌纤维的活动范围。

（3）发挥最大肌肉力量。

（4）使肌肉产生代谢适应性变化，保证肌肉功能的发挥。

二、武术能提高大学生生理系统功能水平

（一）提高神经系统水平

学生参与武术学练，在运动状态下需要比平时更多的血氧与营养物质，代谢旺盛。

武术内容丰富、拳种多样，各种丰富多彩的动作练习与功法技能学习，可

促进大学生思维的灵活性发展，提高大脑神经系统的兴奋性和灵活性。

以太极拳为例，太极拳动作和套路学练看似简单和缓慢，但是学生在练习过程中，身体各部位所承受的负荷也是较大的，对学生的身体代谢有重要促进作用，可促进神经系统积极参与工作、适应和调节机体代谢，可预防神经系统衰弱，使大脑的兴奋和抑制两种功能保持平衡。

（二）提高心血管系统功能

运动可使身体代谢活跃，武术运动"有动有静""动静结合"，对心肺功能具有良好的锻炼作用。

武术学练对于心脏的供血与血液循环与安静状态相比有更高的要求，其要求心脏更有力和更多地供血，以满足身体参与运动的血氧需求。武术学练可以促进血液循环，周身的新陈代谢与血氧供应会变得活跃和丰富，因此武术学练者比一般大学生的运动耐力要更好。调查表明，经常运动健身的人比一般人的心脏体积大、肌力强、脉搏输出多，这正是运动锻炼的良好表现。技能水平较高的大学生武术运动员的心肺耐力也好，能承受正常人难以承受的负荷。

（三）提高呼吸系统功能

在人体内部，氧也发挥着重要的作用，氧通过呼吸系统摄入和利用，停止呼吸就意味着死亡，机体内各生理器官的工作需要消耗氧气来氧化能源物质（糖、脂肪、蛋白质）以获得能量。因此，人体必须不断地摄入氧、利用氧。

武术对改善呼吸系统具有良好的促进作用。

武术运动有动有静，有氧与无氧运动交替进行，人体对氧的利用能力不断转换，可以促进人体对氧摄入、吸收、利用率的提高。人体参与武术运动需要大量的氧，武术运动期间，运动者的呼吸频率会加快、呼吸变深，以满足机体更多的氧需求。

武术学练讲究呼吸和动作的配合，武术长拳套路习练静力性动作多、强度大、时间短，在运动中，健身者呼吸系统机能增强的现象会持续8~9分钟才能回复，氧代谢与5 000米跑步强度相当，由此可见，武术学练能有效提高健身者的呼吸系统机能。

因此，武术习练有助于增强运动者的心肺功能，可令心肺的氧摄入水平极大提高，故参与武术运动能有效提高肺活量，提高机体氧利用率。

（四）提高运动系统功能

1.增强肌力，拉伸韧带

武术的基本功练习和各种伸展动作要求肌肉保持紧张，对肌肉和韧带有一定的压力、拉力。动作练习过程中，尤其是"静功"的练习，要求习武者能提高自身对关节和肌肉的控制力。因此，可以促进肌肉与韧带的发展与完善。

经常学练武术，可以使身体各方面的肌肉得到锻炼，使肌肉力量增强、肌肉健壮。

2.强健骨骼

武术学练能加强骨组织的新陈代谢，使骨密质增厚，骨径变粗，增强骨骼的抵抗张力、压力和拉力，同时，有助于改善骨的血液供应，促进学生骨骼形态和结构的改变，促进骨骼生长发育，改善骨骼性能。

3.增强关节的灵活性

武术运动中有各种大幅度的伸展动作，并强调动作的灵活性，如虎形、蛇形动作展示，要做到动作的标准与体现神韵，要求关节具备一定的牢固性、灵活性、伸展性和柔韧性。不同的武术运动项目学练能适应男女不同学生的身体特征，有助于大学生身体各部位关节的灵活性的提高。

（五）提高消化系统功能

学生参与武术基本功、基本动作和套路动作学练会消耗大量能量，可活动腹肌，对于腹部来说能起到良好的按摩效果，能促进对食物的消化和营养物质的消化与吸收。

三、武术促进大学生身体素质的发展提高

（一）发展基础身体素质

传统武术练习是一项全身心的练习，武术基本功练习和不同运动项目的技

术动作练习对促进大学生的各项身体素质发展均具有重要促进作用。

武术运动实践表明，大学生长期坚持武术锻炼，可有效加强人体肌肉力量、速度、柔韧性与灵敏性。

武术的运动体系是非常庞大的，各种运动项目的动作与技法练习又各具特点，不同大学生可以结合自身的身体条件选择相应的运动项目参与健身练习。武术拳术、器械、对练等，都能促进大学生的基本身体素质得到发展。大学生在武术学练中会出现这样的情况，即没有运动经验的大学生要掌握武术基本功、武术运动项目的一些技能，必然要经历一个"苦练"的过程，这一过程就是武术对大学生的身体的生理性改造过程，大学生对武术动作与技能的掌握，说明大学生达到了具体动作与技法对运动者的身体素质要求，也就代表大学生的相应的身体素质水平得到了提高。

武术学练对大学生各项身体素质的发展促进重点表现如下。

1. 力量素质的发展促进

武术技法学练，要求习武者的动作有力、掷地有声。无论是武术徒手动作与套路练习，还是武术器械动作与套路练习，一招一式都有对力量的要求，如"力达拳面""力达枪尖""用力下劈""蓄力待发"等，这些都是对运动者力量的要求，武术练习有助于运动者力量素质的发展与提高。

调查发现，经常参与武术运动的青年大学生的力气要比不经常参与武术运动的学生的力气大一些，这是因为武术运动有助于增强学生的肌肉力量。

2. 耐力素质的发展促进

武术徒手套路练习中，有很多套路动作对运动者的耐力性都有较强的要求，如太极拳的慢节奏动作练习，在运动过程中，要求"体松心静"。"体松"要求运动者的身体放松，但不松懈，要保持全身肌肉的适当用力，这就有助于机体各部位肌肉的耐力素质发展。

3. 速度素质的发展促进

"天下武功，唯快不破"，充分说明了武术习练对武者动作速度的要求。以武术南拳为例，南拳的风格特点是手法多样、动作紧凑、快慢相间，快时迅速清晰，慢时沉稳有力，有助于发展学练者的反应速度和动作速度。

4.柔韧素质的发展促进

"力生于骨，达于筋""外练筋骨皮"。学练武术有助于改善身体的柔韧性。

武术基本功中的肩功、腰功、腿功等的练习，能针对大学生的身体不同部位进行主动拉伸和被动伸展，可以有效促进大学生的身体柔韧素质发展。

5.灵敏素质的发展促进

武术套路动作练习，不同的动作有快有慢、有静有动，对运动者的动作灵敏性有一定的要求，武术对练更强调在不确定情况下针对对手的一招一式快速、准确反应，武术习练有助于大学生灵敏素质的发展与提高。

6.平衡与协调性地发展促进

武术功法练习中包括很多平衡性动作，如前提膝平衡、燕式平衡、望月平衡、仰身平衡。具体的技法实施中要求身体各部分动作的完美配合，这些动作学练，有助于提高大学生的身体平衡性和身体协调性，能完善身体机能，预防运动损伤。

当前我国高校武术教学中，很多教师不注重加强对大学生的武术基本功训练，武术基本功是武术学练的基础，我国相当一部分高校的武术教学中，课前会进行基本功热身，动作内容多是"动动肩、弯弯腰、压压腿"，但这些不是武术基本功练习。教师对武术基本功教学的不重视，不利于大学生的武术动作的学习与掌握。

（二）发展武术专项身体素质

武术学练，尤其是基本功的学练，可改善学生的肌肉形态、结构，并改善学生的肌肉结构与功能，可拉伸肌肉与韧带，增强机体柔韧性。

武术器械动作的学练，有各种器械与动作技法的配合，劈、斩、崩等，结合弓步、虚步、坐盘等步型和步法，构成人体各种回环、旋转、腾跃、击刺等运动形式，能有效发展武术学练者的柔韧、协调、灵敏、速度等身体素质。

武术徒手动作的学练，注重直行直进，攻时奋力突进，守时随人而动，攻守转换，变化复杂，要掌握具体的动作就必须发展相应的体能素质，大学生坚持学练可以提高体能素质，并能发展为武术具体项目的专项体能素质。

武术散打学练，技击性强，运动强度较大，长期练习可以使运动者动作敏捷，体格健壮，从而提高搏击技能。

四、武术对大学生良好身体姿态的塑造

（一）使身体挺拔

传统武术的动作学练要求严格，不同的动作在不同技法使用中有不同的特定要求，可以达到不同的技法运用效果，每个动作和招式都要顾及空间的前后左右、上下高低，做到不偏不倚。标准化、精确化的动作练习对习武者的身体形态、动作运行有严格要求，可以使形体工整。

在武术学练中，很多运动项目，如易筋经的"拔骨""伸筋"习练要求运动者身体活动的幅度尽可能伸展，不仅可活动肌肉、筋骨，也可使身体挺拔有形。

（二）提高精气神

武术学练能提高运动学练者的个人气质。传统武术练习强调"内外兼修"，外在修炼的是体姿体态，内在练习的就是"精""气""神"，长期练习武术的人，其精神状态往往都比较好，具有习武的风范和气质。

武术拳法理论中，要求将内在的"精、气、神"与外在的"手、眼、身、法、步"等相结合。经常参与武术学练的人和没有参与武术学练的人，二者站在一起比较，身体形态和精神状态会有显著的差异。

武术的各种舒展性动作，能使运动者肢体优美、动作协调，"坐如钟、行如风、走路一阵风"，就是对习武者动作特点和运动风格的描述，经常进行武术习练，可以改善大学生的风范和气概。

（三）使身形动作协调优美

武术讲究象形取意。例如，"大鹏展翅""金鸡独立""猛虎下山"等武术动作不仅要有正确的动作范式，还要有与动作相匹配的气势与形态，"崩拳似箭有射物，虎形有扑食之勇，蛇形似草上飞"等，在武术模仿各种动物的动作中，形神兼备、形似神似，对运动者的动作幅度与身体动作的协调性都有较

高的要求，有助于运动者的身体各部位的协调发力与配合。

武术传统养生功法——八段锦的功法内容习练具有提高平衡能力的显著功效，在八段锦中，如"左右开弓似射雕"的动作中对运动者的平衡力要求较高；"背后七颠百病消"的动作中更要求以两脚尖支撑身体，通过练习可以提高身体的平衡性。

五、武术对大学生的康复保健养生价值

我国古人注重养生，传统武术深根于我国传统文化的基础上，在思想与内容上吸收了我国传统养生智慧。武术练习有助于大学生的康体与保健，一些武术功法和套路动作练习运动负荷适当，运动过程不激烈，可以作为运动伤病后的康复运动练习内容，有助于促进机体功能的逐渐恢复。

（一）运动康复

对于一般人来说，参与体育运动健身锻炼应选择有助于身体机能发展和提高的运动内容与负荷。对于体弱者，或者是有损伤、病患在身的运动者来说，对运动内容、运动量都有严格的要求，运动过程和运动内容要温和，不能过于剧烈和激烈，以免引起身体的不适或导致伤病加重。

武术运动内容丰富、项目多样，在武术养生功法练习中，诸多运动的健身养生动作、功法对个体的运动参与及运动期间的身体活动调节是低强度的，不同的套路和动作练习还可以结合身体的具体情况缩减动作、降低难度、分段分解练习等，有助于帮助运动者适当的活动但是又不至于超出身体的可承受范围，可以促进运动者的身体活动能力和运动能力的逐渐恢复与提高。

需要特别指出的是，个体参与武术练习不仅是对身体的一种物理性、生理性的健康恢复，也有助于调节运动者的运动心理和运动心态，能塑造运动者的积极心理和心态，这对于运动者的身心健康状况恢复和保持也是十分有利的。

传统武术的每一式动作都需有意相随，拳理、拳法多联系穴位、经络、气血、脏腑、阴阳，使技击与健身有机结合，以畅通气血经络、活动筋骨、调和脏腑为目的。长期练习，可以提高机体对内环境和外环境的适应能力，可有效

减少病痛、促进机体康复，有良好的运动康复效果。

（二）保健养生

武术以中医理论为重要指导，武术与传统中医具有相同的哲学基础，这些哲学思想，如阴阳、五行、经络等，从根本上决定了传统体育养生与中医的练习技法与医理的相通。传统武术以中医理论为基础，在中医理论指导下，指导武者进行动作学练，讲究动作练习过程中的养精、练气、调神，以调节自我身体的协调，促进强身健体、养生保健。

武术内养功，是静功的主要功法之一。该功法在练习中要与意守相配合且需要特别注重呼吸的训练。运动实践表明，武术内养功练习对急性盆腔炎、急慢性阑尾炎、肺结核、支气管炎、肺气肿、风湿性关节炎等病症有着较好的缓解作用。但由于内养功的练习对呼吸有着较高的要求，因此，患呼吸系统疾病的人群不宜练习内养功。

武术导引术，以太极拳、八段锦、易筋经、五禽戏等运动项目为代表，在世界范围内被公认为是非常有效的养生运动，长期坚持科学练习可以有效促进运动者的身心健康发展，可以健身养性、益寿延年。

第三节　高校武术教学与大学生心理健康

一、武术能提高大学生认知能力

（一）提高智力

武术学练中，大学生的大脑神经系统处于活跃和高速运转状态，对身体的各部位的动作完成、动作协调"发号施令"，能活跃学生大脑思维，同时能提高大脑对身体的血氧等营养物质的利用率，可以促进学生劳逸结合、提高学习效率，有助于促进学生智力的提高。

不同拳术、器械练习对大学生的技法运用有不同的要求，需要学生在套路动作练习和技法运用时学会思考，如武术的大多数拳术无花哨招法，攻防技法运用要充分考虑对手的技法与战略运用，有助于思维的完善。

（二）正确认识自我

正确的自我评价是大学生心理健康的重要条件，是指对自己的认识比较接近现实，有自知之明，恰如其分地认识自己，不狂妄自大，对弱点既不回避，也不自暴自弃，学会自尊、自强、自制、自爱。

武术技法学练融入了我国传统哲学思想，武术学练期间需要克服各种主观与客观的困难，在艰苦的学练中，学会与自我相处，学会自我突破，并学会正确处理思想、呼吸、动作之间的关系，学会尊重自然、尊重自己，学会与自然相处、与自己相处。

在武术学练中，通过对其中所蕴含的武术文化的学习，不以武欺人，也不必感叹武技不如他人，使大学生端正武术学习的态度和价值观，正确认识自我、悦纳自己。

（三）发展思维

长期坚持运动能调节大脑皮层的神经，协调中枢神经，促使大脑皮层神经过程的均衡性和灵活性加强，提高大脑皮层判断分析环境的能力，加快大脑反应，促进学生的大脑思维的发展。

武术运动训练，要求大学生在各种动作中判断空间位置，判断自我与器械、与对手的位置，并在攻防对抗中对对手进行分析和战术预测，并结合具体的动作作出相应的反应。武术学练和武术对抗对外界事物作出迅速准确地感知并加以判断，还要求在复杂多变的条件下作出相应的回应，这种运动动作特点对大学生综合运用身体各种感觉器官有重要促进作用，可以活跃大脑思维。

二、武术能丰富大学生情绪体验

（一）体验运动快感

运动实践表明，运动参与可令运动者机体的血氧供应、能量消耗、物质代谢、激素分泌等情况发生显著的变化，这些变化可以引起心理上的愉悦感。从生理角度来讲，在运动过程中，机体的代谢情况和内分泌情况会发生变化，可令运动者大脑产生一种名为内啡肽的物质，人心情的好坏同体内内啡肽的多少密切相关，故而运动可使人获得愉悦感。

武术运动内容体系丰富、运动形式多样，各种运动可以适应不同运动需求的大学生，大学生无论是通过武术学练提高个人体能、适应力、技能，还是磨炼意志，都能在长期的武术运动训练中得到很好的身心锻炼，这种锻炼能够使大学生得到满足，感受自我发展与完善的快乐。

武术运动训练中融入了内涵丰富的传统武术文化，大学生在学练武术的过程中，通过具体动作的学习与练习，掌握动作的要领、要求、功法特点、运行轨迹与原理等，并通过蕴藏在动作之中的武术技法拳理的学习，蕴含的哲学思想、文化内涵的认知来更深刻地了解具体的武术文化知识。只有掌握了武术动作的文化内涵，才能在具体的武术动作展示过程中，做到"情境"交融、"情""技"交融、神形交融，体现武术技法的"韵"。

武术搏击运动是武术运动体系中非常重要的一部分内容，在激烈的搏击对抗中，对抗双方之间的身体相互碰撞与较量，能让运动者双方都摒除杂念，全身心地投入当前的运动中去。集中注意力观察对方的每一个动作、眼神，并准确预判对方的行为和意图，以便于能及时、准确作出反应，这种全身心是需要运动者完全沉浸在当下的武术活动中的，能让运动者暂时摆脱日常生活、学习、工作中的困难与不快。对抗中的全身心投入还有助于释放运动者的身体所积攒的大量的能量，是一种良好的身心宣泄，身体激烈对抗最终可以实现促进人类攻击本能的释放，能使运动者获得兴奋感，这种兴奋会将原有的负面情绪一并清除。

此外，作为观看者，即便是不直接参与武术的身体学练中也能有愉快的体验。传统武术的形式、内容丰富多样，能满足人们的不同欣赏需要。并且在其产生的过程中得到了加工、改造、提高，因而它又具有一定的艺术性，通过观赏这些美的动作与精气神，能使人有愉悦感。

总之，武术学练不仅能改善身体机能和身体形态、发展体能，还对情绪具有积极的改善作用，情绪积极乐观，就可以使人的生理与心理更加健康。

（二）获得成就感

大学生学练武术需要做好"吃苦耐劳"的准备，尤其是在武术基本功的学练中，在开始阶段，必然要经历因为拉伸、平衡和某个动作的重复而"浑身酸痛"的过程，如果不能坚持，则会半途而废，在经历过这些刻苦锻炼的艰辛之后，才能较轻松和准确地完成各种武术基本功动作。

大学生在经过长期的武术练习之后，在付出了大量体力和汗水后，通过自己与自己的对抗，使身体和意志品质经受双重磨炼，最终才能轻松完成武术动作，与刚接触武术学练时比会有一个明显反差，这种反差正是大学生自我挑战、自我发展的过程，能使大学生获得满满的成就感。

（三）学会情感自控

大学生在武术学练过程中，会在不同的练习阶段、不同的运动内容练习中有不同的运动情感体验，在这些情感体验中，有艰难的坚持，有动作失败的不甘心，有与人对抗和较量中的紧张、不安与坚定、勇敢，有挑战自我和战胜对手收获的欣慰、欢喜、激动等，这些丰富、复杂的情感体验，能让大学生在不同的情感中学会自控，能逐渐成熟，当面对下一次困难和挑战时，能积极摆脱负面情绪、运用正面的情绪情感激励自己。

武术不仅能强身健体，更能释放紧张和不安情绪，有助于大学生完善自我意识。

（四）疏导不良情绪

运动实践表明，参加武术运动，能够增进快乐、调节情绪、振奋精神等，另外，这种积极的情绪状态还能够使人的自尊、自信、自豪、自强得到有效的保证，同时，有效缓解甚至消除焦虑、烦恼、抑郁、自卑等不良情绪。

现代人面临来自各方面的压力，学生群体也不例外，例如，当代大学生面临的压力主要来自学业、情感、人际关系、性健康、大学生活、就业、考研等。参与运动训练，有助于大学生压力的释放和情绪的抒发。

武术运动中蕴含着丰富的养生哲学观与养生功法练习，中国传统医学认为，人有七伤，即"忧愁悲哀，寒暖失常，喜乐过度，愤怒不解，远思强记，汲汲所愿，阴阳不顺"，不恰当的和过度的情绪都会破坏人体的内在平衡，使人体的健康状况受到威胁从而产生疾病，武术养生功法就是通过对人体的气息、心境、情绪的调节来促进人体的健康。

大学生习练武术，可以平复心情、平衡心态，使身心休养生息，有助于改善神经性紧张、焦虑、不安等负面情绪，有助于大学生的良好情绪情感的形成和保持。

运动实践表明，坚持长期进行太极拳习练，能在健身的同时，舒缓运动者的气息，使健身者保持轻松愉快的情绪，以有效刺激身体促使内分泌物质保持适度的均衡，可促进运动者的情绪平稳、舒畅。

三、武术可塑造大学生健全人格

（一）完善性格

个人的性格与遗传因素有关，通过后天的运动可以改变个人的个性心理特征。

武术运动的不同项目具有不同的"性格"，有的运动项目偏"静"，有的运动项目偏"动"，参与不同"性格"的武术运动项目，可以对运动者的个性心理产生一定程度的影响。

举例来说，一个性格暴躁的人坚持参与武术太极拳的学练，可以令其性情逐渐变得沉稳，一个性格懦弱的大学生经常参与武术运动训练，可以变得勇敢、坚毅。

（二）陶冶情操

大学生的健康发展应该是全方位的，大学生学习专业知识不断深造钻研固然重要，但是也应该认识到身心健康的重要性，不应将所有的精力都投入文化课程的学习中，要重视培养自己的兴趣爱好，陶冶自己的情操。

武术学练，能开拓智力，活跃思维，净化心灵，培养大学生良好的情操。

(三)平衡心态

武术运动是体育运动的重要组成内容,通过多种运动情绪、运动角色的体验,能增加运动者的"阅历",可以促进运动者心态的平和。

大学生尽管思想逐渐发育成熟,但社会活动毕竟有限,其所经历的"社会挫折与打击"少且轻,很多大学生在面对一些事件时往往"血气方刚""愤愤不平"。

武术运动参与中,各种自我情感体验、人与人相处中的情景都有可能遇见,一些大学生在日常生活中会因为"学习成绩不如他人""技不如人"而产生自卑心理、不合群心理,武术运动过程中,不同人的身体素质水平不同、天赋不同、付出不同,在同样的武术学练中会有不同的运动表现。在武术竞技对抗中,攻守变换多,胜负有常,更是让大学生充分认识到"胜不骄、败不馁"的道理。面对强劲的对手,面对客观不利于自己的比赛条件(如太阳直射、逆风、裁判误判、客场比赛等),要学会将更多的注意力放在可控因素方面,不能怨天尤人,要及时调整自己;面对困难与挫折,要善于从积极的一面去思考问题,即使身处逆境,也不要抱怨,而应学会正视现实,敢于挑战,不妄自菲薄,也不盲目自信,能充分认识到,胜负常有,要泰然处之。

武术学练中,尤其是武术学练初期,面对各种各样的困难与不适应,大学生应学会不要总把目光集中在自己的缺点上,也要善于发现自己的优点。建立学习自信心,正视客观环境与条件,能有接受事物发展现状和规律的心态。

四、武术可培养大学生良好的意志品质

(一)坚定信心、勇于拼搏

体育是培养人的意志品质的有效手段之一。现代竞技运动非常注重对运动员的意志品质的培养。参与体育运动能使运动员拥有坚强的意志品质,运动员坚强的意志品质对于其完成训练任务、提高动作技能具有重要作用。

武术搏击与武术竞技对磨炼与提高个体的良好意志品质的作用更加明显,竞技比赛过程中,要想获胜,就必须坚持到最后一刻,有利于培养学生克服困

难、顽强拼搏、不断奋进、坚定信心、争取胜利的决心和意志。

对于很多没有武术运动经验的大学生来说,在武术学练时,需要不断地和各种主客观困难作斗争,武术习练讲究"冬练三九,夏练三伏""拳练百遍,身法自然,拳练千遍,其理自见""久久为功,撂下稀松"等,这些都充分说明武术习练并非一朝一夕的事情,而需持之以恒。

大学生在学练武术期间,需要长期坚持不懈地重复同样的动作内容、呼吸方法。例如,在武术"拉筋"练习中,对肌肉和韧带的压力增大,耐力练习过程中运动者的技术动作难度或身体负荷强度大,常常需要达到身体极限,有时还会造成心理上的疲劳,这对于运动者的意志力和心性是一项非常严峻的考验,因此,坚持武术学练可以培养个体良好的意志品质。

(二)不畏失败,提高抗挫能力

武术运动有助于提高人的抗挫折能力,在武术对抗中,个人面临挫折的概率更大,体验挫折的机会更多。参与武术运动对抗,不管是进攻还是防守,都会经常面临失败的情况,运动者应清楚地认识到,有胜利必然就有失败,武术学练中有进步,也有多次练习仍不能熟练完成动作的挫折,武术习练中需要大学生不断挑战来自主观和客观方面的各种各样的困难,学习和工作也不可能一帆风顺,有艰辛的付出不一定有理想的收获,但要成功必须有艰辛的付出。运动者应该认识到,人生就是需要挑战一个个失败与经历挫折成长的过程,要坚定信心、不断奋进。

高校武术教学中教师应通过武术的艰苦的身心练习,培养学生坚韧不拔、吃苦耐劳、奋力拼搏、坚持不懈的精神,培养青年大学生的自信果敢、坚持力和创造力,这是大学生适应社会、融入社会、建设社会所必须具备的良好意志品质。

新时期的武术教学应遵循培养人全面发展的教育观,通过武术教学促进学生身心和谐发展。

第七章

高校武术教学与大学生全面发展

高校武术教学有助于促进大学生的全面发展,这种全面发展不仅表现在促进大学生的身心健康方面,还表现在对大学生的"德、智、体、美"的全面促进。在了解了高校武术教学对大学生的身心发展促进之后,本章重点就高校武术教学对大学生的社会性、思想道德、审美发展促进进行分析,以在高校武术教学中明确并真正落实武术的全面教育价值与功能,最终促进大学生的全面发展。

第一节 高校武术教学与大学生社会性发展

传统武术不仅是一种身体活动,更是我国优秀的传统文化,其在社会的发展中逐渐形成,并受到社会发展的影响,是社会文化的重要组成部分。体育的产生与发展离不开人类的生理和心理活动,体育的主体是"人",而且是"社会的人",传统武术文化的产生、发展同样离不开社会大众,社会性是武术文化的客观存在的属性之一。因此,通过高校武术教学能促进大学生的社会性发展。高校武术教学对大学生社会性发展的促进表现在多个方面,本节重点从四个方面展开论述。

一、武术教学可促进大学生身心竞争力的发展

高校教育教学旨在培养符合社会发展需要的高素质人才,现代社会所需要的人才不仅要求有专业学科素质,而且各方面的素质都应有良好的发展。大学生在毕业之后需要适应并融入社会,从事与专业相关或者不相关的各种职

业，无论从事何种职业，都必须首先具备良好的身心素质，"身体是革命的本钱"，心理素质能帮助大学生在复杂的社会环境中逐渐适应社会，这是大学生实现个人理想与价值的重要基础。

大学生作为社会劳动者，需要不断提高自我的社会竞争力，身心竞争力是最重要也是最基础的层面，在本书第六章已经就武术教学对大学生身体健康与心理健康发展进行了详细分析，这里重点从社会性发展角度对武术促进大学生身心竞争力的发展进行分析。

（一）增强身体竞争力

通过武术教学，大学生科学参与武术健身锻炼，可以增强大学生的体质，对于大学生在当前学业和日后就业压力下，能有效提高个人的身体抗压能力，预防和缓解亚健康。经常参与武术锻炼，有助于大学生恢复体力与精力，能更好更高效地去从事各种学习、工作与社会生活。

此外，武术学练还有助于提高作为劳动者的大学生的机体适应力与疾病抵抗力，对预防和缓解职业疾病与其他疾病有重要帮助。拥有一个健康的身体，在从事很多职业时都会具有比其他劳动者更优越的竞争力。

（二）提高心理竞争力

现代社会竞争激烈，任何职业都会面临着一定的社会竞争。

大学生从学生身份转换为社会人身份的过程，需要有良好的心理承受能力，以便在尽可能短的时间内适应复杂的社会环境，胜任工作。

要尽快适应和融入职场，大学生必须具备良好的心态、坚强的意志、正确的价值观与道德观及与职业相适应的思维、为人处世能力。开展武术教学，有助于促进大学生的社会性心理的发展，并增强大学生的个人心理素质，为大学生的社会参与奠定良好的心理素质基础。

在高校武术教学中，应尽量开设内容丰富的武术课程，以便于高校大学生能结合自己的心理发展特点和职业发展需要，有选择性地选修相适应的武术课程，通过武术教学中的教学组织锻炼和课后自我武术健身锻炼，完善大学生的心理、心态，提高心理适应能力，并在武术学练中获得愉悦感、成就感，在日常生活中也养成积极参与武术健身锻炼促进自我健康心理发展的良好习惯，形成一个良性循环，不断完善心理发展，提高心理素质。

二、武术教学可促进大学生构建和谐人际关系

高校是一个小型的社会，大学生毕业之后必然要进入社会，这是由人的社会属性决定的，任何人不能脱离社会独自生存，现代社会分工日益密切，任何一个年龄阶段的学生都不可能独立完成生活、学习，大学生的学习能力不断提高，但仍需要同学的帮助、教师的指导，需要在学校这样的小社会环境中生存，大学阶段是大学生从学校向社会的过渡时期，大学毕业之后，大学生就需要去融入社会，学会在社会中生存与发展，并学会与社会中的其他各种各样的人接触、交往。良好的人际交往对于大学生的社会生活、学习、工作有重要帮助作用，也有助于大学生获得生活兴奋感。

高校武术教学对大学生的人际交往能力有提升作用，分析如下。

（一）增加大学生交往机会

高校体育教学，将传统武术纳入体育教学体系，通过武术运动提高大学生人际交往能力切实可行，而且确有实效。

人际关系是人在社会环境中与其他社会成员接触过程中必然会形成的社会关系，大学生与人交往，就必然会形成自己的人际关系。调查显示，当前，我国高校大学生与室友交往过程中，大多数大学生能与室友和睦相处，有47.7%的大学生能与陌生人交往自如。在从学校进入社会与职场之后，很多大学生能学会与同事、朋友和睦相处（表7-1、表7-2），但在交往过程中会有所保留，也就是说，在交往中会有意识克制自我性格、迎合对方的表现。

表7-1 大学毕业生与同事的交往情况调查

项目	很好、比较好	一般	较差、很差
人数	302	90	6
比例	75.88%	22.49%	1.63%

表7-2 大学毕业生与朋友的交往情况调查

项目	很好、比较好	一般	较差、很差
人数	119	67	12
比例	80.11%	16.77%	3.12%

真实的社会经历可以促进大学生的社会交往能力的提高。调查发现,大学生进入社会越久,随着年龄的增长,大学生与他人交往的能力会越强。

在高校体育教学中,传统武术教学能促进大学生在课上、课外与本班级以外的其他专业、院校的学生或老师认识、交往,同时,武术教学活动过程中的运动情绪、情感体验等,也有助于大学生与人沟通与交往机会的增多,对大学生的人际交往能力有重要的帮助作用。

观察发现,经常参与武术运动的大学生在与人交往过程中,能表现得更真诚、大方,在人际交往中,与不参与运动的人相比,性格方面对朋友更具有吸引力。

就我国体育教学现状来看,体育教学中,通常把学生班级、年级、院系和专业统统打乱,不同院系、不同班级学生聚在一起上课,通过体育部、团委、社团活跃校园文化,丰富学生的课余文化生活,增进同学们之间的感情,充分利用体育的社会功能提高学生交往能力。大学生也越来越充分认识到体育教学对促进个人人际交往的重要作用(表7-3),愿意积极主动参与体育选修课内、课外活动中。还有很多大学生会在课外关注学校体育俱乐部、体育团体的活动,以进行体育健身、结交志同道合的朋友。

表7-3 大学生对体育教学与人际交往关系认知的调查

项目	认知情况	人数百分比/%
体育是否能和谐人际关系	是	65.1
	不确定	32.8
	不是	2.1
体育是否能提高人际交往能力	是	39.1
	不确定	38.0
	不是	22.9

武术教学是高校体育教学的重要内容，武术对高校大学生具有较高的吸引力，通过高校武术教学课程的开设，可以促进大学生与同龄人交往。

武术教学过程中，人与人、团体与团体之间的沟通，不仅是语言的沟通与表达，还表现在肢体语言表达方面，武术内容丰富、形式多样，舒展、多变的动作能提高大学生的肢体表现力。

（二）使大学生勇于竞争

现代社会，竞争无处不在，在高校校园环境中，尽管竞争不如社会激烈和残酷，但竞争并不少，大学生要有竞争意识，要勇于为自己争取被公平、公正对待的机会，并在和谐竞争环境中勇于展现自己、争取良好表现。

大学期间，评优、保研、社会实践，存在竞争；进入职场后，竞争更加激烈。有很多大学生竞争意识不强，一个没有竞争意识的人，初入社会，往往会不适应社会竞争，而在日常的生活与工作中会产生挫败感，很难在社会中持续生存下去。大学生要适应社会发展，就必须学会竞争，提高自我竞争能力。

武术学练对个人的意志品质、自信心、抗挫能力等均有促进作用，在完成对抗、实现攻防目的的过程中，往往要受到来自各个方面的挑战和阻碍，其中有对手的、环境的、自身心理和生理上的，大学生要克服这些内外因素的影响，力求达到目标，就必须不畏困难、勇于进取、敢于竞争。大学生坚持武术学练，尤其是参加过武术竞技活动、有武术对抗经验的大学生，其竞争意识和竞争适应性要比一般大学生好很多，在竞争环境中也能保持良好的斗志，能正视竞争，并敢于在竞争中放手一搏。

不仅仅是竞技武术，在武术一般教学活动中，学生之间进行基本功练习、共同参与武术游戏，只要有对比，就会存在竞争。在武术教学比赛、游戏过程中，同伴们的相互鼓励，自身的求胜意识，以及同伴、对手的影响，都能使大学生具有竞争意识。

特别值得一提的是，习武对抗讲究"点到为止"，大学生选修武术课程，参与武术教学活动，竞争意识的养成主要在于可促进大学生自我奋进、不轻易放弃，同时，能让大学生明白"不正当的竞争"在竞技对抗中是错误的认知和方法，这些都是"习武之人"所不齿的，武术教学对大学生的竞争意识培养是积极向上的。

（三）使大学生善于合作

现代社会，竞争与合作并存，有竞争就必然有合作，社会分工的日益复杂和精细，使得社会成员中，任何一个人单凭自己的力量是不可能在社会竞争中取得长久的胜利的，一个人的竞争力始终有限，必须与他人进行合作，增加竞争获胜的可能。任何一项工作的完成都必须依靠团体的力量进行，否则很难达成既定目标，学会合作、善于合作是在社会生存中建立良好人际关系、实现共赢、达成目标的重要基础。

武术教学中，同组练习、多组对抗，都有助于促进大学生的合作意识的养成，同伴之间相互协作、配合的运动体验可以加深个体与他人协作的意识，并在合作中学会与同伴科学合理分工，发挥小组或团队的最优实力，学会与人沟通、学会合理分配人力资源并优化团队竞争策略，更善于与人合作。

（四）提高大学生的交往情商

武术养生运动能将传统哲学融入功法和套路练习中，使人关注自然、关注自我、关爱他人，而不计较小利、得失，与人为善。

武术教学中，对武术的健身、休闲、娱乐功能的充分发挥，能促进大学生的健康发展和自我学习、自我完善。学练武术，可以帮助大学生学习运动技术、发展体能、培养人际交往的能力、增强自信心、培养协作精神和竞争意识等，能拓展大学生的生活环境和生活内容，促进学生之间的交往，能在与人交往中韬光养晦、奋发图强，掌握交往准则。

武术游戏是武术教学的重要辅助内容，学生集体参与武术游戏，能教育学生同伴之间的协作，使学生懂得协调竞争与合作的关系，培养学生的群体意识，使学生学会相互鼓励、平等交流、团结协作，建立良好的人际关系。

三、武术教学可促进大学生适应与胜任社会角色

（一）使大学生适应社会角色

人在社会中学习、生活、工作，也需要面临不同的社会角色，如学生、家

人、朋友、同事、竞争者、领导者等,这些不同的社会角色的定位与角色的转换也是根据社会的需要确定的,面对不同的事件与人物,个人角色发生了变化,心态和为人处事方式也会发生变化。

武术教学活动的组织与开展能为大学生提供更多的社会角色"演练机会",能帮助大学生丰富待人处世的经验、情况与阅历,可促进大学生的角色适应能力的提高。

在武术教学中,学生作为运动参与者,在教学活动中可以有机会体验不同的社会角色,如学生、同伴、观赏者、评判者等,无论是直接参与还是间接观赏体育活动,都能让大学生体验丰富多彩的角色和角色情感。

参与不同的武术学练活动,大学生所承担的角色不同,个人立场和思维方式就不同,对不同活动角色的情感体验也会不同。通过武术教学过程中的丰富多变的角色扮演、角色转移、角色情感体验,学会适应不同角色。

(二)提高大学生角色胜任力

社会中不同的人扮演着不同的角色,每一个人都有自己擅长的领域,能在自己适应的领域有一番作为。优秀的人能在多种社会角色中游刃有余,能胜任其他人所不能完成的角色工作。

武术教学可促进大学生胜任社会角色的能力。培养大学生的创新、竞争、合作、思维、决策、领导等能力,分析如下。

大学生在武术学练中,总会遇到各种各样的问题,要顺利实现个人健身(竞技、修学分、展现武技等)目的,就必须学会处事不惊、积极应对、灵活变通,因此,参与武术教学活动,有助于提高大学生的处理问题的能力,提高大学生的分析、决策能力。

集体性武术教学活动中,各种活动开展的组织、协调、决策,需要有一个团队核心人物来发挥作用,以团队形式开展武术活动,不仅要求运动者具备良好的个人技术,还需要整个团队协同配合、各展所长、顺畅沟通和默契配合。

在武术教学中可以发现这样的现象:一个阶段的武术教学结束后,教师能清楚地了解不同大学生在班级活动中的性格、行为和所扮演的角色,并能准确找出班级活动管理者、协调者、活跃课堂气氛的人。这些不同的学生就在团队活动中表现出了不同的能力，教师有意识地教学安排可以促进大学生的领导者、精神榜样等具有较好社会竞争优势的能力。

此外，长期科学的武术学练有利于培养运动健身者的良好思维能力、应变能力、创新意识和开拓精神。这种优秀品质会延伸到大学生的日后学习工作中。

（三）提高大学生的创新能力

现代社会中的优秀人才，必然是具有创新精神和创新能力的人才。武术教学有助于增强大学生的创新意识与能力，分析如下。

从高校体育教学改革角度来讲，在现代武术教学中，要促进武术教学在高校的持续健康发展，就要求广大体育教师不断更新观念，善于研究、质疑，不囿于前人所做的历史结论、不迷信传统、不追风逐潮，不唯书唯上。在武术教学的创新实践中学习新理论，树立新观点，掌握新方法，解决新问题，重视武术教学创新。创新的武术教学思想、理念与教学活动的开展，有助于培养具有创新意识的大学生。

从传统武术的现代化发展来看，我国传统武术深根于我国传统文化，现代社会的社会背景与文化空间、与传统武术所产生与发展的社会背景、与文化空间发生了巨大的变化，要促进武术在现代的发展，武术自身就需要进行改革。其主要表现在武术内容、武术形式等各方面。在现代武术教学中，以往的传统武术套路几年间都不曾改变，对于之前接触过武术的大学生来说，他们已经掌握了一些基本套路动作，再原封不动地灌输给学生毫无新意，同时，为了适应当代大学生的运动喜好，体育教师进行武术动作创编并鼓励大学生在遵循武术技法拳理的基础上尝试创编新的武术动作，在武术运动健身过程中，不同的运动者都会尝试不同的技术动作、战术动作、动作组合与套路等，这会在无形中形成一种创新意识并进行创新练习。对于大学生来说，这是一种很好的创新实践活动，有助于大学生创新能力的提高。

创新是事物发展的重要推动力，一个具有创新意识和能力的大学生在社会竞争中必然是非常受欢迎的人才。

四、武术教学可促进大学生的社会行为规范

（一）促进大学生的社会参与

武术是一种特殊的文化形态，武术教学活动开展是一种社会行为，大学生参与其中，可促进大学生社会意识的增强。

高校武术教学面向学校全体学生，每一个学生都有自由、自主选修武术课的权利，任何一个大学生都能在符合校规的基础上参与武术教学活动，充分实现了平等。这种平等参与、平等拥有、友好相处的氛围必将帮助大学生将平等的观念带到日常生活中，成为对社会活动参与的基本认知。

无论是在社会生活中，还是在学习、工作中，要想有所收获就必须付出艰辛的努力，武术健身效果需要长期坚持才能逐渐显现，武术技能学练非一朝一夕就能练就"神功"，在公平公正的环境中，只要方法得当，付出与收获总有回报。大学生参与武术运动都必须长期坚持，才能收到预期的效果，任何一个大学生参与武术教学活动都可以通过自身的努力获得成功，武术教学活动有助于促进大学生拼搏进取。

武术教学不是"四肢发达、头脑简单"的运动，除了身体上的不断练习，还要掌握必要的理论知识以指导武术教学实践，知识具有重要的思想与行为指导作用，它使大学生的武术教学活动参与更科学、健身效果更好。现代社会，无论从事哪一个行业，都要积极参与，不断丰富知识、拓展知识，如此才能在面对各种问题时轻松应对，使问题能迎刃而解，这正是大学生发展成为社会人的重要任务和责任。

（二）规范大学生的个人行为

社会行为，是由社会刺激而引起的个人行为，或由个人行为引起的他人的或群体的行为。社会行为与个人的健康有非常密切的关系。社会行为包括多种类型、性质的行为，武术教学是社会行为中的一种积极、健康的社会行为，有助于促进运动者的身心健康。

传统武术历史悠久，项目种类繁多，活动形式多样，但无论哪一种类型

的武术运动形式与活动开展，都需要遵守一定的运动或活动规则，长期参与有助于运动者的规则意识的形成，并在日常活动中自觉遵守社会大众所认可的行为。

高校开展武术教学，通过武术文化及武术运动可以培养学生的规则意识，以武术竞技（教学比赛）为例分析如下。

武术竞技（教学比赛）中，任何规则所不允许的比赛言行，不仅要受到规则的严厉处罚，还要受到社会规则和社会公德的谴责，情节严重的还将受到法律的制裁。

武术竞技（教学比赛）对于运动员的技术动作有着严格的要求，明确指出什么动作能做，什么动作不能做，可以完成的动作应具有哪些具体的技术标准和要求。

武术对抗，讲究双方实力相当，不能"以大欺小""恃强凌弱"，武术对抗中必须保证双方在公平合理的条件下展开攻防对抗，保护健康文明和积极合理的行为，限制粗野动作和不礼貌、不道德的行为。大学生选修武术课程，在长期"不断提醒与规范行为"的环境中，会逐渐理解与遵守规则，这种"规则意识"会延伸到运动者的日常生活中，形成对社会规范、社会道德的遵守。

不"越轨"是礼的基本精神。在武术教学中，礼的教育能使大学生的一切行为都在社会伦理与法制允许的范围内。民主、公平、正义的社会能为每个人提供追求自由与幸福的权利，能够将促进全面发展的机遇与平台提供给每个人，而这样的社会也需要每一个人的维护。武术教学可促进大学生遵循社会规范，认真履行社会职责，为社会发展服务。

（三）增强大学生的亲社会行为

亲社会行为是一种与现代社会及社会其他成员主动接触和表示出友好状态的行为，具体是指个体帮助或打算帮助他人的倾向或行为，这种行为表现为分享、合作、谦让、同情等。

武术文化提倡"崇德扬善"的道德观，要求习武者"崇德扬善"，不同的习武者和养生者，都对自己有遵守武德的要求。德高望重者，自然受人尊敬；道德败坏者，自然让人疏远。武德的道德要求延伸到现代社会，并有助于现代社会环境下的和谐"仁爱"的社会关系的建立，有助于缓解社会矛盾，调动大学生积极改善人际关系，教育教导大学生通过自身行为控制来促进行为亲善、社会和谐。

通过武术教学，促进大学生亲社会行为的增多，我国传统武术运动中蕴含了丰富的武术文化、社会道德文化，能促进大学生学会在与人相处中和善待人、真诚待人，能以良好的社会道德规范自己并表现出对社会其他成员的亲社会行为，这种行为可以使他人或群体受益。

（四）培养大学生的良好行为习惯

现代社会，生活节奏快，各行业高速发展，往往会给很多人带来精神压力，给现代人的身心健康带来了威胁。很多人为了缓解生活与学习、工作压力，都希望有一种健康的自我放松形式，无论是学生群体还是上班族，都有相当一部分人有着不健康的休闲行为，如沉迷电子游戏、抽烟、酗酒、暴饮暴食、熬夜刷剧等。这些不健康的生活与行为方式，严重损害了个人的健康（表7-4），也会使整个社会形成不良的风气。

表7-4　不良行为方式对健康的影响

疾病	饮食不当	酗酒	吸烟	运动不足	精神紧张
心脏病	++	+	++	++	++
中风	++	++	+	++	++
高血压	++	++	+	++	++
肺癌	—	—	++	—	—
糖尿病	++	+	—	++	++
骨质疏松	++	—	+	++	—
营养失调	++	+	—	—	++
溃疡病	++	++	++	—	++

注：++表示"高度损伤"；+表示"危险"；—表示"无直接关系"。

传统武术是我国民族传统体育的重要组成部分，其活动内容注重健身养生、运动的审美与娱乐、对人的积极心态的培养。在武术教学中，不管大学生的武术技能达到什么样的水平，都能在学练武术的过程中有所收获，这种收获包括身体与心理健康发展方面，也包括社会能力的促进方面，更能养成长期坚持参与武术健身锻炼的习惯。通过这项可以作为终身体育运动的运动项目参与，可以在运动中愉悦自身、享受运动快乐，远离不健康行为习惯，促进自我健康全面发展，并终身受益。

第二节　高校武术教学与大学生思想道德教育

一、武术与中华民族传统美德

（一）社会道德伦理

1.仁爱孝悌

《礼记·中庸》中说："仁者，人也。"意思是说，只有具有仁德的人才是真正的人。孔子说："能行五者于天下为仁矣。""五者"指恭、宽、信、敏、惠。在我国古代，仁德是各个社会阶层所公认的最普遍的道德标准。

仁爱孝悌是我国的传统美德的基础，是中华民族优良传统，主要体现在以下几个方面：①讲礼守信；②尊师重道；③刻苦求进；④坚忍笃实；⑤勇敢仗义；⑥舍己从人。

2.重义轻利

《礼记·中庸》中说："义者，宜也。"韩愈在《原道》中称："行而宜之之谓义。"孟子说："生，亦我所欲也；义，亦我所欲也。二者不可得兼，舍生而取义者也。"义的基本含义是应该、合宜，具体所指是行为要合宜。

义利是古今中外的一个社会伦理命题，对"义"与"利"关系的正确处理如下：①崇尚道义；②先义后利；③以义制利；④不重私利；⑤舍生取义。

3.真诚有信

《庄子·渔父》中说："真者，精诚之至也。""真"是诚的最高境界。道家认为，"真"是天人合一的自然本真。我国自古以来崇尚为人要"真善美"，待人真诚，真诚有信，这种道德规范逐渐成为中华民族所普遍尊崇的美德。

诚信，作为中华民族所极力推崇的美好品德之一，包含了多种含义，具体如下：①保守内心，真实，不虚妄；②诚恳，表里如一；③诚实，不欺人；④忠诚。

4.谦和礼让

《尚书》中说"满招损，谦受益"，谦，是一种自我认知，是对个体知礼懂礼的高度概括。为人谦让，应做到以下几点：①为人谦虚，不骄傲自满；②韬光养晦，不妄自尊大；③遇利能辞让。

我国自古就是礼仪之邦，"礼"是治国安邦、待人接物的根本所在。"礼"是中华民族最重要的美德之一，内涵丰富，包括以下主要内容：①礼貌：待人接物彬彬有礼；②礼让：整个社会的一种道德规范；③礼仪：具体的礼节仪式；④礼制：整个社会的等级制度和伦理秩序。

（二）中华美德对武术的影响

我国传统武术文化讲究品德教育，最具代表性的就是武德。传统武术运动中的道德修养，对培养习武者的内心素质具有重要的作用。道德修养贯穿于传统武术运动的形成和发展过程的始终，道德修养是习武者武术学练的基础。

中华美德对武术的影响表现在方方面面，不仅体现在动作、套路上，也体现在思想、道德方面。

思想方面，在我国古代，对于人的品德是非常看重的，"人穷志不穷""廉者不受嗟来之食"就是古代对个人品质品德看重的重要表现。

在我国古代，道德品质是贯彻于整个社会道德、社会关系、社会伦理之中的，无论是平民百姓还是王公贵族，一个人如果品行不好，就不会受到其他人的尊重。在社会道德伦理中，"德"与"行"应是高尚结合与统一的，武术文化中对于习武者的道德要求是非常高的，"习武先习德"。

道德方面，我国传统武术蕴含丰富的内涵和优良的传统，如讲礼守信、尊师重道、勇敢仗义、舍己从人、坚忍笃实、刻苦求进等优良品质，这些品质对养生者的思想、道德、品质等都具有重要的教育教导作用。

二、武术教学的思想道德教育价值

（一）养成良好道德

体育不仅是一种身体活动，还具有丰富的文化与精神内涵，且随着社会文化的发展，在精神文化方面的作用越来越突出。体育道德是人们据以调节体育生活及其行为的准则和规范，通过参与体育活动，自律于人的内心，影响人的行为。

良好道德是心理健康的一个重要表现和组成部分，无论是以西方竞技体育运动项目为内容，还是以我国传统武术项目为内容，都能促进学生的良好道德的养成。

相较于西方竞技体育，我国传统武术深受中华民族传统文化的影响，中华传统美德蕴含在传统武术技法拳理、动作、功法中，对大学生的良好道德的培养价值要更加显著。

传统武术深受我国传统社会文化的影响，社会伦理道德对武术文化的影响是非常深的，武术习练不仅是身体动作上的习练，也是一种道德修养手段。

我国传统武术讲究高尚的品德，习武者应行侠仗义，要路见不平一声吼，与人切磋要点到为止，绝对不能恃强凌弱、仗势欺人，武德规范习武人，也是个人遵守社会道德规范的表现。

通过武术教学，在武术理论知识学习、文化理解、动作学练中，传播与传承武术蕴含着的丰富的内涵和优良的传统，对学生的良好道德形成有重要促进作用，能让大学生充分认识并理解我国传统武术文化中的道德内涵与要求，对健康心理养成有重要的正向影响和导向作用。有助于当代大学生在社会活动中以良好道德品质品行要求自己，遵守道德准则，养成良好道德品质。

（二）培养良好体育精神

体育精神蕴含在体育文化和体育运动中，武术是一种内涵丰富的体育项目与文化，通过武术教学，教师要重视学生对体育运动中宝贵的精神体悟，培养学生良好的体育精神。

武术教学中，应重点培养大学生的以下精神。

1. 吃苦耐劳的精神

在武术教学中，武术基本的练习、武术技法练习容易入门，但是要取得一定成效，需要下一番苦功夫，可以说，只有付出才有收获，大学生进入社会之后就要踏实、辛勤学习与工作，不断提高自己，才能不断体现人生价值。

2. 竞争与合作精神

习武者的竞争强调相互尊重、点到为止，不似西方竞技体育对抗那样激烈，在多人对抗中，强调同伴间的良好配合，武侠文学作品中的武术阵法练习对多人之间的配合尤其看重。武术竞争讲究强大但不欺人，武术合作强调彼此信任、托付、配合默契。武术教学对大学生竞争与合作意识的促进在前面已经详细解析，这里不再赘述。

3. 拼搏精神

武术教学内容多种多样，而且大多是以竞争与对抗的形式开展的，迎合青少年学生兴趣广泛、乐于竞争的性格，大多数学生会积极参与其中。大学生要掌握准确的武术动作，提高从事武术运动的各项身体素质，要将拼搏的精神贯穿武术学练活动的始终，要克服武术学练中的各种艰辛，要有"冬练三九、夏练三伏"的精神，并将这种拼搏精神应用在学习、工作中，趁着大好青春，勇敢拼搏以实现个人的自我价值与社会价值。

三、高校武术教学思想道德教育内容

（一）武德教育

武德，即武术道德，是从事武术活动的人在社会活动中应遵循的道德规范和所应有的道德品质。

传统武术重视武德教育与传承。"文以评心，武以观德"，习武者应"武以观德""习武先明德""武以德立，德为技先"。

1. 传统武德内涵

我国古人自古就重视个人品德修养，历朝历代的统治者也都非常重视国家的品德建设，"武德"在我国三千年前就已经出现了，尊礼崇德一直是我国传统文化的重要内容，也是中华民族的重要精神核心。受我国传统文化和民族精神影响，武术在其长期的发展过程中，在武术文化中融入了对习武者的道德修养要求。

武德对习武者的要求表现在武术习练中，也表现在对日常为人处世的要求中，习练武术，追求德艺双馨，"德"即指武德，"艺"指武艺。

高校武术教学中，应重视融入武德教育，要培养高素质的大学生，不仅要重视大学生的良好专业学科知识与技能的掌握，还要重视大学生的良好心理素质、道德品质的培养。武术教学正是一种有助于培养大学生"德、智、体、美"多方面共同发展的课程教学项目，在当前实现民族文化复兴的现阶段，大学生作为未来的社会建设者与接班人，对其身心素质培养、道德品质培养尤其重要，自强不息、独立自主、仁爱孝悌、谦和礼让、真诚有信等都是当代大学生应该崇尚和学习的良好品德。

武术教学对大学生的品德教育在于"崇德而体道"，要求大学生能知礼、懂礼、践礼，尤其是日常生活实践中有良好的品行，如在面对社会不良现象和他人需要帮助时，能够见义勇为和热情相助。

2.现代武德内涵

随着社会的不断发展，武术的道德，即武德内涵也不断丰富，现代高校武术教学中，武德内涵表现如下。

（1）文明礼貌。中国是礼仪之邦，武术重礼，在武术习练中，有很多必须要遵守的礼节，如武术展示和对抗前后的抱拳礼，就是习武者个人礼貌、礼节的表现，影响着习武者的日常社会生活。

文明礼貌，知礼懂礼，尊老爱幼，这是我国传承千年的社会文明，也是武术文化所倡导的道德内容。

传统武术对抗搏击的"点到为止"，不同于其他国家的抵抗较量必须将一方打倒在地，这是我国习武之人礼仪的重要表现，强调"以德服人"。

通过高校武术教学，教师应重视教学过程中的"师生之礼""同窗之礼"，也要要求大学生在日常生活中"践礼"，大学生必须学会为人处世之道，武力、非正常竞争也许能达到一定的目的，但这并非"君子之道"。

（2）诚信友爱。长期以来，在古人"以诚为本""人无信则不立"的传统思想影响下，我国世世代代的华夏子孙都非常注重个人的诚信。

当前，诚信友爱是社会主义和谐社会建设的一个重要目标，是和谐社会构建对社会大众的基本素质要求。一个诚信友爱的社会是一个社会建立良好的社会关系的基础。

通过高校武术教学，应使大学生树立良好的道德观，诚信待人，待人友善，这也正是武术教育最基本的教学任务之一。

（3）见义勇为。见义勇为，是社会关系中一种积极向上的行为活动，是一种高尚的精神品质，传承至今。

我国古代习武之人崇尚侠义精神，国家、朋友、职守、承诺，凡此种种，都重于生命。我国侠义精神流传至今，并与时俱进，在现代社会与新时期社会主义核心价值观相契合。

需要特别指出的是，见义勇为，并非一定要在任何情况下都不顾自身安危，现代社会，包括高校武术教学在内的学校教学，提倡学生见义勇为，更强调"见义智为"，对见义勇为的提倡和宣扬应建立在确保青少年学生健康发展的基础之上，而不能一味地强调鲁莽行事、不计一切后果的"勇"。

（4）遵纪守法。我国古人向来重视法度，社会道德规范是衡量一个社会文明是否先进的重要标准，我国作为文明古国、礼仪之邦，在社会道德发展方面备受称赞。

社会法制与社会道德共同为构建和谐的社会关系提供保障，武德与社会道德对人们的思想品德和行为规范的要求具有高度的一致性，具有良好社会品德与道德的习武之人也往往是受尊敬之人，可保一方平安、受一方人尊重。

我国武德自古具有与社会道德品德要求的一致性，也在不同历史时期表现出不同特点。

在古代，武术教育"重德轻力"，维护统治。

近代，武术教育救国救民，表现出"尚武精神"。

现代，武术教育旨在促进学生"全面发展"。

现代社会中，武术教育作为一个培养社会合格的高素质人才的重要手段，应发挥其体育、智育、德育价值，促进社会道德文明发展，培养具有优秀品质的社会建设人才。

当前，在我国高校的武术教育教学中，武术武德是重要的教学内容之一，大学生应了解武德的内容，并在生活、社会实践中遵循武术道德，做一个具有良好品德思想和高尚道德的人。

（二）价值观教育

价值观是人们对价值问题的根本看法，它是指人们对经济活动的价值判断或价值取向。在不同价值观的引导下，会形成不同的价值取向。

我国传统武术文化根植于中华民族所生存的文化空间，融合了中华民族各民族对人类、自然、社会、世界其他民族和文化的看法、观点，是具有典型中华民族特色的民族文化，反映了中华民族共同的价值观。通过武术教学，有助于大学生具有中国特色健康的价值观建立。

以平等民主的价值观引导为例，民主象征着社会的进步，是社会公德和法律要求的具体体现。

在人类体育文化大家庭中，传统武术是中华民族共同的武术，属于全体中华儿女，只要是中华儿女，不分性别、肤色、民族和信仰，人人都可以参与，人人都应引以为豪。同时，随着我国传统武术文化走出国门、走向世界，武术文化是世界体育文化的重要组成部分，全世界各族人民都拥有自己的民族体育文化，世界各国人民的体育文化不分贵贱和贫富，各国体育文化在世界体育文化大家庭中均具有平等的地位，共同发展进步。

在我国民族大家庭中，不同民族之间相互交流、学习，无贵贱之分，只有特色的不同，丰富多彩的传统武术文化内容体系构建了一个平等、通俗，使每个人都乐于接受的模式，在这种平等意识里，各民族的尊严、权利、地位都真正得以展现。各族人民都是中华民族的重要成员，缺一不可，彼此平等、民主，共同构建各民族共同发展的现代化社会。

因此，高校武术教学中，大学生参与武术运动，学习武术文化，有助于健康的价值观在大学生头脑中的渗透和建立，通过武术教学可促进大学生正确文化价值观和社会与民族发展观的科学建立。

(三)民族精神教育

武术文化是我国传统民族文化的一种重要表现形式与形态,其被深深地打上了民族精神、民族性格等烙印。

中国传统武术是中华民族特有的体育运动形式和体育文化形态,我国56个民族,无论在何时何地。都能观看、学习、参与传统武术文化活动,民族自豪感都会油然而生。

传统武术的直接参与者或间接参与者,都能有效娱乐身心,享受精神生活,找到精神上的归属感。我国很多少数民族也有自己的武术内容,通过参与武术活动可以极大增强人们之间的诚信友爱。传统武术是整个中华民族的体育文化瑰宝,传统武术不仅能够锻炼人的体魄、增进人的健康,还能培养人的意志、陶冶人的情操。传统武术凝聚着不同少数民族的为人处世的智慧,通过武术活动的参与可以促进不同民族成员之间的情感交流,避免民族矛盾的发生,互帮互助,互敬互爱。对于提高人的道德水平和整体素质、构建和谐的社会氛围和环境十分有益。

高校武术教学中,大学生学练武术,可以让不同地区、不同民族的大学生更多地关注、参与、传承我国传统武术及其文化,有利于促进与维护大学生的共同文化心理,增强各民族大学生的团结意识,增强大学生的民族凝聚力,提高民族文化自信,促进民族团结。

(四)爱国主义教育

爱国主义是全体人民为实现社会主义现代化建设而团结奋斗的力量源泉,任何时候都不能丢失。不同的体育文化是一定地区、国家、民族的文化,例如体育运动比赛,尤其是大型体育比赛,如奥运会、世界杯、世锦赛中,运动员往往代表着所在的国家参加比赛,比赛的获胜能让运动员及其国家的人民获得荣誉感。

武术教学是一种文化的教学。在教学中要重视民族文化、民族精神、爱国精神的传授,培养学生的民族自豪感、爱国情感与爱国精神。

一般体育竞技拼搏中所凸显的爱国精神不仅体现在传统武术教学中,还蕴含在武术道德中、文化典故中、民族情感中。在我国古代,忠于国家和民族这一优秀传统在习武之人身上得到了鲜明的体现。少林寺歌诀告诫僧人："罚恶歹忠国家，永为民族功绩创。"许多习武之人也都是忠于国家和民族的好汉，如驱逐倭寇的戚继光，就是爱国爱民族的杰出英雄。我国传统武术体系内容丰富，在少数民族的武术内容中，有许多武术项目和文化活动内容是当地人重要的节庆活动内容和文化代表内容。在重要的节庆中，武术文化活动的开展能增加本地区、本民族的集体归属感，同时，武术文化活动中不同的个体所表现出来的亲密人际关系和集体荣誉感会促进社会集体意识的强化。

新时期，爱国主义教育是学校教育的重要内容，也是社会教育的重要内容。在高校武术教育教学中，进一步宣传和推广作为我国优秀文化代表之一的传统武术文化，有助于大学生正确认识我国传统武术的历史地位、重要作用；把握武术运动及其文化特征和属性，有利于进一步推动武术文化发展，有助于提高武术在全国、全世界的影响力，有助于中华民族的自我觉醒。

2017年党的十九大报告进一步明确提出建设"富强民主文明和谐美丽的社会主义现代化强国"，文化强国是一个重要内容和途径，作为一种体育文化，我国传统武术文化是社会文化体系的重要构成要素，在社会体育建设和社会文化建设中发挥着十分重要的影响作用，是建立文化自信的代表性文化。

对于大学生来说，热爱祖国、热爱人民是高尚的道德情操。高校武术教育中应渗透爱国主义教育，坚定民族文化自信，激发爱国热情，使大学生积极主动关心我国传统武术及其文化的传播、传承和发展，并将爱国情怀融入学习和未来的工作中，争做有为青年，报效社会和祖国。

第三节　高校武术教学与大学生审美教育

一、传统美学思想与表现

将我国传统美学思想融入传统体育文化中，映射到对待物、对待人、对待自然、对待社会等多个层次。

(一)中和之美

"中和"思想,指中正、平和,不强求,不过度,尊重人和自然的发展规律。

在我国古代,儒家思想是古代社会思想与文化发展的集大成,社会道德、社会观念、统治政策等都深受儒家思想的影响。

"中和"是儒家的最高审美标准,对个体是一种行为规范,也是一种重要的美学观点。

我国传统武术文化中,"中和之美"主要表现为人与自身、运动与自然的相互尊重、和谐相处。

(二)协调之美

"协调"即和谐,万事万物共生共存、共同发展。

在我国古人对自然万物和世界万事万物发展规律及其相互关系的认知中,将人的发展与自然的发展放在平等的地位,人的发展离不开自然的发展,自然的发展也需要人的发展来维持、促进。人与自然应和谐共生。

在人与自然的和谐发展中,我国古人很早就提出了正确的发展观的观点与看法。老子指出"人法地、地法天、天法道、道法自然",强调了天、地、人,乃至整个宇宙的共存,个人的发展不能随心所欲,要尊重自然,追求"天人合一"。

人与人发展方面,人具有社会属性,任何人不可能脱离社会而独立存在。个人在追求自我发展过程中,需要依赖社会资源、依赖与他人的和谐共处,如果个人的发展违背了社会中其他人、社会大众的利益,则个人的发展必然会受到制约,这种制约表现为其他社会成员对某个个体的行为的不赞成和排斥,或者是借助于社会道德行为规范、法律的力量来进行谴责和惩罚等。传统武术文化中所倡导的文明礼貌、彼此尊重、尊老爱幼、诚信友爱,正是人与人的和谐关系的重要体现。

人与社会发展方面,儒家强调"人和"即社会美,道家强调"天和"即自然美,佛家强调"心和"即心灵美,这符合传统社会中人们对美的认知,和谐的社会关系建立、社会结构组织、社会文化建设等相互影响,可协调共生,并最终总结得出了"和谐即美"的结论。传统武术要求习武者必须要有家国之爱,要有社会责任心,关心社会、国家和民族发展。

(三) 和善之美

所谓"和善",指和谐形式与仁善内容的有机统一。善即"仁",是内在美;和即"协调",是外在美,"和善之美"是内在美与外在美的统一。

武术学练不仅要求形体美、技法美,也关注习武者的思想道德发展,这些美共同构成了内在美与外在美的和谐统一,这样的美才是完整的美。

(四) 和合之美

"和""合"二字在我国早有出现,据考证,这两个字最早出现在我国甲骨文中。

在我国古文中,"和""合"经常通用,但含义又各不相同,"和"指"和平、祥和","合"指"融合、合作"。"和合"是和谐的结合与融合。

我国是一个多民族的国家,各族人民自古以来在社会发展中都深谙"和则共兴"的发展之道,在民族矛盾多发、民族战争频发的社会阶段,社会政治、经济、文化等各个方面的发展都会受到严重的影响。"和合"是发展的基础,不同民族、国家的文化,要相互尊重,彼此吸收对方文化中优秀的部分来丰富自己的文化。

"和合之美",简单来理解,就是不同文化的"求同存异",是文化自我完善与发展的基础。

二、武术美育内容与价值

(一) 武术神韵美

"韵者,美之极",韵是一个很难拿捏的表达,是中国特有的关于美的描述的一种术语,只可意会,不可言传。

"超然于世俗之外的节操、气概,从而表现出神态,风度"。"神韵"是武术运动,也是生命运动的重要特征。

在武术教学中，体育教师组织大学生进行武术基本动作和基本功习练，关于节奏和神韵形态，有"动如涛，静如岳，起如猿，落如鹊，立如鸡，站如松，转如轮，折如弓，轻如云，重如铁"的要求，动作神韵中蕴含动静、快慢、刚柔等节奏，都是美的体现，动作与技法不仅要做到位，还要有美感。

（二）武术意境美

"意境"是一种艺术境界，在武术中，意境是一种功法技法体悟，是武术习练形神兼备的要求。

高校武术教学中，大学生领会武术意境美，主要包括以下几个方面。

1.情感美

"形者，生之具"，"神者，形之本"。"形"与"神"二者互为影响，在武术学练中，武术动作不仅要准确到位，体现出良好的动作姿态、形态，更要传神，体现出动作的精神与韵味，"形神兼备"是武术训练的基本要求。

2.套路演练美

自古以来，大家能从武术动作练习中，观察出所表达的故事情节与情感。蔡龙云先生曾说，武术套路演练是对战斗场景的艺术再现。在武术动作习练中，单个的武术动作有一定的动态故事情景，如"猛虎下山""白鹤亮翅""海底捞月""青龙摆尾""二龙戏珠"等，单看动作名称，可以有大概的动作想象，也有整个技法运用的技巧。武术动作练习中的"情境"交融，"情""技"交融是武术的意境美的重要表现。一套完整的武术拳法、器械套路练习下来，或气吞山河，或行云流水，对于武术学练者本身与武术观看者来说，都是一种美的体验。

3.动作技法美

武术动作技法的美表现在武术动作形态本身，也表现在武术动作中所蕴含的技击方式与方法，通过具体的武术动作的实施，能实现武者想要达到的攻防目的，这种技法美是对武术攻防策略的智慧性运用，也是对武术动作方式方法的优美身体姿态再现。仅从技法动作形态的角度来讲，武术中很多技法动作都从大自然吸取灵感创作而成，这些动作有对动物行为的模仿，有对事物变化的总结概括，如"大鹏展翅""白猿献果""金鸡独立""白鹤亮翅""仙人指路"等。

(三) 武术技击美

技击是武术的基本属性，武术的美也蕴含在技击方法、策略、动作之中。传统武术拳种众多，动作千变万化，但都掌握了攻防格斗技术，有美的外观和愉悦的运动体验。

传统武术在发展过程中内容不断丰富，武术运动从人与兽、人与人的毫无章法的搏击，逐渐开始有了套路演练，这种套路演练能够做到迅速、有效的反应，可实现一招制敌。

武术套路将武术攻防格斗的技艺加以提炼、概括、加工和程式化，形成稳定的套路形式，既浓缩了"技击"性，又符合生命运动规律，在表演时，也具有美感，如舞剑、舞枪、对抗表演等，都能给人以技击的震撼。

(四) 武术精神美

传统武术精神美即武德对人的教育。传统武术的精神美主要体现在"仁、义、礼、信、勇"五个方面。

传统武术传习，从师傅择徒开始，贯穿整个习武过程，都有道德品质的要求，武术教育不仅要提高学生的身体素质，更要重视对学生的武术道德、精神教育的培养。

武术美是内在美与外在美的结合，通过高校传统武术的教学，让大学生在武术的文化学习、运动参与、观摩欣赏中，对传统武术美有更加全面、深刻的认知，提高大学生发现美、鉴赏美、追求美的素养与能力。

第八章 高校武术教学课程的设置与优化

武术是我国高校传统体育教学内容，新时期我国武术文化的时空背景发生了显著变化，其可持续发展性备受重视。现阶段我国重视建立民族文化自信，建设文化强国，在这样的社会发展大背景下，加强高校武术教学具有重要的文化发展意义。随着高校武术教学地位的不断提高与高校武术教学改革的不断深入，高校武术教学的课程设置中的一些问题日益凸显，亟须得到解决。本章主要就高校武术教学课程的设置现状进行分析，在此基础上，结合高校武术教学实际与发展需求提出一些优化建议，以促进我国高校武术教学的不断发展与完善。

第一节 课程与体育课程概述

一、课程概述

（一）课程的概念

课程，指在校生所应该学习的各项学科总和及其进程与安排。课程有广义和狭义之分，广义的课程指学校为实现培养目标而选择的教学内容及其进程的总和，它包括教师教授的各种学科和有计划、有目的的教育活动；狭义的课程指某一门学科，如体育课程。

在学校教育系统中，课程是对教学目标、教学内容、教学活动方式的总体规划与设计，是教学计划、教学课程纲要等教学诸要素实施的总和。

（二）课程的特点

（1）课程体系是以科学逻辑组织的。

（2）课程是社会选择和社会意志的体现。

（3）课程是既定的、先验的、静态的。

（4）课程外在于学习者，凌驾于学习者之上。

二、体育课程概述

（一）体育课程的概念

体育课程在课程体系中属于基础学科，它以身体活动为主要特征，将理论与实际充分结合，目的是促进身心全面发展。在学校教育体系中，体育课程在小学、中学和大学都属于必修课程，它是学校课程体系的重要组成部分。

（二）体育课程的性质

1.身体活动性

与其他学科的课程相比，体育课程以身体活动为主要教学内容，教师通过组织学生参与各种各样的身体活动，让学生来了解体育健康知识、掌握体育运动技能。运动技能的教学是体育课程教学最重要的教学形式，最终实现体育的育人功能。

2.授课的集体性

体育课程教学通常采取班级授课制。在高校体育选修课程中，会出现班级人员组成不属于同一个班级的现象，同一门体育选修课可能有不同学院、专业、年级的学生，打破了固定班级建制，但授课形式依然是班级授课制。

3.教学活动的互动性

在体育教学活动中，教师和学生都需要积极参与其中，并进行有效互动，缺少任何一方的积极参与，体育教学活动都无法正常开展。

体育教学中的教学互动是多方面的，无论教师还是学生，都应该参与到教学互动中来，从互动主体来看，包括师生互动、生生互动。

4.教学空间的开放性

体育教学课程与其他学科课程相比需要更加广阔的教学空间，这是由体育教学的身体活动性所决定的。如果教学空间不够充足则有可能导致必要的教学活动无法开展，或者在一定内容的教学活动开展过程中因为空间不足导致不同学生之间形成干扰，从而引发意外伤害事故的发生。

5.教学过程的直观性

体育教学以身体活动为主要教学内容和教学表现形式，在教学中，体育教师的教学内容讲解和动作示范是直观的，教学管理也是直观的。

体育教学内容需要学生亲身参与到不同身体活动中去感受各种技术动作，这需要体育教师生动形象和直观的语言讲解与描述。

体育教学中，教师对教学活动的组织需要学生进行动作模仿与学习，然后通过具体动作了解和理解动作中蕴含的运动学原理、规律与特点，教师的动作示范必须直观形象，以使学生建立正确的运动与技术表象。

在体育教学活动组织与管理中，教师要身体力行，以获得学生的支持与认可，便于更好组织和开展体育教学。

6.教学内容的相互独立性

在体育课程教学中，教学内容具有相互独立性，不同体育教学内容的教学并不严格按照学期划分，不同体育运动项目的学习，尽管在基础体能素质上可能存在一定的共性要求，但是在运动专项素质、技能方面，面对全新的体育教学内容，学生从"零"开始，从基础学起，最终全面理解与掌握动作技能，体育教学内容中不同体育运动项目的教学可以相互独立存在，其他体育运动项目的教学并不影响武术的教学，体育教师可以同时进行传统武术和西方竞技体育运动项目的教学，不同体育运动项目的教学与学生的学练并不会存在相互干扰和制约的情况。

第二节 高校武术课程的历史变迁

一个时代的教育与一个时代的政治息息相关，因此教育具有政治性。从新中国的逐渐稳定，直至逐渐走向复兴的当今，高校武术课程的历史变迁都体现出一种特定时代、特定社会的政治诉求，并传递出特定的政治理念与态度。

一、近代之探寻

（一）从课程内容上看，体现"军国民"特征

清末民初，鉴于国人体格孱弱，西学东渐，学步列强，提倡体育。1906年3月，清政府制定的《学部奏请宣示教育宗旨折》，提出"尚公、尚武、尚实"，其中尚武效仿"东西各国，全民皆兵"，将"体操"寓于学堂之中，而体操课程内容主要包括普通体操、兵式体操和游戏，名为体操，实际是军事训练，晚清统治者谕学堂以舶来体操培育尚武精神。1911年6月，在《请定军国民教育主义案》中特别强调各类学堂一律把体操科列为主课，规定武术课程的主要内容为兵式体操、打靶实习、讲授武学等。清末时期以"兵式体操"为主的课程内容一度引起部分国人的心理排斥。他们认为，"袭他人之形式，未克振己国之精神"。随着1915年西方列强的炮火，使国人觉得非尚武不足以立国，由此各学校添授旧有武技，以振国民勇往直前之气。此时，武术课程内容又回归于"中国旧有武技"，而兵操"废与存"的激烈争论也为武术课程进入学校提供了契机。在1919年第4届全国教育联合会上达成的《推广体育计划案》提出"提倡武术，发展国人特殊之运动"，为《推广中华新武术案》奠定了基础。1922年"壬戌学制"废除了"军国民教育"内容，至此"兵式体操"课程形态发生改变，此时以《中华新武术》为主体的全新武术课程则以燎原之势向学校体育蔓延开来。《中华新武术》是马良从传统武术拳械套路中抽取并修改部分基本动作创编而成的，主要包括拳脚、摔跤、棍术、剑术五大部分内容。授课过程则使用"带数口令"的方法来分解动作、控制练习速度及节奏，这使得中华新武术又回到了"兵式体操"演练的老路，失去了武术应有韵味。为了真正回归旧有中国武技，中央国术馆在1934年1月议定创编相关教材。到了1936年2月，国民党政府教育部颁布了《暂行大学体育课程纲要》，包括形意拳、八卦掌、少林拳、太极拳、棍术、刀术、枪术等中国旧有武技在大纲中得以呈现。1939年，《大中小学国术课程标准》予以实施，并规定武术课每

学期每周2小时,共3学年,而大学和专门学校武术课每学期每周2小时,共2学年,第3学年每周1小时。同时,在课程内容方面值得一提的是,由马良编订的《中华新武术》被认为是第一本具有近现代意义的专门武术教材,使得人们开始关注要用"科学方法和教育力量来改造我国的固有体育",这套基于对传统拳械套路整理、创新而编写的武术教材,促进了武术理论研究,对后期武术教育逐渐走向西方式教育的"标准化""体育化""教育化""科学化"等都产生了深远影响。

(二)从课程师资上看,渐显"班级制"表征

自清末将"体操"寓于学堂之中后,逐渐出现了具有现代意义的专门武术师资培养,主要有从民间聘请和官方专门培训两种。在1915年教育部颁布通令前,都是直接从民间或武术社团聘请拳师到各类学校任教。可以看出,全国各类院校此阶段争相聘武术名家、拳师传授武术成为一种风气。自此,武术以课程的形式走进学校并有专门的师资授课,由千年以来中国武术半封闭式的"师徒传承"逐渐开始向开放式的"师生传承"转变。

官方专门培训方面,伴随"体操科"的确立,政府和社会对武术教育逐渐重视起来,使学校武术得到快速发展,因此急需大量的武术师资,而武术教师资源从民间聘请的方式还是不能满足要求。在此背景下,教育部提出了"此项武术教员于各师范学校养成之"的批示,专门的武术师资培养教育机构和师范制度进而出现,如最早的官方武术师资培训是马良等武术家在1900年创编的《中华新武术》,为配合推广《中华新武术》,马良于1914年在济南创办"武术传习所",培养师资分派各地,这对武术的普及起到一定作用;1916年、1917年在高等学校中出现了专门针对武术师范生的培养,即在北京高等师范学校和南京高等师范都将拳术和柔术列为必修课程,每周进行5小时训练,培养出来的体育科毕业学生大多可胜任武术教学;1928年国民政府组织召开第一次全国教育会议上修订通过了《改订体育课程提高体育师资案》,并成立了以"国立国术体育师范专科学校"和"中央国术馆"为代表的培养单位,专业性的武术师资培养体系逐渐形成。另外,1932年,中国历史上第一所专门学习武术的学校"国立国术专科学校"正式成立,10年间共培养毕业生约600名,

均成为大专院校及各省、市国术馆的骨干,如北京体院的张文广、复旦大学的李锡恩、上海体院的吴玉昆、广州体院的张登魁、武汉体院的温敬铭、安徽大学的蒋浩泉等,这些人们耳熟能详的当代武术教育开拓者皆毕业于此,他们为武术在当时学校的推广起到了巨大作用。这也是后来全国体育院校和师范院校培养师资的基本模式,是真正具有现代意义上的专门性武术师资培养机构。这些学校的建立,为当时学校武术和武术活动开展以及武术师资培养作出了巨大贡献。由此,具有现代意义上的"武术师资"得以呈现。这一时期的武术师资培养主要以技击对抗为主。易剑东教授指出,1928年第一届国术国考就包括徒手对抗性项目:"摔角斗"和"拳脚斗";持械性对抗项目有:"棍枪斗"和"刀剑斗",这主要是因为"当时的武术培养多以军国民思想为主,武术师资培养也是以军事为目的,以培养练武者勇敢、顽强与拼搏精神"。

二、现代之探寻

(一)从课程内容上看,"套路"成为"主脉"

新中国成立初期,我国以苏联体育教学大纲为蓝本,制定、颁布了新的体育教学大纲(内含武术项目),武术课程内容主要有:武术基本功、各类拳术(步型拳、少年拳、武术操等)、对练、武术器械(棍术、剑术等)。1961年,国家体委组织武术专家编写第一部全国体育学院本科《武术》专业教材;1963年,《简化太极拳》《太极拳》《青年拳》《华拳》《查拳》《武术运动基本训练》等学科著作相继出版,进一步充实了学校武术课程内容。1978年,国家体委又组织了蔡龙云、张文广、温敬铭等武术专家,对1961年编写的《武术》讲义进行修改补充,使课程内容更加丰富与完善。此后,受韩国跆拳道项目化发展启发,武术进行了散打和套路的项目拆分,武术散打作为一个独立项目走进高校武术课程体系。1991年对教材分别进行了改动和丰富,2004年又出版了体育学院通用教材《中国武术教程》,这本教程也是普通高校武术教学的重要参考。2009年,为了解决武术进校园问题,由国家体育总局武术研究院和教育部体卫司等部门合作的《关于学校武术教育改革和发展的研究》课题研究,以此为基础,提出了学校武术教学内容的创编原则,制定了与大中小学各阶段武术教学内容相统一的《中国武术段位制系列教程》，并实施推进"段位入校"政策，把段位制教材中的长拳、短棍、剑术、趣味武术等作为学校武术教学内容进行改革。2015年，武术与民族传统体育专业，除了套路、散打这两个传统的课程内容，又增设了"中国跤"项目，进一步拓展了学校武术课程内容。

从以上武术课程内容变迁史上看，新中国成立后，我国高校武术教学课程发生了深刻变化，"自卫应敌"不再是提倡武术的主要依据。因此，武术课程也就从"致用之志"转向了"卫生之方"，即"健身"成了武术教育的"主脉"，而"技击"则成了"旁支"。更由于西方科学思想的渗透及国人对武术入奥运的迫切需求，武术可谓进行了最彻底的"西式化"改造。这个时代的武术内容实则是一种体操化的武术或武术套路的组编，偏离了武术技击之本质。虽进入新世纪以来，国人呼吁民族传统文化的回归，但高校武术教育课程内容所体现出的体育化、操化为"主脉"的基调却并未改变。

（二）从课程师资上看，"单一"走向"多元"

新中国成立后，百废待兴，国家对学校武术教育事业越发重视起来，随着1952年国家体委正式把武术列为推广项目，学校武术师资出现明显的短缺状况。新中国成立初期，全国仅有南大、北师大、河北师大等高校开设体育系，培养学生远远不能弥补武术师资缺口。在此背景下，国家借助苏联办学经验，发展专门学院和专科学校，整顿和加强综合性大学，中国高等学校开始出现了轰轰烈烈的院系大调整，由此中国历史上第一所专业体育高等学府——华东体育学院（后改为"上海体育学院"）在上海诞生，此后北京、武汉、西安、沈阳、成都等体育高等学府先后建立；同时还恢复和建立了全国28所师范院校的体育系、科。1957年，国家体委和教育部又联合发文，提出在体育学院和师范学院体育系中列入武术课程的要求，至此武术师资的培养才算真正进入正常的发展轨道，初步形成了武术人才培养体系，这极大缓解了全国对武术师资需求的缺口。

随着1958年成立中国武术协会及对学校武术教育开展的深入研究（1961年《大中小学体育教学大纲》规定了武术学时数等），可见国家对武术工作的重视。因此，这些工作的顺利开展则需要大量的具有更全面、更专业的武术人才。为此，1963年北京体院开始招收武术专业研究生，开创了此时高层次武术师资培养的历史高峰。但受"十年动乱"影响，1967年至1971年全国武术师资培养工作被迫停止。文化大革命过后，随之而来的是全国教育事业大规模发展，这一时期，武术师资培养也迎来了进一步扩展的有利时机，教育部适时恢复和新建了一批师范院校体育系、科，如湖北大学体育系、杭州大学体育系、山西大学体育系等。在1982年第一次全国武术工作会议上，认为现行学校武术师资水平还是不够，要求进一步加强武术专业师资教育。根据这一要求，1983年北京体院、上海体院、武汉体院、成都体院、沈阳体院等相继成立了武术系，这使得武术师资培养向更加专业化方向发展，形成了研究生、本科生、专科生、函授生、教练员进修班以及各类中外武术人员短训班等不同层次、不同类型的武术师资培养体系。随着武术师资的专业化发展趋势，师资培养仅仅胜任一般武术教学工作已经远远不够，武术师资还需更多且更具理论深度的武术科研人才。由此，1997年，上海体院开始招收武术学科博士（后改名为"民族传统体育学"），这表明武术的学科地位又迈向了一个历史新高度。可以说，新中国成立以来，学校武术教育师资的培养是逐渐向规范化、规模化、层次化、学科化的一个变迁过程，由原来的单一逐渐走向了多元，也可以说历史上任何一个时期都没有当今社会对武术及武术师资培养的重视高度。

第三节　高校武术教学课程的设置情况分析

一、高校武术教学的课程目标与任务

（一）全面发展学生的身心素质

1.发展学生的身体素质

武术运动具有多元教育功能，通过武术教学，能促进学生的身心健康全面

发展。武术运动是一项可以全面锻炼参与者身体的运动，通过武术教学活动的组织与参与，能促进学生身体的各系统部位获得锻炼。

通过武术教学还能促进学生的身体素质发展，这里所说的身体素质，包含广义和狭义两方面的内涵。广义的内涵是指身体各方面素质的全面发展，包括身体素质（力量、速度、柔韧性、耐力等）、时间工作能力及体能等。狭义的内涵是指促进身体机能能力、身体形态和心理状态的正常发育。

2.发展学生的心理素质

（1）提高学生武术学习的自信心。

（2）促使学生在武术学练中养成良好的意志品质。

（3）帮助学生培养健康的心态。

（4）提高学生的抗挫能力。

（二）增加学生武术的理论知识

1.大学生需要掌握的武术基本知识

（1）武术的起源与发展知识。

（2）武术的概念与流派。

（3）武术的内容与分类。

（4）武术的文化内涵。

（5）武术的其他基本常识。

2.增强大学生的健康意识

我国大学生的健康意识较淡薄，很多大学生将时间用在学习、考研、为就业做准备，或者是用于校园交际、谈恋爱，或者是上网玩游戏、追剧等方面，在业余时间真正坚持健身的大学生并不多。

对武术运动知识与技术的学习并不只是为了学习，更重要的是希望学生通过接受武术教育，形成终身体育的健康意识，培养自我习练的良好习惯。

在一些高校的体能测试中，出现很多大学生身体健康水平不如中学生的现象，对此，高校武术课程教学应重视大学生的健康意识培养，通过阐述武术健身养生观念与原理、方法，让高校大学生认识到健康的重要性，并在日常生活和行为习惯中时刻树立健康意识，改善不良生活习惯、生活方式，掌握必要的武术健身方法来科学参与武术运动，以促进自我身体素质的发展。

3.提高学生的保健养生能力

我国传统武术具有重要的康体、保健、养生价值，武术基本功、武术养生气功是高校武术教学的重要内容。现阶段，我国大学生健康教育日益受到社会重视，新时期的武术课程教学应引入必要的武术健康教育内容，让学生掌握必要的促进自我身心健康的保健与养生功法，并能在毕业离开校园之后继续科学运用武术保健养生功法练习保持良好的运动体能、技能，实现武术参与的终身受益。

（三）提高学生的武术运动技能

在高校武术教学中，武术运动的基本理论和动作技术是最主要的教学活动。提高学生的武术技能是武术教学的重要目标之一，武术教学应促进大学生的武术基本运动技能的提高。

（1）掌握武术基本功。

（2）熟练掌握武术基本技术和基本技能。

（3）掌握武术的基本动作方法。

（4）掌握身体素质练习方法。

（5）掌握几套成套武术动作。

（6）培养学生参加武术活动的运动能力。

（四）提高学生的武术应用能力

（1）培养大学生武术锻炼的兴趣、意识和能力。

（2）帮助大学生掌握武术组合动作和成套动作。

（3）培养大学生克服困难、分析和解决问题的能力。

（4）促进大学生掌握系统的武术理论知识和锻炼身体的科学方法。

（5）提高大学生的武术自学能力，能自主学习武术运动的知识与技能。

（6）培养大学生武术自练、自评能力。

（7）提高大学生的武术鉴赏能力。

（8）提高大学生灵活应变的能力。

（9）提高大学生的创造能力。

（五）丰富学生的武术运动情感

武术运动可以丰富学生的运动情感。除了各种实践技能的教学任务，高校武术教学在情感方面的教学任务也非常重要和明确。具体来说，应通过高校武术教学完成以下基本教学任务。

（1）提高大学生对武术的兴趣。

（2）增强大学生武术动作的情感表现力。

（3）培养大学生的竞争、合作意识和坚毅品质。

（4）使大学生形成创造性思维，树立正确审美观。

（5）提高大学生的武术文化传播、传承的责任感。

（6）增强大学生的民族文化自豪感、自信心。

（六）提高学生武术文化素养

传统武术教学的首要任务就是培养学生对传统文化的兴趣，增强爱国意识；培养良好的个人品格；增强自身的约束能力，构建良好的人际关系；培养学生尊师重道、文明守礼的品行。

在现代社会中，物质的丰富使许多人迷失了自我。而武术运动求真求实的理念，使参与武术运动的人可以重新找回真正的自我，明白生活的真正意义。

二、高校武术教学的课程类型与课时安排

（一）武术教学课程类型

当前我国高校武术教学课程主要分为两大类，即武术必修课与武术选修课。

武术必修课主要是在武术专业学生的体育课程体系中存在，武术专业的学生应完成本专业的所有武术理论和实践课程学习。

武术选修课一般面向本校所有大学生，也有面向其他学校的学生开设的相关课程（此类课程不多），大学生结合自己的爱好和时间选择自己喜欢的体育课程内容参与体育课程学习，在课程完成后会获得相应的学分。

调查分析发现，我国高校武术教学课程设置主要受国家政策的影响和制约。学生参与传统武术课程，很大一部分原因是学生大多是在学校具体体育教学课程安排下进行的被动选择，并非完全出于对武术的热爱，见表8-1、表8-2。

表8-1 是否选修过武术课情况调查

项目	人数	百分比/%
未填	14	2.5
是	387	66.8
否	178	30.7
总人数	579	100

表8-2 对选修武术类课程的态度调查

项目	人数	百分比/%
未填	5	0.9
无所谓	178	31.3
不喜欢	79	14
喜欢	209	36.7
很喜欢	98	17.1

（二）武术教学课时安排

从整体来看，虽然我国高校武术课程设置课时少，课程内容丰富，但选修率不高。

调查发现，我国各高校在设置武术课程时，会在充分考虑本校学生的武术学练需求和学校教学实际情况后开设多样化的武术项目教学课程，基本能满足大学生的武术学习需求。从大学生对武术选修课的满意程度来看，大学生大多对武术课感兴趣，但基于各种原因（基础差、难修学分是重要原因），武术选课率并不高。

此外，在武术课程课时安排方面，学校传统武术教学主要是分散教学时数进行教学，这显然不利于良好教学效果的获取。

我国高校体育课程设置中，体育课程与武术课的课时分配情况见表8-3、表8-4。

表8-3　高校体育课课时调查

项目	人数	百分比/%
未填	2	0.3
无	13	2.3
少于18学时	23	4.0
少于36学时	139	24.0
多于36学时	402	69.4
总计	579	100

表8-4　高校武术课课时调查

项目	人数	百分比/%
未填	11	1.9
无	67	11.6
少于18学时	106	18.3
少于36学时	223	38.5
多于36学时	172	29.7
总计	579	100

我国目前有相当数量的高校留学生，调查发现，国外留学生到我国体育院

校的武术学习以短期为主，专门研修武术的留学生数量较少（见表8-5）。外国留学生选修武术课程的目的具有多样化的特点，其中主要目的是了解中国文化（见表8-6）。

表8-5 外国留学生学习武术形式

形式	比例/%
选修武术	22.7
研究生	7.5
本科生	15.1
短期进修培训	54.7

表8-6 留学生武术选修与学习目的（多选）

目的	百分比/%
参加比赛	50.0
了解中国文化	46.2
防身	40.4
就业	28.8
养生	23.1
健身	11.5
其他	34.6

三、高校武术教学的课程项目设置与内容

（一）武术课程教学项目

传统武术内容丰富，种类繁多，学校应该结合本地区、本校以及学生的兴趣爱好来设置不同武术项目的教学课，以供学生选择。

当前，在我国高校武术课程教学中，所涉及的项目主要包括太极拳、初级

拳、五步拳、散手、棍术、太极剑、双节棍及太极扇8种，学校很少安排其他武术课程。

为了更好地开展武术教学，各高校应充分结合学校的具体实际情况来确定教学项目，从目前的调查来看，格斗运动越来越引起高校学生的兴趣，为了满足学生的愿望，顺应武术教学的这一发展趋势，建议普通高校武术课程将格斗运动列入教学内容中。

（二）武术课程教学内容

武术运动以功法练习、套路演练和技击实战为基本运动形式。在我国高校武术教学中，最常见到的种类为武术基本知识、基本动作和基本能力，这三类武术教学内容在常规教学中所占的比重较大。

对不同武术课程教学内容与步骤具体分析如下。

1.武术基本知识教学

教学中，涉及武术一般理论，以及与武术相关的其他学科的理论。具体包括如下内容。

（1）传统武术的技术动作名称、术语。

（2）技术特点、力学解剖原理。

（3）过程、要领、要求。

（4）谚语、口诀、典故、故事。

（5）教学评价。

高校武术教学中，体育教师应准确讲解、用词明确、描述生动形象；明确教学重点内容。

2.基本功练习

基本功即为完成基本动作所必须具备的专项身体素质，扎实的武术基本功是个体开展学习和掌握武术难度动作的重要基础。

3.技术动作示范

对传统武术的技术动作进行教学示范，在做示范时，要求如下。

（1）保持认真的态度。

（2）示范动作应规范、优美。

（3）结合教学内容科学选择分解示范、完整示范。

（4）重点动作重点示范。

（5）示范角度全面，包括镜面、背面、侧面示范。

（6）为帮助学生更好地掌握具体武术动作，可进行正误对比示范。

4.组合动作学习

传统武术组合动作主要包括手法组合、腿法组合、步形组合、腰法组合、跳跃组合，以及综合性的组合，熟悉掌握武术组合动作能为武术套路练习奠定良好的基础。

5.套路学习

武术套路是武术基本动作、组合动作的机械串联，对于学生掌握基本的攻防方法和形成一定的武术技术风格具有重要的作用，也是学生终身参与武术学练的一个重要形式。

6.武术攻防习练

传统武术攻防技术内容丰富，主要包括步法、手法、腿法、摔法、拿法等几类基本动作。对传统武术基本动作的学习是学习攻防技术的基础，任何攻防技术都是通过具体的技术动作实施的。攻防技术教学，仍以教师示范和学生模仿为主要教学形式。

7.教师领做

技术动作要领领做应建立在学生了解和掌握武术技术动作概念、原理和技术要点的基础之上。

武术教学实践中，教师带领学生学练武术动作与技能，应注意领做的方向和位置要恰当，使所有的学生都能看到，配合讲解与口令指示，教学效果更佳。

8.模拟实战与实战

实战是提高习武者攻防技术水平的重要手段，在学生尚未熟练掌握技术和战术的情况下，教师切不可组织学生参与实战。武术实战教学应注意以下几点。

（1）公平分组，避免因实力悬殊造成伤害。

（2）对抗时间不宜过长。

（3）做好安全防护。

当前我国高校武术教学中，面向一般大学生的武术选修课教学几乎都没有实战对抗教学。

9.指挥学生练习

学生熟悉掌握传统武术技术动作后，教师用口令指挥学生进行练习，通过观察，指出学生的不足之处，指导学生掌握正确的技术动作定型和动作节奏。

当前在我国高校武术教学中，由于各校对武术教材的统一使用情况并无严格规定，各校体育教师在武术教学课程内容安排上存在较大的自由度，教师可结合自己的实际情况和学生的学习需求选择武术基本功、技法、套路等灵活开展教学。

第四节　高校教学武术课程体系的优化

表面上看影响高校武术教育课程体系的因素是忽略了"学科属性"、偏离了"以人文本"、忽视了"学生需求""人的情感"等，但目前武术在现有条件下，如何突破武术课程体系建设自身的问题与困境才是扭转与提高武术开展效益的关键所在。因此，中国高校武术课程体系的优化路径，要依据课程目标、课程内容、课程实施与课程评价的范式进行顶层设计和系统思考，并将各模块序列化、组织化，形成纵横交错、有机联系的高校武术课程体系，这一过程也是高校武术教育课程体系重构目标实现的必经之路。但这种构建需要我们必须界定好所传播的人群，即我们的对象是"中国高校大学生"。因此，我们要构建的这种课程一定要置于中国文化、习俗、环境等场域空间，如果脱离这个场域，那么它就不会有强大的生命力。事实也证明，脱离了母体文化后依附于西方体育文化的现代竞技武术走入大学课堂，并没有收获很好的效果。武术作为中国文化的一种体现，它首先是有自己的一种文化，即自己独特的身体表达方式，同时它还蕴含了武术本身之外的文化，即在千百年来中国传统文化滋养与浸染下所表现出的中华民族多元化、内涵化、深邃化的一种文化载体。也就是说，只有在中国才能形成这种武术文化样态。因此，中国大学武术课程体系的重构，就必须在中华文化的母体中探寻与架构。当我们认清这个事实，就可以对症下药，达到标本兼治效果。由于武术深受中国文化的"修身"思想影响，武术修炼实质就是"以人为本"的一种遵循。因此，高校武术课程体系设计必须遵循这种"以人为本"的"情感逻辑"主线，最终达到探研高校武术教育服务优化目标的实现。

一、学科复归：高校武术课程的目标定位

（一）学生习武目的现状调查

课程目标是课程建设的起点，高校武术课程虽已存在近百年之久，但其课程目标一直没能精准、清晰界定，这也是高校武术课程发展受制的重要原因之一。当我们再次审视当前高校武术课程目标"琳琅满目"的定位认知时，其目标定位仅凸显了国家意志和社会期望，而作为学习的主体——学生的认知和价值诉求却没有被重视，其课程目标定位主要凸显一种"他者意志"，而不是"学生意志"。而且，当前高校武术课程目标定位在依存于西方的体育学科之中，以增强体质、增进健康等作为武术课程目标，完全是将武术课程目标与体育课程目标混为一谈，严重偏离了武术自身的"学科属性"。在中国武术自身不断被西方体育所异化的过程中，以西方体育学科为基本逻辑的框定使武术深陷其中。因此，确立以"学生意志"为情感表达的高校武术课程目标势在必行。也就是说，课程目标的建立只有"以学生为中心"，才能真正做到在课程内容、实施、评价、师资培养等方面的"以学生为中心"。为此，了解大学生武术课程学习目的将是制定有效目标的关键。"身体修为""防身自卫""个人爱好"是学生习武的主要目的，这一点与武术学科特点和时代发展需求密切相关。"身体修为""防身自卫"也正是武术项目功能和价值的重要体现。因此，对这两个选项的选择也彰显了大学生的理性价值判断。"自强不息""勇武强悍""正义仁爱""有情有义"等精神内涵实际上是中华民族武术精神的一种体现，更具有高度相关性，其中这四项内容也是武术身体修为的重要体现。也就是说，当代大学生对民族精神的认知是趋向于正面的，这一认知结果

并没有随时代的变迁而发生改变。因此，学生对民族文化的了解，为高校武术课程目标定位的"学科复归"提供了有力支撑。

（二）学科复归下的目标重设

了解到学生的真实需求，我们再统筹学生、社会、国家三个方面需求，这样制订的课程目标才能凸显"以人为本"的"情感逻辑"，同时突出了学生在课程中的主体地位，这与国家教学改革方向也高度吻合。我们再从《教育部关于全面深化课程改革落实立德树人根本任务的意见》和2014年出台的《高等学校体育工作基本标准》看，两个文件都明确提出了要改变长期以来学生体质下降、意志薄弱、精神不振、社会责任感缺乏、实践能力较差等问题，而社会责任感缺乏正是缺乏"情感"教育的直接表现。但我们从对学生的调查来看，绝大部分学生希望"身体修为""自强不息""勇武强悍"，也希望成为"正义仁爱""有情有义""言必信，行必果"具有真实情感的人。由此来判断，这就是我们当前高校武术课程在设置目标时，内容设计与表述使学生对其理解过于宽泛，不具体，而且也跟武术学科关系不大，没有真正体现出培养意志品质和社会责任感的武术修身教育。再者，由于高校武术课程学时较少，学生感觉武术课程并没有给自己带来什么，离自己想学的东西太远。因此，高校武术课程其目标定位应该以武术的本真为基础，突出技击、强调实用、简单易行，在此过程中潜移默化地形成具有勇武精神、自强不息的精神品质，同时通过武德来规范学生行为，滋养传统文化观，实现"学以成人"。

基于以上分析，高校武术课程目标定位应界定为：通过追求增强武术防卫技能，培养具备勇武自信、自强不息、正义仁爱的中华儿女；通过追求不断的身体修为，做"胸怀大义"的习武人，最终达到承继民族优秀传统文化、弘扬民族"尚武精神"的目标。这样的武术课程目标表述，凸显了武术的学科特点，而且中国传统文化的主线非常明确，以武术的本真"防卫技能"来对自强不息、勇武强悍等方面进行培养的手段也很明朗，突出武术本真与灵魂，以此有效回应学生，并且也与国家整体的教育方针保持一致，符合教育为政治服务的基本逻辑。

二、人本回归：高校武术课程的结构样态

高校武术课程结构的样态呈现出忽视了"以人为本"的基本逻辑，课程结构的选择未根据学生差异及地方、学校资源条件而进行设置，由此发展为一种固化僵硬的态势。但我们知道，课程结构不是一个僵化的模式，而是一个可以动态调整的过程。但武术课程结构性动力体系的作用空间需在"供给端"的高校武术课程整个体系中进行构建，因此这就要求高校武术课程要以充分的灵活性来适应社会、学校和学生的现实需要，同时，还要以显著的武术自身学科特色来适应高校的学科建设要求。由此可见，学生、教师、学校如何选择武术课程以及我们可以提供多少武术课程以供学生、教师与学校选择直接影响高校武术课程结构。因此，武术课程结构的如何选择、设置是高校武术发展与学生个性培养的基本保障。

首先，基于现有武术分科过于严重的问题，要结合实际进行融合。我们知道，课程设置必须遵循学科逻辑和心理逻辑，二者的结合旨在使学生获得系统学科知识的一种课程组织方式。当前高校武术课程体系中，分科化过于严重，看似很多样，其本质都是套路，而且占据着武术课程的主导地位。大量的套路化分科课程设置，与其说是为了满足学生多样化需求和体现武术博大精深的多样性，以及所谓遵循体育学科化发展，不如说是人的认识能力的有限所致。在一定程度上说，武术课程分科可深化人对某一领域知识的认识，但学生却不知道各武术套路、技击格斗、养生功法等武术门类之间这种天然的相通性，也就是说武术各门类是一脉相承的，一个完整的体系，绝非人为地将其割裂。由于武术课程分科的大行其道，使我们所传授的学生在头脑中永远不会建立起武术学科在功法→套路→拆手→递手→散手→攻防实战→养生→修身→悟道等知识之间广泛、紧密联系，也无法形成对武术广博精深知识构架的认同，这也必将难以产生对学生进行大跨度的、有效的身体感悟、思维迁移和价值创造。因此，我们有必要将当前高校武术课程进行符合实际的有效整合，把过于分科的课程综合起来。由于当前高校武术课程的学时少，并且还夹杂着一些必修的体质健康测试，这更有必要将当前的高校武术课程进行综合化处理。基于"课程综合"改革理论"有意识地运用两种或两种以上学科的知识观和方法论去考察

和探究一个中心主题或问题"的基本表述，课程综合的理论突出和强化了学科之间的联系，有利于解决当前高校武术课程所面临的各种困扰和问题。因此，本着"以人为本"的情感逻辑和高校武术课程及大学生的现实状态，并要为当前大学生选择武术课后的长远考虑，武术课程应在一定程度上放弃对某一套路技术的系统性和完整性追求，将高校武术课程过多的分科进行有效整合，这是当前解决武术课程设置的"困局"之本，势在必行。

其次，针对当前高校学生武术基础的多样化、复杂性进行通盘考虑。我们知道，高校武术课程结构是面向不同专业、不同基础的普通在校大学生。因此，这就要求必须保障课程结构的灵活性和开放性。针对当前高校武术所面对的对象都是没有武术基础（部分也有一些基础的，但占比很小），但这些同学文化水平较高，理解能力强，还具有一定的自学能力，我们就可以多设置一些选修课来扩大满足学生学习武术的需求。同时，针对一小部分有一些基础的同学，建议学校成立武术训练队，满足他们水平提高的需要。而且，要设置武术社团及武术俱乐部，让业余时间充沛的同学充分参与，丰富其文化生活。

最后，建议不定期组织一些武术竞赛等活动，让学生有施展才能、显露身手的机会。能够满足学生主体的自主、多样与分化等特征而需要的个性化课程现实，有助于推动高校武术课程取向的个性化，更好地满足学生的兴趣需要，充分体现"人本回归"的迫切需要。

三、贴合实际：高校武术课程的内容供给

高校武术课程内容是其课程目标实现的载体，以及课程实施和课程评价的基本依据，也是教师培养和学生武术参与的前提，更是区分高校武术课程与其他课程的重要标志。因此，贴合高校、教师及学生现实，实事求是地去选择和组织高校武术课程内容，高校武术课程功能才能得以发挥，这是整个高校武术课程体系重构的重要环节。

（一）需求调查——大学生学习武术的具体状况

学生习武的目的是我们制订武术课程内容的一个基本前提，这样会避免内

容与实际需求脱节，也能够体现"以人为本"的根本宗旨。就课程内容而言，无论男生女生，对散打、防身术等技击内容都具有强烈的学习愿望，另外男生还对武术短兵、长兵比较感兴趣。因此，高校武术课程内容供给选择一定要充分地尊重学生的想法，才能得到学生的广泛认可。

（二）引领需求——高校武术课程内容选择

从学生的需求来看，他们热衷于实用性的武术技击内容，但学生毕竟不是武术专家，也不是教师，他们并不完全了解武术。因此，作为顶层设计者绝不能一味顺从，即如荀子所言"一味地顺从人的本性，竟会带来'恶'的后果"，当然，我们要尊重学生的意见，要将学生的这些意见作为重要参考内容。但从供给侧结构性改革的重点与关键任务在于增加有效供给、引领需求的理论上看，加强对高校武术课程内容"技击性"薄弱环节的供给与支持才是重点，并以此引领学生的武术需求，武术课程建设才能越来越好。为此，本节着手从三个方面探讨对学生武术需求的引领。

1.高校武术课程应增加武术文化知识，引领学生学习武术文化内涵

由于大学生的学习水平和认知能力都已经具备较高水平，应该将中华民族先辈们所积累的武术人文知识、武术身心修炼精神、武术技击攻防智慧与历代武术家、将军、文化名人的习武经验传授于他们，使当代大学生能在体悟武术身体活动时感悟人生真谛。这是因为，武术特有的修身文化其实质就是"人性教育"，并以个体心性完善为最高目标。而中共十九大报告中又特别强调"要深入挖掘中华优秀传统文化蕴含的思想观念、人文精神、道德规范，并结合时代进行继承创新，让中华文化展现永久魅力和时代风采"这有效回应了武术学科自身属性的文化传播问题。为此，在重视传统文化的今天，武术课程应当渗透中华传统文化知识教育，以改变当前过度体现肢体化操练的课堂指向等对武术课程目的的曲解。因此，高校武术课程在选择内容时应注意融入传统文化知识，比如增加与武术学科密切联系的儒、释、道等古典哲学，还有诸如道德经、兵书等相关知识和对古代武术大家、爱国将军、文人志士的习武经历与武学修炼等方面的了解。要增加武术中的"事实性知识"，如武术史学、武术哲学、武术人类学、武术社会学、武术美学等学科知识，还有武术技术要点、武

术拳种、武术器械特征、武术分类等基本知识；要了解武术的概念性知识，如武术概念、拳种概念、竞技武术概念、武术文化概念、武术套路概念等；要熟悉武术的实用性知识，包括武术散打、武术套路、武术推手、武术短兵、武术功法等竞赛规则。

2.高校武术课程应结合实际综合技术内容，引领学生的技击需求

当前高校武术课学时基本都是一学期32学时，18节课，去掉理论、考核4学时，还剩下18学时16节技术课，而且一周只有1节（2学时）课。学期短、课时间隔长，很难将复杂的套路，包括一些套路里面的拆招、喂招等进行教学，短时间内很难成型，这不符合实际，学生自然也难对这样的武术感兴趣。经调查与总结分析，从高校自主自选开设武术项目的调查上看，武术内容丰富多彩，设置了13项之多，一些院校如东北某高校同时开设了7类武术项目，高校想尽可能多地传授给学生武术知识的初衷是美好的，但现实很残酷，我们并没有这么多时间让学生来学习。为此本研究基于上述理论分析、调查并结合自己的教学实践，认为应该有效整合当前大学武术课程，并突出以实用性技术为主。因此，在"实事求是"为原则的基础上，结合本研究所制订的课程目标及相关理论，将高校武术课程综合技术内容设置为：以武术攻防格斗的经典核心"踢""打""摔""拿"为主要内容进行展开，具体内容见表8-7。

表8-7 基于高校实际情况的综合武术课程内容选择表

技术纲目	具体内容
基础技术	实战势、基本柔韧（正压腿、侧压腿、正踢腿、侧踢腿、外摆腿、里合腿、横叉、竖叉）、基本步法（滑步、收步、撤步、上步、进步、退步、插步、垫步、换步、闪步、代步、跨步）、腰法（下腰、涮腰、甩腰）、肩法（仆步抢拍、双臂前后环绕）
手法技术	冲拳、掼拳、抄拳、鞭拳、弹拳
肘法技术	顶肘、盘肘、压肘
腿法技术	弹腿、蹬腿、鞭腿、踹腿、劈腿、截腿、摆腿、扫腿
膝法技术	顶膝、飞膝、撞膝
摔法技术	拌摔、顶摔、手别、脚别、过背、折腰

续表

技术纲目	具体内容
拿法技术	拿指、拿腕、拿肘、拿肩
组合技术	拳法组合、拳步组合、拳腿组合、腿法组合、拳摔组合、综合组合
打靶技术	手靶技术、沙包技术、身靶技术、组合靶技术、喂招击点
实战技术	条件实战、实战对抗
跌扑技术	滚翻、抢背、前倒、后倒、侧扑、鲤鱼打挺、乌龙绞柱、头顶翻
功法技术	臂功、腰功、腿功、马步桩、梅花桩、卧虎功、抖大杆、拧长绳
套路技术	突出武术内涵及简单、精细、短小、实用自编套路，体现热身、灵活性、表演性
附加技术	腾空飞脚、旋风脚、腾空摆莲、侧手翻、侧空翻、旋子

本课程内容最大的亮点就是完全按照武术的学科属性进行设置，凸显武术文化特色。这里面的整个设计涵盖了武术技法精髓，同时提供了套路技术"突出武术内涵及简单、精细、短小、实用自编套路"，附加技术的"空翻特技"，内容不多但表演性强，简单实用、动作潇洒，满足了当代大学生"炫酷"的心理特征，也突出了武术套路文化内涵。而且首次让功法技术在大学武术课程中予以呈现，这将很好地发挥武术在体能、身体素质训练方面的重大作用，也满足了当前高校要对学生进行体能测试的硬性规定。即使我们将课程内容简化到只是凸显技击，但从上表中看，似乎内容还是很"博大"，可能会让人感觉不知如何选择！其实不然，本研究所节选的动作看似分类很多，其实动作相对比较简单，就如基本技术中的步法有很多动作，只要学会"实战势"，再学会其中之一的滑步，其他的动作就很容易上手了，拳法、腿法也一样，这正是我们常讲的"一通百通"。对于高校武术教育内容选择来说，还得遵循课程论中课程内容选择的一般规律，即"从总体上讲，制约课程内容选择的直接依据是课程目标"。因此，高校武术课程内容选择还得围绕本研究新提出的课程目标展开，即最终达到承继民族优秀传统文化、弘扬民族"尚武精神"的目标。

3.高校武术课程应结合实际开发课程资源，引领学生的不同需求

课程本身就应该是一个开放的动态系统，因此必须在高校武术课程改革与

建设过程中不断地融入新内容、新形式，绝不能故步自封、一成不变，否则又会回到高校武术发展的老路。我们知道，中华武术内容丰富多彩、博大精深，我们前面所基于事实选择的武术格斗技术并不能代表武术的全部，高校中还有一部分同学喜欢这样或那样的武术项目、拳种。因此，为了遵循"以人为本"理念，本研究认为，中国武术各类拳、器械技术、短兵格斗、推手等套路和格斗术可以根据学校资源来开设相应的选修课，并以武术社团、武术训练队等作为课余补充，还有现在有些院校正在探索实施的中华射艺课程，其教学效果、学生的喜爱程度都不错，也可以融入高校武术课程中来，以更加多样化的课程内容选择来满足不同学生的需求。因本研究并不着重探讨于此，在这里抛砖引玉，期冀相关武术教师及学者能够根据自己的特点进行针对性的选择与建设，故不再进行详细解析。

四、质量提升：高校武术课程的实施路径

（一）宏观保障——课程实施主体的全面参与

新课程认为课程有效开展取决于多方共同参与，它需要一系列、不同职能的相关主体参与才能既通盘考虑全体学生的发展，又满足个体学生发展的需求，还必须使相关规定顺利执行，课程才能得以落地。因此，武术课程实施的主体应是多维度的，它包括课程决策者（国家教育与体育部门）、教育学者（各类武术研究机构、教育专家、武术专家）、来自教育实践中的教师（主管武术课程的领导、武术教师等），以及学生、家长这五大主体元素。但从高校教育的现实来看，课程决策者、教育学者、教师是所有课程方案的决策者、执行者，因此它们才是课程实践的主体。据实而观，第一，高校武术课程决策者重点强调的是课程实施的意义与价值，更多的是起到一种指导、引领与监督作用，为国家意志服务。第二，教育学者在武术课程实施过程中起到一种桥梁与纽带作用，传达教育决策者的教育思想与课程理念，并制订相关具体的武术课程实施制度，为教师的武术课程具体实施服务，同时他们直接受高校武术课程决策者指导与监督。第三，具体教学则由一线武术教师来完成，这也是课程实施中最基础、最重要的环节，因为武术教师直接面对学生，为学生进行课程服

务。因此，在多维主体情景下，武术课程各实施主体要保障分工明确与协调配合，如职能部门的武术决策者、学者、专家通过自身所处环境与研究优势，将其相关研究成果传递给教师，而武术教师也可以将自己的教学困惑与职能部门、专家学者进行反馈，专家学者及职能部门根据反馈信息进行系统研究，提供精准课程方案，通过多维主体之间的有效互动，提高武术教师课程实施积极性，从而保证课程实施质量。作为武术课程实施中处于主体地位的教师，要参与课程资源开发、课程决策、课程设计。同时，要赋予武术教师一定的参与课程决策权利，有利于课程实施之后的反思和重建，以此更好地向学生提供武术课程方案，并在教学实践中发现实际问题，改良教学手段与方法，最终保障武术课程实施的整个环节可以良性运转。同时，给予武术教师课程决策权利，有利于从底层真实反映学生、学科和社会需要。但需要说明的是，课程决策者、教育学者、武术教师三个主体之间一定要保持一种扁平化的由上至下的服务与被服务关系，而不能是垂直层面的领导与被领导关系，否则又会回到"一元主体"的管制中去，否则教师、学生的幸福感和满足感等将大大降低。

综上所述，本议题将从课程决策者、教育学者、武术教师三个主体进行勾勒，在宏观保障维度构建高校武术课程实施主体的全面参与进行，并呈现出一个良好的服务、监督与反馈机制，以更加直观的形式表述出武术课程最终为学生服务的主旨。

(二) 微观操作——课程教学设计与实施流程

1.高校武术课程的教学设计

我们知道，课程实施最重要的场所是课堂，课堂中最重要的行为是教学活动，而教学设计则是顺利、有效教学的必要前提，是提高教学质量的重要一环，也是落实武术课程改革理念具体的实践活动与有效提升质量的重要保障。为此，本研究基于前期在"学科复归的课程目标定位""武术课程的结构样态"和"综合武术课程内容选择表"所论证的基本内容，来进行为期一学年的高校武术课程教学设计，主要包括：学时分配与授课内容、授课计划和评价考核三部分。

（1）学时分配与授课内容见表8-8。

表8-8　学时分配与授课内容表

分类	具体内容	学时	比例/%	实施途径
理论	上学期： 1.武术的基本概念及历史 2.武术与中国传统文化（节选儒家思想） 3.武术与修身的关系	3	8.33	穿插课堂，以教师引导为主，学生课后收集资料形成论文及演讲的形式进行
	下学期： 1.武术竞赛规则（散打） 2.武术技术体系理论 3.武术修炼特有的人格魅力与民族精神	3	8.33	
实践	上学期： 1.基本技术（实战势、基本柔韧4种、基本步法6种、腰法、肩法） 2.手法技术（冲拳、掼拳） 3.肘法技术（顶肘） 4.腿法技术（弹腿、蹬腿、鞭腿、扫腿） 5.膝法技术（顶膝） 6.摔法技术（绊摔） 7.拿法技术（拿指） 8.组合技术（拳步组合、拳腿组合） 9.打靶技术（手靶技术） 10.实战技术（条件实战） 11.跌扑技术（滚翻、抢背、前倒） 12.功法技术（臂功、腰功、腿功） 13.套路技术（弓步推掌+后扫腿） 14.附加技术（腾空飞脚） 15.评价考核 下学期：（以上学期内容为主，主要突出练习和实战） 1.基本技术（增加基本柔韧2种、基本步法2种） 2.手法技术（增加抄拳、鞭拳） 3.肘法技术（增加盘肘） 4.腿法技术（增加蹬腿、摆腿） 5.膝法技术（增加飞膝）	33	91.67	课堂教学

续表

分类	具体内容	学时	比例/%	实施途径
实践	6.摔法技术（增加顶摔） 7.拿法技术（增加拿腕） 8.组合技术（增加综合组合） 9.打靶技术（增加喂招击点） 10.实战技术（突出实战对抗） 11.跌扑技术（不增加） 12.功法技术（不增加） 13.套路技术（弓步推掌＋后扫腿＋后摆腿＋砸拳＋收拾） 14.附加技术（增加侧手翻） 15.评价考核	33	91.67	课程教学

注：全年72学时，上下半年各36学时。

（2）授课计划见表8-9、表8-10。

表8-9 第一学期授课计划

周次	时数	教学方式	内容
1	2		1.基本技术（实战势、正压腿、侧压腿、正踢腿、滑步甩腰、双臂前后环绕） 2.手法技术（冲拳） 3.理论部分（教师第一次课讲解武术的基本概念与历史，布置作业——武术与儒家思想）
2	2	实践课	1.基本技术（复习上节课内容） 2.手法技术（重点练习冲拳） 3.组合技术（学习滑步＋冲拳） 4.打靶技术（冲拳） 5.理论部分（检查同学们作业进展情况，布置下节课在课前、课中分享感悟同学名单）
3	2		1.基本技术（复习上节课内容，增加侧踢腿） 2.手法技术（重点练习冲拳，学习掼拳） 3.组合技术（练习滑步＋冲拳） 4.打靶技术（练习滑步＋冲拳） 5.腿法技术（学习弹腿） 6.理论部分（传统文化与武术论文的感悟分享）

续表

周次	时数	教学方式	内容
4	2	实践课	1.基本技术（复习上节课内容，增加弹腿） 2.手法技术（重点练习掼拳） 3.组合技术（练习滑步＋冲拳、掼拳） 4.打靶技术（滑步＋冲拳、掼拳、弹腿） 5.腿法技术（练习弹腿） 6.理论部分（传统文化与武术论文的感悟分享）
5	2	实践课	1.基本技术（复习上节课内容，增加横叉） 2.手法技术（重点练习冲、掼拳） 3.组合技术（练习滑步＋冲拳、掼拳、弹腿） 4.打靶技术（滑步＋冲拳、掼拳、弹腿） 5.腿法技术（练习弹腿，学习蹬腿） 6.实战技术（两人找实战距离的条件实战） 7.跌扑技术（前倒） 8.理论部分（传统文化与武术论文的感悟分享）
6	2	实践课	1.基本技术（复习上节课内容） 2.手法技术（练习冲、掼拳） 3.组合技术（学习掼拳＋蹬腿） 4.打靶技术（冲拳＋弹腿、掼拳、蹬腿） 5.腿法技术（学习鞭腿） 6.实战技术（学习两人在实战距离下进行掼拳躲闪的非接触性条件实战） 7.跌扑技术（学习后倒） 8.功法技术（臂功左右冲拳连续空击80次/分钟，3组） 9.理论部分（传统文化与武术论文的感悟分享）
7	2	实践课	1.基本技术（复习上节课内容） 2.手法技术（练习冲、掼拳） 3.组合技术（练习冲拳＋弹腿＋蹬腿） 4.打靶技术（冲拳＋弹腿、掼拳、蹬腿、鞭腿） 5.腿法技术（重点练习鞭腿） 6.实战技术（两人在实战距离下进行直拳＋掼拳躲闪的非接触性条件实战） 7.跌扑技术（练习前、后倒） 8.功法技术（臂功左右冲拳连续空击90次/分钟，3组） 9.理论部分（传统文化与武术论文的感悟分享）
8	2	实践课	同上一次课，本节课重点以练习和纠正动作为主

续表

周次	时数	教学方式	内容
9	2	实践课	1.基本技术（所学的全部内容） 2.手法技术（练习冲、掼拳） 3.组合技术（所学技术的任意组合） 4.打靶技术（所学技术的任意组合） 5.腿法技术（学习后扫腿） 6.实战技术（鞭腿的躲闪与反击） 7.跌扑技术（前滚翻） 8.功法技术（腿功——连续左右低鞭腿空击30次/分钟3组） 9.套路技术（弓步推掌） 10.理论部分（传统文化与武术论文的感悟分享）
10	2		同上一次课，本节课重点以练习和纠正动作为主
11	2	实践课	1.基本技术（所学的全部内容） 2.手法技术（练习冲、掼拳） 3.组合技术（所学技术的任意组合） 4.打靶技术（所学技术的任意组合） 5.腿法技术（重点练习后扫腿） 6.实战技术（左手掼拳右手冲拳：左掼太阳穴，右冲鼻） 7.跌扑技术（前滚翻） 8.功法技术（腿功——连续左右低鞭腿空击35次/分钟3组；臂功左右冲拳连续空击80次/分钟，3组） 9.套路技术（弓步推掌＋后扫腿） 10.理论部分（传统文化与武术论文的感悟分享）
12	2		同上一次课，本节课重点以练习和纠正动作为主
13	2		1.基本技术（所学的全部内容） 2.手法技术（练习冲、掼拳） 3.组合技术（假想空击组合） 4.打靶技术（所学技术的任意组合） 5.腿法技术（重点练习低鞭腿＋高鞭腿） 6.实战技术（左右冲拳：左冲腹，右冲鼻） 7.跌扑技术（前滚翻） 8.功法技术（腿功——连续左右低鞭腿空击35次/分钟，3组；臂功左右冲拳连续空击80次/分钟，3组） 9.套路技术（弓步推掌＋后扫腿） 10.摔法技术（学习拌摔） 11.理论部分（传统文化与武术论文的感悟分享）

续表

周次	时数	教学方式	内容
14	2	实践课	同上一次课，本节课重点以练习和纠正动作为主
15	2		训练与答疑课，重点练习组合与打靶，并对同学们前一段时间的学习内容进行梳理，哪里不会进行针对性练习
16	2		同上一次课，重点练习条件实战
17	2		训练课，重点练习考试内容
18	2	理论课	评价考核

表8-10　第二学期授课计划

周次	时数	教学方式	内容
1	2	实践课	1.基本技术（第一学期内容） 2.手法技术（抄拳） 3.理论部分（教师第一次课讲解散打竞赛规则，布置作业——武术修炼特有的人格魅力与民族精神）
2	2		1.基本技术（复习上节课内容，增加学习代步） 2.手法技术（重点练习抄拳） 3.组合技术（所学技术自由组合） 4.打靶技术（所学技术自由靶，学习喂招击点） 5.理论部分（教师讲解——武术技术体系理论，检查同学们作业进展情况，布置本学期理论分享同学名单）
3	2		1.基本技术（复习上节课内容，增加学习代步） 2.手法技术（重点练习抄拳） 3.组合技术（所学技术自由组合） 4.打靶技术（所学技术自由靶，学习喂招击点） 5.腿法技术（学习前摆腿） 6.理论部分（武术修炼特有的人格魅力与民族精神的感悟分享）
4	2		训练课，重点进行纠错

续表

周次	时数	教学方式	内容
5	2	实践课	1.基本技术（复习上节课内容，增加学习代步） 2.手法技术（重点练习抄拳） 3.组合技术（所学技术自由组合） 4.打靶技术（所学技术自由靶，练习喂招击点） 5.腿法技术（练习前摆腿） 6.实战技术（重点讲解拳法实战的进攻、防守与反击） 7.附加技术（侧手翻） 8.理论部分（武术修炼特有的人格魅力与民族精神的感悟分享）
6	2		训练课，纠错，重点进行拳法实战
7	2	实践课	1.基本技术（复习上节课内容，增加学习代步） 2.手法技术（重点练习抄拳） 3.组合技术（所学技术自由组合） 4.打靶技术（所学技术自由靶，喂招击点） 5.腿法技术（学习后摆腿） 6.实战技术（重点讲解腿法实战的进攻、防守与反击） 7.跌扑技术（练习前、后倒） 8.功法技术（臂功、腿功各左右连续空击3分钟/组，3组） 9.附加技术（增加侧手翻） 10.理论部分（武术修炼特有的人格魅力与民族精神的感悟分享）
8	2		训练课，纠错，重点进行腿法实战
9	2		1.基本技术（复习上节课内容，增加学习代步） 2.手法技术（重点练习抄拳） 3.组合技术（所学技术自由组合） 4.打靶技术（所学技术自由靶，喂招击点） 5.腿法技术（练习后摆腿） 6.实战技术（重点讲解拳、腿组合技术在实战中的进攻、防守与反击） 7.附加技术（侧手翻） 8.功法技术（腿功、臂功自由组合空击3分钟/组，3组） 9.套路技术（弓步推掌＋后摆腿） 10.理论部分（武术修炼特有的人格魅力与民族精神的感悟分享）
10	2		训练课，纠错，重点进行拳、腿法综合打法的实战

续表

周次	时数	教学方式	内容
11	2	实践课	1.基本技术（所学的全部内容） 2.手法技术（练习冲、掼拳） 3.组合技术（所学技术的任意组合） 4.打靶技术（所学技术的任意组合） 5.腿法技术（重点练习后扫腿） 6.实战技术（同上一次课） 7.摔法技术（学习顶摔） 8.功法技术（腿功——连续左右低鞭腿空击35次/分钟3组；臂功左右冲拳连续空击80次/分钟，3组） 9.套路技术（弓步推掌＋后扫腿＋后摆腿） 10.理论部分（武术修炼特有的人格魅力与民族精神的感悟分享）
12	2		训练课，纠错，重点进行拳、腿法综合打法的实战
13	2	实践课	1.基本技术（所学的全部内容） 2.手法技术（练习冲、掼拳） 3.组合技术（所学技术的任意组合） 4.打靶技术（所学技术的任意组合） 5.腿法技术（重点练习后扫腿） 6.实战技术（拳法虚晃＋近身顶摔） 7.摔法技术（练习顶摔） 8.功法技术（腿功、臂功自由组合3分钟/组，3组） 9.套路技术（弓步推掌＋后扫腿＋后摆腿＋砸拳） 10.理论部分（武术修炼特有的人格魅力与民族精神的感悟分享） 11.理论部分（武术修炼特有的人格魅力与民族精神的感悟分享）
14	2		训练课，纠错，重点进行拳、摔综合打法的实战
15	2		训练与答疑课，重点讲解实战对抗中的上肢防守技巧
16	2		同上一次课，重点实战对抗比赛
17	2		训练课，重点练习考试内容
18	2		评价考核

以上高校武术课程内容的选择和分配，以及教学计划设计，都是紧紧围绕

本研究所提炼出的课程目标及综合武术课程的创新性提法，从而进行的高校武术课程素材选择。相关内容符合学生对技击的学习需求，同时简化了武术套路动作，体现出短小、易学、动作优美的特点，而且课程设计遵循了循序渐进原则，符合教学和学习规律。本研究突出了技击，第一学期突出条件实战，这样既保护了学生，也能让学生充分认知武术技击魅力；第二学期则突出了实战能力，从课程内容的安排上，训练课也大大增多，即遵循武术技术的"练习性"，而不是一味地"学"，就是要在课程中将大量时间突出武术的本真技术，这样才能培养学生勇于拼搏、自强不息的尚武精神。另外，本课程内容及教学设计创新性地将武术文化以学生课下学习、课上分享的方式予以进行，大学生是具有完全自主学习能力的高知识群体，我们要充分利用这个特点，极大改变以往教师单纯的说教理论课。学生通过自己的兴趣点，找到符合自己的主题进行现场分享，既锻炼了同学们的自学能力、写作能力，又提高了同学们的语言表达和在公众场合的一种表现力。因此，要让同学们在接触武术的过程中培养表达和自我展现能力，让学生课下主动的去学，去完成知识巩固，这也直接体现了传承中华文化的一种创新性。也就是说，武术课程要更多地强调大学生思考、动手、语言、自我展现等能力的一种表达，节省了大量教学时间，把时间用到武术技术修炼上，这必将极大提升教学及人才质量，可谓一举多得。

（3）评价考核。从4个方面进行考核，包括"武道"评价、"武技"评价、"专家"评价、"修为"评价。具体评价办法，将在下文"评价效果"中具体论述。

2.高校武术课程的实施流程

（1）实施流程中的"仪式性"研探。一个好的课程计划，必须要有一个好的实施流程，才能将计划有效执行下去。但一个好的课程计划执行要有魅力，能吸引人，这样才会产生一种事半功倍的效果。那么魅力哪里来？这就是本部分要着重探讨的内容。为此，我们从武术为什么有这么多人对它如此向往这个角度出发进行思考时，发现其重要原因是一直以来武术在传承与教育中给人带来的一种"神秘主义"成分，武术中的经验、情感、意志等非理性成分负载其中，从而使人产生"信仰强化"之感。这是武术传承中非理性的"附魅"感，促使本研究找到了课程计划执行所需魅力的途径，即武术传承与教育中的

"仪式性"特点。

人类学家认为,仪式具有一定的普遍性,由象征符号所构成,这些象征符号与人们的社会行为紧密联系,具有增强集体情绪作用和社会整合功能,而且仪式能把人与自然划分开来,并将具有超自然力量的神秘现象与日常生活现象加以区别。因此,仪式我们随处可见,如阅兵仪式、表彰仪式、节日庆典、入会仪式等。这就是辛格霍夫(2009)所认为的:仪式是行礼者的心灵港湾与力量源泉,仪式强化了行礼者内心在神圣神秘、庄严肃穆的氛围中对参与者起到价值传递、规范行为、强化信仰、身份认同、理性塑造、传承文化的教育效果。因此,武术本身所具备的一种神秘性,天然具备了一种仪式的功能和意义,比如,在中国武术文化的历史长河中长期流传的拜师仪式、入门仪式、入室仪式等。为此,如果我们通过设定特定场景来还原武术固有的仪式性身体活动,促使学生的情感有所依傍,则可有效提升武术课程"魅力",这对发挥仪式性活动的教育功能及传统文化继承功能具有重要意义。

(2)实施流程中的"仪式性"操作。同属东亚文化圈的异域武技都有各自独特并体现民族特征的身体仪式性活动,如泰拳在比赛前所进行的"拳舞仪式"可谓令人印象深刻:拳手登上擂台后,先向教练膜拜,拳手们双膝跪地,用拳套掩住双眼,身体前俯,直至拳套碰地进行祈祷,祈祷结束后,开始做"拳舞仪式";还有韩国的跆拳道也非常重视仪式,在训练馆的会见礼仪,课堂、比赛中"以礼始,以礼终"的规范,而且课前冥想、段位授予等均突出一种"仪式感",这也使得跆拳道在中国人面前普遍具有"讲礼貌,教人礼"的价值认同。虽然这些武技在仪式上形式不同,但都营造了一种非理性教育。因此,中国大学武术课程的良好实施有必要将"仪式"融入其中,以此重现武术的文化魅力。因此,武术课程仪式需从中国文化的元素中去找,在传统武术中就有严格的礼节仪式,如武术的拜师礼,首先是上香焚表,其次是跪拜磕头,最后是递帖盟誓。通过严格庄重与程式化的仪式,师徒名分得以确立,也昭示着师门又新添人口,进而促使同门之间产生一种"歃血为盟"的伦理体现。当然在现代社会中,并不需要完全模仿于此,但这里面的程式化、仪式感、庄严感、递帖盟誓等显著字眼都可以进行创造性转化。例如,在我们的课程开课的第一节课的见面中,即教师和学生都互不认识时,教师自我介绍完毕,学生逐个给教师行抱拳礼,并自我介绍。基于此,确立师生关系后,学生每次见到教师无论何时何地都要向教师行抱拳礼敬礼,这样就很自然地形成一种礼节,也体现了武术特有文化,最后再进行"誓"仪式,以此正式确立"师门"关系与规矩。还有,武术修炼过程中的"禅悟"所体现出的打坐,就可以运用到武术的修身中来,即在课前或课结束时以打坐的形式调节身心。因此,高校武术课程可以把这些理念穿插起来,将打坐的静思修身及抱拳礼仪式进行程式化处理,即可体现武术课程的一种仪式感,突出武术文化魅力,规范同学们的"坐、立、行、走",这可以最大化地培养学生们具有"举止优雅""柔中带刚"的武者风范,也有效回应了武术学科本质与课程目标。

来到训练场,见到国旗,行注目礼3秒,见到教师行抱拳礼问好,进入场地将自己的物品摆放整齐,然后到指定位置盘坐静思,上课铃响起,队长集合队伍(进行如下口令,向国旗行注目礼,向教师行礼),这时教师回礼,然后进行"盟誓"仪式环节,"盟誓"词可为我们的课程目标,也可以根据课程需要进行创编;整个课前仪式结束,开始上课,课中教师的任何表扬、批评及指导,相关学生都要立即停止当前活动,向教师行抱拳礼以表达感谢;课程尾声,教师发出口令,同学们再次进行静思仪式,回想训练内容,并结合宣誓词对比一下这节课训练的目标达成度,对自己心态与行为的影响,这个时间大约3分钟;静思仪式结束,队长再次集合队伍(进行如下口令,向国旗行注目礼,向教师行礼),教师回礼并宣布下课后,同学们有节奏地进行"大大——大大大"击掌,然后每位同学再依次与教师击掌道别与鼓励,这个过程可以互相说"加油、努力、再见"等,再次鼓励同学(以此加深与教师、同学之间情谊),并有序离场。

通过这样的流程设计,可以让学生感触到独特的武术文化氛围,用"仪式性身体活动"规训学生的行为举止,突出"武者风范",以区别其他体育课程,这将会起到意想不到的教育效果。同时,创设第一次课的"开课仪式"和最后一节"结业仪式",在这个仪式中可增加"唱国歌"环节,增加仪式的严肃性与正式性。"开课仪式"使同学们能够快速融入武术课程独特的文化场域,而"结业仪式"则让同学们在教师的认可与鼓励之下,再一次通过神圣的仪式回顾自己的学习过程,使思想和精神上受到洗礼,进一步强化"武以成人""尚武精神"等课程目标。

3.教室环境促课程教学实施

面对西方新颖、时尚、多元的体育文化载体影响,尤其与凸显现代、时尚符号的瑜伽、跆拳道相比,武术被认为是"土气的",而这种"土气"训练环境、场馆环境的不理想是其重要影响因素。质量内涵提升"内外环境"是重要衡量指标,因此,武术教室这一环境因素也理应受到重视,通过教室环境的改良,让学生能够从另一个维度对武术进行正面的理解与解读,逐渐转变人们对武术"土气"的认识和"过时"的印象,重塑传统武术"高雅""和谐""文明""有度"的中国文化形象。我们知道,如果一个课堂拥有良好的教室环境,拥有优秀的课堂文化,那就会给课堂营造良好的学习氛围,学生在这样的课堂中学习更易获得积极的学习体验,而这样的学习体验也会使学生爱上课堂、享受课堂,从而使学生不断地进步。因此,武术教室的环境提升应该从整体上反映出武术刚劲有力、朴实无华的文化特色。同时,通过装饰元素吸收武术精神文化和传统的建筑文化将武术文化巧妙地呈现出来,这样武术教室里的文化氛围将会对学生产生潜移默化的影响。

同时,笔者还在网络上搜寻到了一个整体的武术教室布置图,习武场所整个场景载体的空间演绎会让学生感受到温馨与舒适,教室装修凸显武术文化特色,让同学们有肃然起敬之感,这种彰显武术文化特色的教室环境布置将会对教学产生不可估量的作用。因此,这对高校武术课程实施的影响既是直接的,又是潜移默化的,教室环境起到了一种"润物细无声"的潜移默化作用,这是增加武术文化内涵以及影响武术习练者在修身过程中一个重要环境因素,对促进高校武术课程实施过程中的质量提升作用不可估量。也就是说,当前高校武术职能部门、管理者对此问题不可忽视,应当重视。

五、情感遵从:高校武术课程的评价效果

当前高校武术课程评价过于重视"体质健康达标""武术技术动作"并将其作为学生学习的最终评价,这完全是不合理的,也造成了相当一部分学生出现"一考了事""考完拉倒"局面,而且出现了教师"为了完成套路内容而

教学"的现象。其实考试评价只是武术学习的一部分，这些现象的出现都源于"应试价值观"问题。考试就如同一种权威，主持考试者要判断你是否满足出题者想要的结果，当满足这种结果时，评价就予以通过，反之亦然。考试评价就是一根指挥棒，体现出对学生的一种强迫和压制，并没有从情感遵从角度出发实现学生习武目的。这就造成了武术那种激烈、令人扣动心弦、体悟心境等重要价值的身体活动内容，并没有通过相关评价给予学生认可。因此，当前的评价机制与评价办法亟待改革。为此本研究从以下三个方面着手分析。

（一）课程评价应注重"人文性"

长期以来，高校武术课程评价中"唯技术主义"倾向过于严重，使武术课程评价在摆脱传统形而上学的桎梏时，又滑向逐渐远离学生本身和真实课程实施情景的极端。武术课程评价并不完全等于武术技术学习、掌握的成绩测试。武术技术所表现出来的刚健有为、自强不息等身体语境并未给予评价，仅凭任课教师对学生打出的几套动作就给予评价，使被评价人和评价人的关系趋于单一，评价的合理性、真实性、有效性并不能凸显。这些问题的出现都是工具理性思维所造成的，而"情感遵从"却不够。因此，当前高校武术课程评价应尊重学生的个体差异和个性特点，虽然武术教学是统一的，但考试模式和内容可以有选择性差异，在一定教学内容条件下，可以允许学生依照自身兴趣和特长做不同形式及内容的武术展示，以此帮助学生形成符合自身特点的武术锻炼方式，使他们成为武术锻炼的主人。因此，我们在制订考核评价时，将评价进行4种分类，有"武学"评价、"武技"评价、"专家"评价、"修为"评价组成（详见表8-11），这里突出了武术的人文性评价，如"武学"评价既由学生自己进行论文撰写，可以围绕武术的概念、历史，武术与儒家思想、修身的关系等方向，题目角度自拟，这一方面考察了学生对武术文化的理解；另一方面考察了学生的文字表述与语言表达能力，这符合大学生文化层次较高的特点，可以说针对性较强，武术的主题不偏离，又对学生其他方面的成长起到一定促进作用。另外，在"专家"评价、"修为"评价中也突出了对尚武精神、礼仪规范、进取心等方面的人文考察，可以说本考试评价办法突出了情感遵从的人文性特征。

（二）课程评价应注重"可操作性"

为了使课程评价实施效果更好，其可操作性将是重中之重，为此本研究从评价结构组成、评价细节办法、评价量表合成三个方面进行具体设计，具体如下。

1.评价结构组成（见表8-11）

表8-11 评价结构表

分类	评价内容	比例/%	考试安排
"武学"评价	论文撰写（围绕武术的概念、历史，武术与儒家思想、修身关系等方向，题目角度自拟），考察对武术文化的理解、文字表述与语言表达能力	20	课堂随机完成
"武技"评价	拳、腿、步法自由组合打靶，条件实战，一分钟腿功、臂功测试	40	期末考试时间
"专家"评价	主要考察"武技"部分临场考试发挥程度，如胆量、坚持、忍耐、硬朗等尚武精神体现，以及考察礼仪、礼节、体态、着装等。	20	期末考试时间
"修为"评价	主要考察学生自开课以来的所学礼仪规范"运用"与"进取心"表现。	20	课堂随机完成

2.评价细节办法

（1）关于"武学"理解与表达的评价具体办法（见表8-12）。

表8-12 "武学"理解与表达的评价表

分类	具体内容	分值
选题的质量	体现武术学科特征，突出武术文化主题	10分
提炼的观点	独到的见解与分析	30分
文字的表述	文题相符，写作水平较高	30分
语言的表达	用语准确，修辞得体，语音优美	30分

(2)关于"武技"水平与演练评价具体办法(见表8-13)。

表8-13 "武技"水平与演练的评价表

分类	具体内容	分值
组合打靶	如能1分钟完成所学技术的某2种技术,并体现出击打威力与准确性即可得满分	30分
实战对抗	如在2分钟实战过程中能够击打对方得分部分(按体重进行分配): 4次40分(更多者+10分) 3次30分 2次20分 1次10分 0次5分	40分
功法测试	1分钟低鞭腿连续空击: 70次/分钟及以上者30分 60~69次/分钟,25分 50~59次/分钟,20分 40~49次/分钟,10分 30及以下者,不得分	30分

(3)关于"专家"认可度评价考核的具体办法(见表8-14)。

表8-14 "专家"认可度评价表

分类	具体内容	分值
礼仪礼节	在考试过程中的运用情况	30分
体态着装	身姿是否挺拔,精神是否抖擞,衣着整洁与规范	30分
尚武精神	胆量、坚持、忍耐及硬朗技术风格的体现	40分

(4)关于"修为"表现的具体评价办法(见表8-15)。

表8-15 "修为"表现评价表

分类	具体内容	分值
礼仪运用	所学礼仪规范在课堂中的运用与坚持情况	50分
进取精神	整个学期是否能够严格要求自己,具有自强不息精神	50分

3.评价量表合成

为了更好地记录成绩，在以上评价结构、评价细节的基础上将相关成绩内容连同学生的基本信息合成此表，这既可以作为点名册用，也可以作为成绩记录用，方便了教师进行成绩整理，也能体现出学生成绩的各个方面，案例见表8-16。

表8-16 评价量表合成案例表

序号	姓名	院系	班级	学号	性别	"武学"评价	"武技"评价	"专家"评价	"修为"评价	总分

通过以上对评价结构组成、评价细节办法、评价量表合成三个具体性操作规范设计，突出了有规范、有程序、有方法、易操作的特征，在评价分类和评价内容上突出武术学科特色，突出"技道"并重，重视将"技道"转化为自身的一种"修为"，而不再单纯依靠传统的肢体演练，这也是"情感遵从"的一个重要体现。在考试安排规划中，很好地处理了课程评价过于集中、单一的缺点，让考核更加灵活。同时，还增加了"专家"评价这一环节，有效避免了任课教师"一言堂"的评价结果，同时督促了教师及学生更加认真地完成教学和学习。因此，以上高校武术课程评价的"操作性"设计，很好地回应了如何由"结果评价转向以过程评价"的问题，有效摆脱了传统武术课程评价对武术肢体知识、理解、记忆等结果的表象化及单一性测量。可以说，本评价办法突出了以学生能力生成的"学以成人"目标，这为当前高校有效开展武术课程提供了很好的实践参照。

（三）课程评价应注重"仪式感"

课程教学中我们需要一种仪式来凸显武术修炼的一种庄重与神圣，而这种"仪式"在武术课程评价中也应体现，让评价变得更有意义，让同学们更加重视这个评价过程，而不是结果。因此，为了最大化地实现评价效果，本研究认为评价结束后要对学生有一个充分的认可，通过建立一种外在的庄严氛围以提升武术教育的认可度，即建立一种课程评价"仪式"。为此，本研究设计了"武术课程结业评价证书"，设计思路来自研究所创设的课程目标。通过一学年的学习，高校对学生在武术防卫技能、尚武精神方面进行记录性评价，并举行隆重仪式对学生进行证书颁发，充分重视学生的情谊表现，促进精神层面的一种获得感。相信同学们将会一生都记住这难忘时刻，也会激发更多学生去宣传武术、练习武术、未来选择武术为自己的爱好。

通过研究高校武术课程评价在"人文性""操作性""仪式感"三方面的具体内容，本课程评价特色突出体现以强调学生思维和实践表达能力为主，能够让学生灵活把握、运用武术知识，达成一种探索精神。这突出了学生的主体地位，让学生参与到武术课程中来，激发学生自主自发研究武术理论、实践与修身等问题，将接受武术知识与大学生的切身实际结合起来，充分给予每位学生认可，激发自信心，使学生真正体验武术文化、热爱武术身体活动。

六、能力提升：高校武术课程的师资供给

邓小平曾指出："一所学校能不能为社会主义建设培养合格人才，关键在教师。教师是教学的具体执行者与实施者，是教学的主体之一，在学生培养过程中扮演着'转化器'的重要角色，是影响教学质量最关键的因素。"因此，教师在整个高校武术教育、课程建设、教学实施等过程中起着举足轻重、无可替代的作用，是武术课程体系能够顺利运转的发动机。因此，如果师资队伍不够优秀，我们所探讨、研究、提炼的高校武术课程改革的一切理念、目标、内容等都将只是一种空谈。本研究得出了当前高校武术课程师资供给在"能力本位"上出现的诸多问题，这里既有历史、政治原因，也有武术师资培养及在职培训等因素。但我们知道，师资培养一定要坚持正确的政治方向。

（一）追本溯源——在师资培养上"保障"能力提升

前面我们已经分析，武术教师的能力水平不够，这包括技术水平、理论水

平两个方面。当我们面对这样的问题时，事实证明当前中国高校武术师资在源头的"师范教育"及"武术专业人才"的培养上出现了严重问题，其培养的人才并不能完全胜任大学武术课程所需要的高质量发展能力。

从技术水平上看，对于当前高等体育院校和师范院校的武术师资培养在专业划分上，人为地将项目设置分为：套路、散打、中国跤等，如武术套路专业的只管将套路如何能够练得更加"高、难、新、美"；而武术散打和中国跤专业想尽一切办法能够如何通过训练将对手击倒取得胜利，使得项目以外其他内容都因非本门课所教授范围而被排除在外，即使有所交叉，也只是蜻蜓点水。而且，这种武术专项的精细化与分类化已经成为当前师资培养体系的主流，各专项之间的距离与日俱增，"交集"越来越少，以致"能演的不会打，能打的不会演"这种单一化武术师资情况。因此，这就需要武术师资人才培养单位要在技术教学模式上对武术进行整体性关照，需要大力进行跨项培养，如套路、散打、中国跤等，打破当前只局限于某一个专项技术能力的学习，实现武术技术能力的平衡兼顾，从而能够"打练并进"，以此使武术专业学生在技术体系能力上获得"齐头并进，整体发展"。

从理论水平上看，在未来的武术师资培养上，要对学生进行武术招式的文化要义传授，从外在的形（拳势）到内在的理（攻防意旨和方法、规定）有一个较全面、透彻的了解，令其对所学内容知其然与所以然。以此还原中国武术"打练统一""体用两全"的真实面貌。同时，还要加强高校武术专业学生传统文化素养的教学，储备可持续发展能力，以此能够胜任未来将武术学科的属性最大化地发挥于教学中。最后还要强调，因为硕士研究生是当前进入高校教学的最低门槛，培养单位要对学生的考研进行大力宣传，并辅以必要的考研辅导，以此让更多武术专业能力强的学生能够考取研究生，扩大未来高校武术教师的选拔基数。

（二）多法并举——要以在职培训"促进"能力提升

美国奥斯汀得州大学教授哈利斯等人于1961年在其所著的《在职教育》中指出："由于社会变迁、教育改革使专业技术、工具与知识在很短时间内已成为废物，对新的学习历程了解已刻不容缓，这种新的知识与技能只有借在职进修历程方可获得。"教师在职进修的重要性已为世界各国所公认。随着当前科学技术的高速发展以及终身教育理念的传播，教师在职培训的重要性进一步凸显。高校武术教师在其整个教师职业生涯中至少需要接受若干轮的在职培训，以避免"大学武术普修教师，凭借三路长拳、初级棍、24式太极拳三个套路就能吃一辈子"的传统思维模式和习惯。为此，本研究认为可以从以下四个方面入手。

1. 高校要明确师资建设目标，规划武术师资的宏远未来

由于高校对学科建设的重视，几乎在所有文件中，学历达标的描述都是最清楚的，将这项内容作为师资队伍建设的主要目标。武术教师在此影响下，也未能避免此类问题。因此，重学历素养成为当前各高校学科建设目标的一个显著性问题。当前我国高校武术师资队伍整体上在学历素养方面与其他专业师资队伍相比还有较大差距。本研究认为，高校武术教师既然身处高校，就要与高校的整体师资建设定位相符，与其他专业师资等同要求。因此，当前高校武术师资队伍建设的目标定位：打造一支在学历结构、文化素养、武技水平、研究能力、教学素养、合作精神等方面均衡合理的新型高校武术师资队伍。

2. 高校要创设在职培训机会，优化武术教师的技能结构

据相关的调查研究表明，90%的体育教师主张提高自己的素养。这说明大多数体育教师（包括武术教师）希望继续学习深造，提高自身业务能力。我们知道，武术教师在教学中能教什么往往取决于他自身所会的东西，即武术教师的技能结构决定了最后采取何种对策实施教学。诚如上述，即使高校武术决策层出台再好的教学改革内容与政策，如果武术教师自身不具备相应的技能结构，其贯彻执行就无从谈起，更何谈传承和弘扬中华文化呢？因此，高校要创设武术教师在职培训机会，并依据武术学科属性，有针对性地进行在职培训，可以采取"走出去，请进来"的方式，如"走出去"，即鼓励并提供政策支持现任武术教师利用寒暑假或业余时间到专业院校、学术会议、武术培训机构去学习与进修，以继续提升武术技术水平、武术文化素养和教学指导能力。"请进来"，则可聘请相关专业院校及民间较有成就的武术家作为培训专家或成为指导教师，以此持续不断地接触武术精髓并提高教学能力；同时，我们还应注意，不宜将培训内容局限在武术学科内，一定注意武术自身的学科特点，鼓励

武术教师参加教育学、社会学、哲学、人类学等学科进行交叉学习，以此增强武术教师应具备的综合人文素养知能结构。

3.高校要创设良好工作环境，激励武术教师的自我成长

教学改革实践早已证明，教学改革过程最大动力与阻碍都来自教师。因此，广大武术教师能否自觉、自发地参与武术教学改革则是教师能力提升的根本。据上而论，武术教师自身是否有使命、有担当、能作为就非常重要。因此，武术教师在实施课改过程中，职能部门要给教师"松绑"，切忌用僵化的细则和规定来束缚教师，要允许教师大胆改革，不断试错，以此使教师的"自省"能力得到激发。同时，还要加强"人性化"工作环境建设，为武术教师制订合理的激励制度，加强武术教师与学生、同事、学校之间的互动，形成相互支持与信任的团队。总之，高校通过不断优化工作环境，引导武术教师热爱教学、倾心教学、研究教学，潜心教书育人，不断激励武术教师自我成长，使武术教师成为学生身心健康的领路人。

4.武术教师对自己要严格要求，展现对职业的使命与担当

教师的专业素养与人格魅力对学生的推动和促进是无形的，力量是巨大的。武术教师只有在某一方面具有高超的专业技能和教学本领，将大量精力围绕着该项目理论教学、技术训练、课外活动等内容制订出科学系统的方案，并体现出专业性，才能符合作为一名武术教师的标准。而且要突出大学教师应具备的较高科学研究能力特征，在科研方向上也与之高度吻合，将科学研究的思维、方法与成果运用到课堂中，最大化地提高学生的武术水平，激发学生长期进行武术训练的兴趣，传播武术知识，进而实现学生爱学、乐学的一种武术氛围，最终达到增强学生身心水平的核心目标。同时，无数例子已经向我们证明，影响学生一生的，能给学生带来震撼、感动并且铭记一生的还有教师伟大的人格魅力和职业道德。因此，武术教师要时刻展现出武术修为中果敢、坚韧、自强、律己的尚武精神，带给学生"柔中带刚，刚柔并济"的武者形象，展现出武术人的职业使命与责任担当。

第九章 高校武术教学的基本理论与优化

科学教学理论对教学实践有指导作用，高校武术教学的科学开展与实施应以武术教学相关学科理论为指导，在此基础上，结合高校武术教学与学生实际情况促进高校武术教学的优化。本章重点从教学内容、教学方法、教学模式三个方面展开分析论述，以促进高校科学有序地开展武术教学，不断提高高校武术教学质量，优化武术教学效果。

第一节　高校武术教学开展的基本理论

一、高校武术教学的生理学理论

武术是一种体育运动项目，从生理学角度来讲，在高校武术教学中，师生参与丰富多样的以武术为主题的身体活动，是师生通过各种身体活动来改善机体生理代谢和生理组织机能，从而促进身体的良性变化与发展的过程。

（一）武术的生理运动本质

大学生习练武术，身体做出各种武术动作，承受一定的运动刺激，会产生生理和心理方面的变化，大学生产生的身心良性变化就是武术习练效果的表现。

在武术教学中，教师应组织学生参与武术练习，并充分调动大学生的身体器官与机能，以达到具体的动作与技能效果，武术训练能实现对大学生身体的生理刺激，在身体机能适应训练并得到提高的基础上，使大学生保持对武术学练的运动负荷的适应，促进大学生的身体素质、生理功能等逐渐发生变化，最终实现强身健体、挺拔身姿、提高身体免疫力等武术教学效果。

（二）武术运动中的机体物质代谢

生命的存在离不开机体的物质代谢，物质代谢是生命体存在和进行必要的生理活动、参与运动的重要活动基础，能为机体活动提供营养，同时排出代谢废物。

人体正常生理活动开展和参与运动需要六大营养素的生理作用支持，大学生参与武术学练，也离不开六大营养素，不同营养素的生理作用不同，它们共同维持和支持人体活动的正常开展。

1.糖

糖类是人体活动重要的供能物质。武术习练需要机体能量支持，糖在人体中有重要的生理功能，是人体细胞的重要组成部分，也是人体运动所需的运动能量的主要来源。

糖在人体的代谢过程如下。

（1）糖的合成代谢：有机体摄入糖，经过消化吸收进入血液，形成血糖，再进一步地合成糖原，储存为肝糖原、肌糖原。另外一些糖结合体内非糖物质合成葡萄糖或糖原。这些糖原是大学生参与武术习练的重要能量源。

（2）糖的分解代谢：人体摄入糖，糖进入消化系统，经消化酶的作用，转变成葡萄糖分子，经小肠上皮细胞葡萄糖运载蛋白转运进入血液，成为血糖，再合成糖原。在武术习练中，人体的糖经过有氧氧化、酵解，释放能量，为大学生完成各种武术动作提供动力。

2.脂肪

脂肪是人体的重要营养物质，脂肪在人体的重要生理功能有组成细胞、保护内脏、保温防寒、增加饱腹感、溶解一些维生素等。脂肪（高级脂肪酸、甘油）在人体运动中可氧化提供能量。

大学生参与武术学练，主要依靠脂肪提供运动所需能量，人体脂肪代谢过程简析如下。

（1）水解：脂肪在体内水环境中被酶解。

（2）转化：脂肪水解形成甘油、游离脂肪酸、单酰甘油，少量的二酰甘油和未经消化的三酰甘油。

（3）吸收：一些小分子脂肪经小肠上皮细胞直接吞饮脂肪微粒及其各种成分，形成乳糜微粒被吸收。大分子的脂肪进入淋巴管，再扩散入毛细血管。

（4）储存：脂肪被吸收后存于脂肪组织中，堆积储存在器官周围、皮下等，起到保护、保暖作用。

（5）分解：人体参与运动时，脂肪分解代谢为机体运动提供所需的能量。

3.蛋白质

蛋白质是重要的生命物质，在人体内，蛋白质可以构成（头发、指甲、肌肉、心、肝等）和修复机体，可调节生理功能并分解为氨基酸调节人体的免疫力，蛋白质在人体运动中还可以起到提供少量能量的作用。

蛋白质生理代谢过程简单分析如下。

（1）蛋白质的合成代谢：蛋白质按照DNA模板排序，上核苷酸排列顺序转录成mRNA，在tRNA、rRNA的参与下，翻译成蛋白质中氨基酸的排序。

（2）蛋白质的分解代谢：蛋白质经消化分解成氨基酸，在小肠被吸收，再进入血液，此后，氨基酸脱氨基生成氨、二氧化碳和水。

4.维生素

维生素是人体必需的营养物质，在人体不能合成，需要从外界通过食物途径获取。

人体摄入的维生素大都会参与辅酶的组成，如果维生素缺乏，就会对酶的催化能力产生影响，可引起代谢失调，人体代谢失调会导致正常的生理活动无法进行，也会影响人体的运动能力。

大学生在武术习练过程中，要使机体的维生素保持在一个良好的水平，如果维生素供应不足，导致机体生理活动代谢异常，会引发疲劳，降低机体运动能力。

5.无机盐

无机盐（矿物质）在人体的细胞代谢活动中具有十分重要的作用，是维持生命代谢的基础。无机盐在人体中主要有以下两种存在形式。

（1）无机盐存在于骨骼中（如钙、镁、磷元素等）。

（2）无机盐以离子形式（电解质，如钙、镁）存在于人体水环境中，电解质可调节体内渗透压和酸碱平衡，维持机体的正常生理代谢水平和过程。

大学生参与武术习练，机体的生理活动在较安静状态下会活跃和增加，身体对无机盐的需求量也会相应增加，如果体内的无机盐含量发生较大变化，可导致机体代谢紊乱，导致运动能力下降。

6.水

在人体组织中，水的含量最多，水分是组成生物体的重要成分，是维持生命所必需的物质，人体内的水分分布于各种器官组织及体液中。人体严重缺水可导致死亡。

水在机体的细胞中以两种形式存在：一种是游离水，约占人体总水量的95%，主要是构成细胞内液和细胞外液；另一种是结合水，通过氢键或其他键位蛋白质、糖原分子等结合存在。

人体的水的代谢情况为：水通过饮食、饮水形式被人体获取，被吸收后参与机体水环境运输代谢物质，构成细胞液体维持细胞正常生理功能，人体的水（携带、伴随代谢废物）通过机体活动代谢排出。主要通过皮肤、肺及随粪便排出。

在武术学练过程中，大学生会有出汗现象，体内的水分主要通过出汗的形式流失，注意补水可促进生命保持健康状态，也可确保机体参与运动的良好生理状态。运动中大量出汗会导致机体失水，同时伴随有体液中的无机盐的流失，会引起身体不适，影响运动能力。

（三）武术运动中的机体能量代谢

1.磷酸原系统代谢供能

ATP（三磷酸腺苷）、CP（磷酸肌酸）是人体高能磷酸基团，ATPXP分解释放供能，称为磷酸原或ATP-CP供能系统。

ATP是人体唯一的可直接利用的能源，ATP水解可提供生理和运动所需能量。CP分解释放能量用于重新合成ATP，CP合成ATP的重要意义在于快速可动用性，且不需氧、不产生乳酸。CP和ATP属于大分子物质，不能直接被人体吸收，但运动中，ATP-CP系统的能量物质肌细胞会被快速、直接利用。

大学生参与武术学练，机体内的ATP-CP系统可提供机体运动所需的能量。具体来说，在长时间的武术习练中，大学生身体内的ATP-CP系统可一边供能一边恢复，但是如果武术学练活动安排密度不足，则不利于ATP-CP系统供能能力的提高，会影响运动的进行与效果。了解ATP-CP系统的供能特点，科学安排武术习练，能最大限度地利用机体能量，提高武术习练效果。

2.糖酵解系统代谢供能

糖酵解的原料是肌糖原，可在无氧条件下分解供能，供体内急需（10秒内），但若运动时间持续长或强度大则无法满足。

高校武术教学中，师生习练武术，如果活动中机体所摄入的氧不足时，有机体内的糖在酵解供能（ATP）的过程中，可生成乳酸。

$$骨骼肌糖原或葡萄糖 \xrightarrow{糖酵解} ATP + 乳酸$$

3.有氧氧化系统代谢供能

机体参与武术习练，氧摄入充足，则机体内的糖、脂肪和蛋白质都可以进行氧化分解提供运动能量，这就是机体的有氧代谢供能。

（1）糖的有氧代谢：机体参与运动期间，如果体内氧供应充足，肌糖原或葡萄糖可被彻底氧化分解成水和二氧化碳，并释放大量能量，以为机体参与运动、完成各种动作、技术提供能量。

（2）脂肪的有氧代谢：脂肪是人体"燃料库"，在个体武术习练时，脂肪分解代谢可以满足有机体运动的能量所需。与糖供能相比，更节省氧耗、更经济。

大学生进行武术运动，在有氧参与的情况下，体内脂肪进行分解代谢供能如下。

$$脂肪 \xrightarrow{有氧氧化} ATP + O_2 + H_2O$$

有研究表明，机体内，每重新合成1摩尔ATP，要摄取512.2+130=3.96升的氧气。

（3）蛋白质的有氧代谢：蛋白质是人体的一种非主要供能原料，蛋白质代谢供能时通过氨基酸脱氨基，生成氨、二氧化碳和水。

$$蛋白质 \longrightarrow 氨 + O_2 + H_2O$$

与糖、脂肪相比，人体利用蛋白质供能的情况非常少，这与蛋白质本身供能较少有关。

人体参与体育运动看似是一个简单的活动，实际上在人体内时刻都在发生着复杂的代谢活动。高校武术教学中，师生的武术基本功的练习、技术动作的完成、功法学练等，都需要机体内营养物质提供营养、能量物质提供能量，了解人体的物质与能量代谢过程具有重要的意义。

具体来说，以人体供能为例，大学生参与武术习练，不同武术习练运动条件下，机体的供能主要方式与方法不同，机体的各供能系统特点不同（表9-1），据此科学安排武术习练，可节省机体供能，提高供能效率，能更高质量地完成武术学练活动。

表9-1 三大供能系统的特点

供能系统	能源物质	输出功率	供能时间
ATP-CP系统	ATPXP	最大	最大为6~8秒
糖酵解系统	肌糖原、血糖	约为ATP-CP系统的50%	30~60秒达最大，可维持2~3分钟
有氧氧化系统	肌糖原、血糖	约为糖酵解系统的50%	1~2小时
	脂肪	约为糖酵解系统的20%	理论上无限

二、高校武术教学的心理学理论

（一）武术教学的基本心理理论

1.应激原理

应激（stress）：是指人体对于外部强负荷刺激会产生一种生理和心理的综合反应。应激不同：是指个体的应激反应不同，不同的应激也可以引起个体的不同反应。

在武术教学中，可以将教师所安排的武术学练的运动负荷看作是对大学生生理和心理的一种应激，在大学生参与武术学练的过程中，会对刺激（运动负荷）作出适应性的生理和心理方面的变化。生理方面，使大学生唤醒水平提高；心理方面，使大学生的紧张、焦虑等水平提高。

武术教学中，在大学生承受范围内逐步、依次、不断加大运动负荷，利用大学生的应激反应，使人体达到新的负荷水平，形成新的平衡，提高运动能力。

心理学的大量实验证据表明，心理因素可以引起全身性适应综合征，具有应激性。尤其是对个体有重要意义的重大事件所产生的应激，心理因素对个体的应激具有双重作用，可能是积极性的（学习成就、教师表扬）；也可能是消极性的（基本功学练受挫、对抗失败）。武术教学中，教师应尽量引导大学生的正向心理应激反应，重视合理心理压力下的大学生的成就获得，及时肯定学生的良好表现，坚定大学生的武术学练信心。

2.动机理论

动机是引起个体行为的内在心理动力。在高校武术教学中，了解大学生的不同武术学练动机，可以让教师有针对性地安排具体的教学活动。同时，教学中教师应重视对大学生武术学练的积极、主动性动机的激发，调动大学生武术学练的积极性。

关于动机在下文的心理影响因素中会进一步详细分析，这里不再赘述。

3.归因理论

归因是对个人行为进行的推论过程，用于判断和解释他人或自己的行为结果的原因，并对其进行分析解释。

美国认知心理学家韦纳认为，可从能力、努力、运气和任务难度四方面进行归因（见表9-2）。韦纳等人研究表明，对个体行为进行归因，对其情绪体验及日后行为积极性有重要影响（见表9-3）。

表9-2 归因理论划分框架

是否可控	控制点			
	内在		外在	
	稳定	不稳定	稳定	不稳定
可控性				

续表

是否可控	控制点			
	内在		外在	
可控	稳定的努力	不稳定的努力	他人稳定的努力	他人不稳定的努力
不可控	能力	心情	任务难度	运气

表9-3　归因与情绪体验和积极性的关系分析

行为结果	归因方向	情绪反应	积极性	实例
成功	内部因素 外部因素	满意，自豪 意外，感激	—	努力，能力强 任务容易，运气好
失败	内部因素 外部因素	内疚，无助 气愤，敌意	—	
成功	稳定因素 不稳定因素	—	提高 提高或降低	任务容易，能力强 努力，运气好
失败	稳定因素 不稳定因素	—	降低 提高	任务难，能力差 努力不够，运气不好

在高校武术教学中，教师要实施有效的武术教学，就必须全面分析学生、了解学生，在课堂上和平时注重对大学生的观察与分析，了解大学生产生某种行为的内在心理因素、心理过程，以充分了解大学生的性格、心理、学习动机、学习态度等，激励大学生积极参与武术学练，从而取得成功。对于学习中有明显收获和进步的大学生，教师应鼓励其进行内在稳定的归因，以提高其自我效能感；对于在武术学练中受挫的大学生，教师应注重进行内在不稳定归因，了解大学生受挫和失败的原因，并有效避免这些因素对武术学练的影响，从而改进学习。

4.目标定向理论

目标设定理论于20世纪60年代由洛克提出，该理论认为挑战性的目标是激励的来源。

目标定向是有计划认知，可分为任务定向和自我定向两种，前者强调前后表现对比，注重个人努力；后者注重个人的主观能力感，有助于人的内部动机的维持和提高。

在高校武术教学中，通过帮助大学生设定适当的武术学练目标，促进大学生的主观能力感的培养，并选择武术学练中的优秀榜样，以他人作为参照系，与他人进行横向的对比。

需要特别指出的是，教师应重视引导学生武术学练中的目标定向要适合自己，不能过高也不能过低，以免造成大学生骄傲自满或者感觉自己能力不足、产生自卑感。科学合理设定目标定向应注意以下几点。

（1）目标要有一定难度，但应在个体能力所及范围之内。

（2）目标要具体明确。

（3）坚定实现目标的信心，全力以赴。

（4）和长期目标相比，短期或中期目标更有效。

（5）定期反馈，及时了解与目标的差距。

（6）在实现目标过程中，客观归因。

（7）目标达成后，给予奖励，并将已达成目标作为更高目标的基础。

（二）武术运动参与的心理影响因素

1.动机

动机是推动个体从事各种运动的心理及内部动力，能引起、影响、维持人的活动。个体的动机不同（见表9-4）、行为选择不同，行为的执行和完成程度就会不同。

表9-4 动机分类及内容

分类依据	动机类型	动机内容及其表现
动机起源	生理性动机	生理性的，先天性动机，如饥、渴、困等
	社会性动机	社会性的，后天性动机，如兴趣、交往等
动机原因	内在动机	由内在需求引起，如习武体验运动快乐
	外在动机	由外界刺激诱发，如希望受人尊崇而习练武术

续表

分类依据	动机类型	动机内容及其表现
动机作用	主导性动机	引起行动的强烈、稳定的动机
	辅助性动机	影响行为的不稳定，处于辅助地位的动机
动机行为与目标关系	近景动机	与近期目标密切相关
	远景动机	与长远目标密切相关
动机行为带给个体的体验	丰富性动机	激发个体探索、创造、自我实现
	缺乏性动机	又称生存和安全动机，如不能达成目标时会痛苦

高校武术教学中，教师应重视分析学生，了解不同学生选修武术课程的学习动机，并采取有针对性的教学措施，激发学生的武术学练动机，使学生积极主动参与到武术教学活动中来，优化教学效果。

武术教学中，结合学生相应的动机可以采取以下教学措施激发学生的武术参与积极性。

（1）选择大学生感兴趣的内容和项目。

（2）增加武术习练运动的趣味性、交往性。

（3）科学安排训练时间和负荷，激发与持续保持武术习练动机。

（4）引导大学生端正武术习练态度，认识到武术习练的重要性与意义。

（5）引入武术文化教育、德育，激发学生的习武热情。

2.认知

认知是人体的一种重要能力，认知能力与运动能力可以相互促进，了解大学生的认知规律及其与运动之间的密切关系，有助于教师科学安排武术学练活动。

一般来说，个体/群体认知表现出以下规律和特点。

（1）人的认知能力与生俱来，同时受外部环境、心理等因素影响。

（2）人认识事物是由表及里、由外及内、由浅入深的，这个过程不可逆。

（3）认知发展表现出年龄阶段性，一般随着年龄的增长认知能力会不断提升。但认知能力的提升是有限的，并不会一直处于不断提升的状态，会在一定年龄（一般为中年）达到成熟和稳定的水平，此后，因生理功能衰退可有下降趋势。

运动实践表明，科学、系统的武术习练可以提高个人智力水平，提高个人的记忆、注意、思维、反应等能力；良好的认知能力能使大学生更加清楚地理解武术运动原理、运动规律、技术特点等，有助于提高大学生的武术学习效率、精神与文化领悟能力。

3.情绪

心理学认为，情绪是影响人体心理活动的重要心理因素，可以对个体的心理和行为起到"增进"或"减力"作用，具体表现为，积极情绪与消极情绪可对人的记忆、认知等智力性和非智力性因素产生影响，从而影响整个人的心理活动与行为。如果一个人欢喜，则可以促进心态的积极、做事有动力；一个人消极，则遇事易悲观，凡事多懈怠。

正如本书前文所提到的，武术教学对大学生的身心健康发展具有重要的促进作用，武术可以疏导大学生的不良情绪，令大学生在武术习练后有轻松、释放、大汗淋漓的运动愉悦感，并丰富大学生的不同情绪体验，使大学生具有更加丰富和完善的心理表现与自控能力。

在高校武术教学中，教师要时刻关注大学生的情绪，积极采取有效措施调动大学生的武术学练情绪，并教会大学生科学进行武术学练的方法，以便在课外能通过武术学练舒缓，调节自我的不良情绪。

4.注意力

注意力是个体心理活动对一定对象的选择性指向和集中，是个体的一种心理状态。

研究表明，长期坚持参与系统的运动训练，能够逐渐改善运动者的身体素质，使大脑细胞更加柔韧，细胞联系更加紧密，可加快运动者对新运动知识和技能的学习。

武术是一种积极健康的体育运动，高校武术教学中，教师应重视利用注意力与武术习练的相互影响的关系。

在武术教学中，教师要重视教学方法的运用和教学氛围的调整，以充分调动学生武术学练的积极性与主动性，提高学生的学习效率和学习效果。

5.意志力

武术学练对大学生的意志力的提升有重要的促进作用,就我国大学生群体来说,独生子女较多,从小就将主要精力放在文化课学习上,参与体育活动较少,武术学练对运动者的身体素质等有较严格的要求,尤其是在学练武术初期,进行武术基本功训练时必然要经历一个艰苦的坚持锻炼的过程,这对大学生的意志力有较高的要求,武术习练效果的获得需要长期坚持才能显现出来,绝对不能"三天打鱼两天晒网"或半途而废,武术教学有助于提高大学生的意志力,坚定大学生的学习、工作信心,促使其在日常生活中迎难而上、奋发努力。

大学生意志力的提高对于进一步提高武术专项素质与技能有重要促进作用,高校武术教学中,教师应重视武术教学对大学生的意志力的影响,并通过大学生良好意志品质的培养来不断推进武术教学、促进学生全面发展。

三、高校武术教学的运动学理论

武术是一种体育运动项目,其运动的科学参与过程中需要遵循一定的运动学理论指导,高校武术教学中,应遵循运动学相关规律和特点,科学施教。这里重点分析武术教学与学练中的以下几个基本理论。

(一)机体机能运动变化规律

武术教学是教师组织学生进行武术运动实践的过程,在教学实践中,教师组织学生进行武术技能的身体练习,必须遵循人体运动中的生理机能活动变化规律。

具体来说,人体从静止状态到热身再到逐渐进入运动状态,之后再慢慢恢复静止,在整个运动过程中,人体的机能会随着运动的参与而具有规律性的变化。从热身开始,机体工作能力会逐步提高,然后进入最大限度的水平,最后又逐步降低恢复至安静时状态。

在机体机能运动变化规律指导下,武术教学要遵循学生在武术学练过程中身体机能的具体活动变化,通过对学生的观察控制教学进度和运动负荷逐步有序增进学生的生理健康和身体机能水平，以提高教学的质量，同时有效预防运动损伤的发生。

（二）运动技能的形成理论

运动学研究表明，个体从认识到掌握某一运动技能表现出一定的规律性，需要经历由不会到会、由泛化到分化、再到巩固提高的过程，这就是运动技能的形成理论。

运动技能的形成与发展过程及各阶段特点如下。

1.泛化过程/阶段

学习初始，运动技能与运动负荷对运动者身心产生刺激，通过具体的动作观察、模仿、过程分析，各种外界动作技能信息传入运动者中枢神经，形成大致的动作表象，再指挥身体各部位协调呈现完成具体动作，可表现为动作僵硬、不协调、出现多余动作、能量消耗多、有效动作少、动作时机掌握不准确等特点。

2.分化过程/阶段

经过反复的技能学练，运动者的运动技能逐渐熟练，动作细节做得更标准，初步形成运动动力定型。但稳定性不够，在外界强烈刺激的干扰下易遭到破坏，会再次出现多余、不协调甚至错误动作。

3.巩固过程/阶段

长期的反复练习，可令运动者的运动动作定型更趋巩固，动作更精确、更协调、更省力，动作细节也正确无误，即使有外界干扰，也能保持正确的动作定型。

4.自动化过程/阶段

运动者的已学技能经不断巩固和发展，动作技能运用能力不断提高，可出现自动化现象，能在脱离意识指导控制的情况下自动、自如地完成动作。

根据运动技能的形成理论，在高校武术教学过程中，教师应在教学之初重视对技术动作的生动、形象、准确讲解，并做好动作示范，使学生先对武术技能有正确的了解，然后通过反复不断地练习，使学生在大脑中形成正确的动作定型，再经过不断地练习与调整，最后达到动作技能应用的自动化效果。在武术学练中，不同学生之间存在理解能力、模仿能力、身体素质等各方面的个体差异，因此动作技能形成阶段的时间长短不同，教师应注意因材施教。

(三) 素质和运动技能迁移理论

研究表明，个体已经形成的某种素质/技能会对另一种素质/技能的掌握造成一定程度的影响，这种影响可能是积极促进（正迁移）的，也可能是消极制约（负迁移）的。

在武术素质/技能的学习过程中，不同武术素质/技能之间会形成一定的迁移性特点，充分认识并掌握这种素质/技能迁移规律，有助于帮助教师和学生更高效地利用已学为未学奠定基础，提高教与学的效率。

遵循素质/技能迁移规律开展武术教学应注意以下几点。

（1）之前练习量越大，迁移量越大。

（2）练习条件越相似，迁移量越大。

（3）学习任务相关，连续练习更有助于动作技能掌握。

（4）大量练习序列性相关任务，可使顿悟发生更频繁。

（5）刺激相似、反应相同，产生正迁移，随着刺激增加，正迁移量增加；刺激相似、反应不同，产生负迁移，随着反应相似性减少，负迁移量增加。

（6）应按照一定程序开展教学，使前面所学为之后学习奠定基础，并有效地转移到下一项学习中。

四、高校武术教学的运动医学理论

技击性是武术运动的根本属性，高校武术教学中，师生参与武术基本功、技术、套路、功法等的学练，在运动中难免会因主观或客观原因，发生运动伤病，针对武术教学活动中可能会出现的伤病情况，师生应掌握必要的运动医学知识，教师应教会学生一些常见伤病的处理方法，以确保在有意外伤病时能及时、正确处理，将伤害降到最低。

（一）武术教学中常见运动损伤处理

1.擦伤

擦伤是武术学练中发生率最高的一种常见表皮损伤，擦伤后，多可表现为皮肤表皮剥脱，可伴渗液、出血。擦伤的处理方法如下。

（1）较轻擦伤：用生理盐水冲洗，涂抹红药水或紫药水或0.1%新洁尔溶液。

（2）大伤口擦伤：用生理盐水冲洗、清理创面异物，用碘酒或酒精消毒，涂云南白药，用纱布包扎。

（3）关节擦伤：清洗、消毒，涂抹医用止血止痛药，如红霉素软膏。

2.挫伤

挫伤是一种受钝性外力作用的闭合伤口损伤，损伤程度比擦伤深，可出血、肿胀。挫伤的有效治疗措施如下。

（1）伤后即刻：局部冷敷、外敷新伤药。

（2）四肢挫伤：包扎固定，及时送医。

（3）头部、躯干部严重挫伤：如有休克、大出血现象，先进行休克处理，尽快止血，及时送医。

（4）手指挫伤：冷水冲淋、按压止血，包扎。

（5）面部挫伤：即刻冷敷，24小时后热敷。

（6）伤口崩裂的挫伤：立即送医缝合。

3.拉伤

在武术教学中，教师组织学生运动前热身活动不当，或者武术基本功要求、武术技术动作太难，超过学生身体可承受动作幅度范围，强行、过猛用力可导致肌肉或韧带拉伤，可导致肌肉韧带压痛、肿胀、痉挛。运动拉伤的有效治疗措施如下。

（1）轻度拉伤：冷敷，局部加压包扎，抬高患肢。

（2）严重拉伤：简单急救后，立即送医。

4.扭伤

在武术教学中，学生在做某些高难武术动作或动作中遭受冲撞摔倒可能导致肌肉、韧带、关节超过自身活动范围，进而引发扭伤，伤后可有疼痛、肿胀感和运动障碍。扭伤的有效治疗措施如下。

（1）指关节扭伤：冷敷，牵引放松，固定伤部。

（2）肩关节扭伤：冷敷和加压包扎。

（3）腰部扭伤：冷敷，平卧休息。

（4）膝关节扭伤：压迫止血，抬高伤肢，加压包扎。

（5）踝关节扭伤：压迫痛点，包扎固定。

（6）扭伤伴有韧带断裂者应及时送医。

5.韧带损伤

在武术教学中，不同内容学练有难有易，学生的理解能力、运动能力也各不相同，在做一些大幅度动作时，操作不当可引发韧带损伤，伤情较重的可导致内出血和韧带断裂。韧带损伤的治疗措施如下。

（1）弹力绷带压迫包扎，冷敷。

（2）棉花夹板固定，加压包扎、制动。

（3）韧带伤后24小时可中药外敷或内服、按摩、理疗。

（4）韧带完全断裂应立即送医进行手术缝合。

6.腰肌劳损

腰肌损伤，又称"腰肌筋膜炎"，是长期劳累所致的运动伤，一般是运动过劳所致，因此在武术教学中教师应合理控制学生的运动量和运动强度，注意课间合理休息，避免组织学生开展"魔鬼性"训练。腰肌劳损的治疗措施如下。

（1）理疗、按摩、针灸治疗。

（2）口服药物。

（3）用保护带及加强背肌练习进行运动康复。

（4）病症顽固者可考虑手术治疗。

7.关节脱位

骨与骨之间的可活动连接称为关节，人体共有78个关节，每个关节有自己所在的固定位置和活动范围。关节脱位，指关节离开关节应在的位置，可疼痛难忍，有撕裂感，关节功能丧失。关节脱位的治疗措施如下。

（1）如有经验，及时复位。

（2）如无复位经验，及时送医。

（3）需要特别指出的是，武术教学中遇到学生关节脱位，如果体育教师不具备关节复位的经验和技术，应立即送医处理，切忌盲目复位，以免加重学生损伤。

（二）武术教学中常见运动疾病处理

1.过度紧张

武术教学中，初次选修武术课程者，毫无武术基本功者在学习初期会有紧张感，主要是对武术习练内容的动作、技术方法不熟悉或心理因素（担心别人嘲笑、担心旧伤复发）会引发过度紧张，这种紧张包括生理和心理两个方面。一些初次参与运动或较长时间休息后再次突然参与大负荷运动都可导致身体的过度紧张症状发生，表现为头晕、眼黑、浑身无力、呼吸困难、心痛、昏厥等。过度紧张的治疗措施如下。

（1）停止运动，注意休息。

（2）急救时，患者平卧，松解衣服，同时注意保暖，点掐其内关和足三里穴。

（3）昏迷者，尝试掐人中穴位。

（4）休克者先进行休克处理。

2.运动性高血压

武术习练不当引起血压升高的病症，大多会在运动负荷过大时发生。在发病前期和发病过程中，可能有头痛、头晕、睡眠不佳、贫血症。运动性高血压的治疗措施如下。

（1）调节负荷量，注意休息。

（2）药物治疗。

3.运动性低血糖

低血糖是指个体空腹时血糖浓度低于50毫摩尔/升的一种症状表现。如果发生运动性低血糖，轻者面色苍白、心烦易怒；重者视物模糊、焦虑、昏迷。

大学生在过度劳累、过度节食、不吃早餐等的情况下上武术课，非常容易发生运动性低血糖，因此，武术教学中，教师不仅要充分了解学生身体情况合理安排运动，还要为学生传授一定的营养、健康常识。运动性低血糖的治疗措施如下。

（1）平卧、保暖。

（2）饮浓糖水或吃少量食品。

（3）昏迷者，可针刺人中穴，并迅速就医。

4.运动性贫血

在医学检查中，正常男子的血红蛋白含量为0.69~0.83毫摩尔/升，正常女子的血红蛋白含量为0.64~0.78毫摩尔/升。运动中导致个体的血氧供应不足，出现贫血现象，多伴有头晕、恶心、呕吐、气喘、体力下降、疲倦等病症。运动性贫血的治疗措施如下。

（1）减少运动量，或停止运动。

（2）食用富含蛋白质、铁质、维生素的食物。

（3）服用抗贫血药物。

5.运动性血尿

在武术教学中，师生运动强度过大，学练负荷超过大学生承受范围有可能引起显微镜下血尿，直观外观表现就是血尿、腹痛、头晕等症状。运动性血尿的治疗措施如下。

（1）全面检查，排除病理性血尿，以免误诊。

（2）肉眼可见无明显症状，调节运动负荷，注意观察。

（3）发现肉眼可见血尿，立即停止运动。

武术基本功练习对大学生的各方面身体素质，尤其是柔韧素质有较高的要求，再加上武术动作与技法本身的技击性，在高校武术学练中即使不组织学生进行实战对抗，也较容易因各种原因诱发运动伤病，教学中教师要格外注重教学安全，并重视向大学生传授必要的运动医学知识，这是非常重要和必要的。

第二节　高校武术教学内容及优化

一、教学内容的概念

教学内容是教学体系的重要构成要素，指教学中为了实现教学目的和教学任务以教学形态的方式呈现的总称。

教学内容主要以教材形式出现，一些知识是否能作为教学内容，以教材形式呈现给师生，需要教材编写组人员的层层筛选，教学内容是学科教育者按照育人的要求，在总结前人学科教学和教育实践经验的基础上，遵循教学规律、学生认知等规律，结合学生发展实际精选某一部分内容作为教学内容。

高校可以通过以下几个方面深入理解武术教学内容。

（1）教学的材料和依据。

（2）以实现武术教学目标为指导。

（3）教师从多元体育教材内容中优选的结果。

（4）教师与学生的沟通中介。

（5）制约武术教学方法和教学手段的选用。

（6）决定武术教学的效果和质量。

武术教学内容是在武术教学实践中教师教与学生学的实践材料，武术教学内容是联结教师与学生的中介。武术教学中，教师可在选编教学大纲的基础上，结合本校学生实际情况对武术教学内容进行丰富。

二、高校武术教学内容的构成

（一）基本教学内容

1.体育及相关学科原理与知识

体育、保健、医学、运动学等原理与知识教学内容是武术教学的基础内容，这一部分教学内容的教学，有利于指导学生科学从事武术学练。

在高校武术教学中，体育、保健、医学、运动学等原理与知识内容应在武术教学之初就传授给学生，并且在武术教学的过程中，贯彻渗透相关的体育、保健、医学、运动学等学科的常识，在课中通常作为知识点穿插讲解阐述。

2.武术教学内容

武术教学内容是高校武术教学的主体，包括以下几个方面的内容。

（1）武术的起源、发展、概念、构成、分类等基本知识。

（2）武术文化内涵。

（3）武德。

（4）武术基本功。

（5）武术基本技法、功法。

（6）各种武术套路。

（7）武术养生保健内容。

（8）武术对抗技巧、策略。

（二）拓展教学内容

高校武术教学旨在促进大学生的身心健康发展，同时，兼有传承武术文化的重要教学任务。

我国武术文化源远流长，长期在民间流传发展，在我国少数民族中也有很多具有民族特色的武术内容，高校武术教学应在教学大纲所规定的武术教学内容的基础上，结合本地区、本校的特点，将本地区的民族武术特点纳入武术教学中，这样不仅可以丰富高校武术教学内容，对于大学生在武术练习中学习积极性的提高也具有非常重要的促进作用，还有助于少数民族武术文化的传播、传承。

此外，除了开展常规的武术理论、技能学练，有条件的学校和老师还可以利用课外时间，带学生了解当地特色的武术运动项目，组织学生去民间采风，深入了解当地民族武术文化，使武术教学凸显出地域性、文化性、民族性。

三、高校武术教学内容的优化策略

（一）教学内容应突显教育价值

教学内容是教学活动开展的重要基础，教师和学生根据教学内容开展各种教学活动，教学内容帮助师生分别完成教学任务与学习任务。

高校武术教学应坚持"育人"的教学目标，教学内容应具有教育性，具体表现在武术教学内容对学生的身心发展促进、良好体育习惯形成、体育素养培育、体育道德与精神的培养等方面。

通过武术教学内容的选择和施教，充分实现武术教学价值，要注重所选教学内容的教育性，武术教师要从武术教材中选择出最具有教育价值、最能促进学生的武术文化素养提高和武术价值观形成的知识点作为教学内容，或以这些为基本教学资源进行加工、拓展。

高校武术教学内容的教育性把握要求如下。

（1）武术教学内容应符合武术课程教学目标。

（2）武术教学内容的选用、加工应符合教育基本理念与观点，即注重培养学生正确的价值观、道德观等。

（3）武术教学内容应有助于促进学生的当前学习与未来发展需求。

（4）武术教学内容应有助于大学生树立正确价值观及爱国情感的培养。

（二）优选科学性的教学内容

科学性是教学内容选用与优化的最基本的要求。任何教学内容都必须符合当下的学校、学生实际，符合教育规律，能被学生接受，能促进学生发展，这样的教学内容才是科学的教学内容。

武术教学内容的优化，要时刻关注所选教学内容是否科学合理，以免误人子弟。确保武术教学内容的科学性要求如下。

（1）选择正版的教材，这是确保教学内容的科学性的重要基础。

（2）在高校武术教学大纲范围内选用教学内容。

（3）武术教学内容符合学生认知和素质发展。教学内容的选用与优化应符合学生的年龄特征，如让小学生学习大学武术，让大学生学习运动员的专业武术技能都是不科学的选择与做法，应当避免。

（4）教学内容应与学校教学的指导思想、教学实际相结合。

（5）科学呈现教学内容。教材知识从书本知识转化为学生的认知、动作，是教师进行武术教学的一个参考基础，有很多教学内容需要教师自己去收集、整理，结合教学目标进行教学设计，将教学内容以最佳形式呈现给学生。

（6）教学内容应考虑不同学生的学习需求，在促进学生武术知识丰富的基础上，满足不同学生的个性化发展需求。

（7）科学性不足的武术内容不应进入课堂。

（三）突出教学内容的趣味性

兴趣是学习的内在推动力，在高校武术教学中，教学内容是否能吸引大学生的学习兴趣，将直接影响武术教学效果。

在高校武术教学中，武术教师优化教学内容应注重对教学内容的生动立体化改造，让书本上的教学内容能以更加生动形象的方式呈现出来；在武术课堂教学实践中，对一些武术内容应注重趣味性改造，使整个武术教学更加有趣、教学氛围更加轻松欢快。

（四）筛选真实优质的教学内容

开展武术教学，教师传授给学生的知识、技能应真实有效，能真正促进学生的健康发展，并有助于大学生的良好价值观、文化观的建立。

武术教学内容的真实有效要求如下。

（1）不选择"难、繁、偏、旧"的教学内容。

（2）教学内容选择与呈现应充分考虑学生的武术学习兴趣，武侠影视中对武术夸大的内容，如飞檐走壁、隔空打牛等是对一些武术动作的艺术加工，教学中应帮助学生正确认识武术运动。

（3）重视教学内容与学生日常生活和现代社会的联系。

（4）多渠道（网上检索）获得的武术教学资源，确保其真实、客观。

（五）优中选优，取其精华，去其糟粕

在传统武术教学中，有很多教学内容一直存在，这些教学内容经过了长期教学实践的检验，能切实促进高校大学生的身心健康发展，应予以保留。

针对传统武术课程教学内容，可从中选出更合适的知识、技能开展武术教学，不同教师可结合自己的特点与特长选择教学内容、优化教学质量与效果。

武术教学应随着学校教学的发展而不断改革创新，随着社会不断发展，武术教学内容必须结合社会和时代发展背景注重更新换代、与时俱进，对传统武术教学内容中不符合时代特点、学校和学生实际的内容进行合理改造，对某部分具体的学校武术教学内容资源应进行合理取舍、改造、加工、处理，从中提取、增加或舍弃一些要素，使之成为一个新教学角度（如娱乐性、文化性）的

武术教学内容。同时，摒除一些虚幻、带有封建色彩的武术思想与文化。

（六）以人为本，注重武术文化教育

武术教学不仅应促进大学生的生理健康发展，还应促进学生心理、体育观、价值观的发展及意志品质等的提高，上述这些内容都应该被纳入体育教学的内容之中，而不只是局限于武术套路、武术运动技能的学练。

在武术健身价值实现的同时，教师应重视对大学生的武术道德教育，重视"武德"教学内容的传授，培养大学生良好道德品质。

在高校武术教学中，教师应充分认识到武术教育传承的重要作用，应重视武术文化内容的教学，通过这部分教学内容，让大学生加深对武术文化的认识，使大学生更好地了解我国优秀武术文化，并传承和发展武术文化。

第三节　高校武术教学方法及优化

一、教学方法的概念

关于教学方法，不同的学者提出了如下相同的看法。

（1）教学方法是教学系统的重要组成部分。

（2）教学方法是"教"与"学"的统一，可有效促进师生的双向互动。

（3）教学方法受到特定的教学理论的指导。

（4）教学方法是在教学过程中，教师和学生为实现教学目的、完成教学任务而采取的教与学相互作用的活动方式的总称。

在体育教学领域，一般体育教学方法指为实现体育教学目的而采用的手段、方式、措施和途径等的总和。

二、高校武术教学方法的类型

教学方法从教学活动参与主体的使用情况来看，可以分为教师"教的方法"和学生"学的方法"（包括学和练）。

（一）教法

教法的执行主体是体育教师，可理解为教师的授课方法。

1.知识技能教法

（1）基本知识的教法。基本知识教法就是针对这些理论知识展开教学所使用到的教学方法，主要涉及基础训练理论教学。

基本知识教法主要针对学科基本知识展开教学，一般是抽象知识，具有一定的难度，不像体育运动技术那样可以直观、生动、形象地展现出来。

（2）运动技能的教法。运动技能的教法是通过相应的教学方法向学生呈现技术动作，帮助学生更好地理解运动技能的概念、构成、完成过程的教学方法。为帮助学生更好地学习武术动作，武术运动技能教法应生动、形象，并充分表现出武术运动技能规律与特点。

2.思想教育法

思想教育法是为展现武术道德、武术文化教学内容的教学方法，通过教学，促进学生的武术价值观念、武术精神、武术道德、武术意志品质、爱国意识等的发展与提高。

（二）学练法

1.学法

学法主体为学生，是学生了解和掌握学科相关知识的方法，通过具体学法的选择与应用，促进学生对知识、技能的掌握。

2.练法

练法具体是学生的运动训练方法，是实现武术教学目的的重要方法和途径，指导学生进行体育锻炼的方法是体育教学里面最具本质特征的方法。

本书所提到的武术教学方法是狭义的武术教学方法，专指教师在武术教学中所使用的"教的方法",即教法。

三、高校武术教学常见教学方法

武术教学方法种类多样,这里重点介绍以下几种方法的操作程序及优化运用要求。

(一)语言教学法

语言教学法是教师通过语言表达组织教学活动、传授武术知识的教学方法。常用语言教学法举例如下。

1.讲解教学法

讲解教学法是教师通过语言讲解来开展教学的方法。讲解法使用要点如下。

(1)讲解要明确,突出重点、难点、特点。

(2)讲解要正确。对武术文化、动作术语、技能方法等进行准确描述。

(3)讲解要生动、形象,便于学生理解教学内容。

(4)讲解要通俗易懂、深入浅出,方便学生学以致用。

(5)注重教学内容讲解的时机和效果。

(6)重视讲解内容的前后关联性。

2.口头评价法

口头评价是武术教学中非常重要的教学方法,可以在课堂上及时、快速给予学生最直接的评价、提醒。口头评价有如下两种。

(1)积极评价:教师对学生鼓励、表扬,是肯定性评价。

(2)消极评价:教师对学生的批评。教师应就事论事,不能过分打击学生自信心、更不能进行人身攻击。

3.口令、指示法

口令、指示具有简短的高度概括性,能给予学生武术动作习练时及时、准确的信息。口令和指示法应用要求如下。

(1)口令和指示发音清晰、声音洪亮。

(2)语言精练,言简意赅。

（3）尽量使用积极性的词汇正面引导。

（4）注意提示时机。

（5）合理把握口令和指示的节奏。

（二）直观教学法

直观教学法是利用学生的感官作为传递媒介，给予学生感官能接收到的信息，使学生通过综合各种感官信息来直观、生动、形象地了解和理解教学内容。

武术教学中常见的直观教学法有如下两种。

1.动作示范法

动作示范法是武术教学中使用频率最高的教学方法。动作示范教学法的运用应注意以下几点。

（1）明确示范目的。

（2）示范动作正确、流畅，不能误导学生。

（3）示范位置合理，尽量让每一个学生都能全面、准确地观察教师的动作，教师可多进行不同角度的示范，如正面、侧面、镜面示范等。

（4）示范应与讲解结合起来，通过示范、讲解，加深学生对武术技术动作的理解与掌握。

2.教具与模型演示法

采用图表、照片和模型等直观教具辅助教学（见表9-5），能让学生获得最直观的教学信息。教学中应注意以下几点。

（1）提前准备好教具、模型。

（2）提前将演示的内容、材料、步骤设计好。

（3）教具、模型全方位展示，可让学生近距离体验。

（4）注意演示步骤。

（5）注意演示时间的分配。

（6）注意教具与模型的使用保护。

（7）注意演示观察与相关的结论信息间的相互印证。

表9-5　武术教学演示教具种类

演示类型	教学举例
武术实物	武术器械
武术模型	武术遗址、遗迹、遗物原型或复原物
武术图片	课本插图、教学挂图、武术照片等
武术幻灯	使用投影灯、自动幻灯将图、报、物等影像直接投射到屏幕上
武术电影	武术纪录片、资料片、教学片
武术录像	

（三）完整教学法

完整教学法指教师在武术教学中完整地、不间断地演示整个技术动作过程，通常在武术教学实践课中运用。完整教学法在武术教学中的应用应注意以下几点。

（1）讲解要领后直接运用。教师通过对武术技术动作的分解讲解后，示范整个技术动作，使学生能流畅地模仿完整的技术动作。

（2）强调动作练习重点。较为复杂的动作，应明确讲解、示范重点。

（3）降低动作练习难度。降低动作难度以便于学生完整练习，待建立正确动作定型后逐渐增加难度，再进行标准难度的完整训练。

（4）难度技术动作的完整教学应建立在详细讲解的基础上。

（四）分解教学法

分解教学法是与完整教学法相对应的一种教学方法，主要用于对复杂武术技术动作的拆分，让学生逐个环节、依次掌握武术教学内容。分解教学法应注意以下几点。

（1）科学分解武术技术动作，不能打破各环节之间的有效衔接。

（2）分解后的技术动作依次教学，熟悉后注意组织学生对学习环节前后的衔接结合练习。

（3）技术动作分解与完整综合运用效果更佳。

（五）预防教学法

学习是一个循序渐进的过程，学生不可能做到一下子就能准确掌握知识要点、动作要领，在学习过程中难免会犯各种各样的错误，教师应对学生有充分的了解，能预测学生可能会出现和普遍会出现的错误，提前采取预防错误的教学措施。预防教学法应用要求如下。

（1）教师应在讲解过程中不断强化正确认知，避免错误认知。

（2）教师在备课时对学生可能会出现的错误做好预案。

（3）可结合口头评价、提示、指导帮助学生降低错误发生率。

（六）纠错教学法

纠错教学法是学生在武术教学中出现认知、动作错误后，及时纠正错误的教学法。纠错教学法应用要求如下。

（1）正确讲解技术动作，使学生明确错误产生的原因，及时改正。

（2）结合外力帮助学生明确正确技术动作的本体感觉。

（3）有针对性地结合错误的原因提出改正措施与方法。

（4）注意纠错语气、用词、方式方法的运用，不要打击学生学习的积极性。

（5）培养学生的思维能力，引导学生主动发现问题并解决问题。

（七）游戏教学法

游戏教学法是指教师利用组织游戏的方法使学生完成预定教学任务的教学方法。游戏教学法的应用要点如下。

（1）教学游戏应与具体的武术教学内容相适应。

（2）选择学生感兴趣的游戏内容、方式。

（3）游戏开始前，注意游戏规则、目的的讲解。

（4）游戏过程中，强调学生的积极努力、同伴的协同配合。

（5）游戏过程中，教师应监督学生在游戏中的行为，避免学生破坏规则，如有发生应实施"惩罚"。

（6）游戏结束后，教师应作客观、全面的评价。

（7）注意游戏安全。

（八）竞赛教学法

竞赛教学法是通过组织教学竞赛的形式来开展武术教学的方法，对学生的身体运动素质、竞技能力、心理素质、社会性关系处理等具有重要促进作用。竞赛教学法的应用要求如下。

（1）明确竞赛目的。通过运动竞赛切实提高学生的运动技能水平。

（2）合理分组。

（3）客观评价学生的表现，并指出改进的方向和方法。

（4）注意竞赛安全。

四、高校武术新教学方法应用

（一）多媒体教学法

多媒体教学方法是现代武术教学中被较多使用的方法，与传统的课堂板书教学不同，多媒体教学能令教学内容的展示更加生动形象，通过立体、动态教学信息和画面的展示，可以提高学生的武术学习兴趣，激发学生的学习探索。

多媒体教学还能实现教学内容展示的"随机停顿"，教师准确地利用多媒体教学技术向学生分析动作的细节，通过动画和视频演示，可以将每一个动作精确到秒上，将教学内容制作成电影、幻灯片、视频等，通过重放、慢放、定格等方法，使学生更深入、系统地学习知识，掌握技能。

（二）讲授演播教学法

讲授演播教学法是对讲解与现代信息媒体演示教学方法的综合运用，可以促进武术教学更加生动、形象。

讲授演播法对教师的语言表达能力和现代教学新媒体的操作使用能力都有较高的要求，同时，要求学生具有较高的学习自觉性和听讲的能力。讲授演播教学法的具体操作实施如下。

（1）明确观看视频的目的。使学生知道看什么，怎么看，为什么看，提高学生接收信息的准确程度。

（2）引入课题：用媒体展示事物形象，抛出问题。

（3）转化概念：把形象事物转化成抽象概念。

（4）学生活动：教师提供新材料，引导学生思考、讨论。

（5）教师总结：教师进行总结。

（6）概念应用：学生用已学知识解决问题。

（三）探究发现教学法

探究发现教学方法是对探究教学方法和发现教学方法的有机结合，是一种创新的教学方法，该教学方法重在培养学生的自我学习和实践能力。探究发现教学法的实施过程如下。

（1）教师借助现代教育媒体设置问题情境，提出问题。

（2）教师通过讲解，让学生了解武术基本技能，提出探索与发现要求。

（3）教师向学生提供有关需要探究或发现的问题情境，向学生提供必需的学习材料，进入问题情境。

（4）学生结合已学知识和经验自行发现问题，确定探究的方向。

（5）学生通过各种途径、形式自行收集资料，进行筛选、归类、统计、分析，得出结论或答案，解决问题。

（6）教师对学生得出的结论或答案进行点评和总结。

五、高校武术教学方法优化注意

对高校武术现有教学方法进行选择和优化完善，或创新教学方法，应注意以下几点。

（1）不同教学方法的特点、功能和应用范围不同，应根据实际情况，对多种教学方法进行比较分析、组合整理，实现功能最大化。

（2）教学方法的优化使用，应注意体育教学中"教"与"学"的统一。

（3）武术教学中，无论教师选用何种教学方法，都应该能更好地调动学生的积极性和自觉性。

（4）结合武术教学实际和学生实际情况改进和创新教学方法。

（5）教师在课前选择教学方法时，应充分考虑到教学中可能会出现的教学效果、学生反应及出现的问题等，在教学方法选用中留有余地，结合教学实际对教学方法及时进行调整并灵活运用。

第四节　高校武术教学提质增效的优化

一、文化属性的价值提升

文化原点的力量决定着文化影响力强弱，如果文化原点的影响力不够，文化则不可能向外扩散与传播。因此，中国高校武术中文化属性的"弱势化"值得我们反思。

（一）创设具有"教化"意义的武术参与活动之"文化场域"

为了探讨武术参与文化，本研究特别访谈了中国人民大学王智慧教授，他认为武术文化属性价值提升是一个非常宽泛的概念，具体要进行价值提升实属不易。因此，他建议将武术文化进行分层，即武术文化包含精神文化层、行为文化层和物质文化层三个方面，具体我们逐一进行探讨。基于专家意见，本研究进行大量文献分析与思考后，作出如下论述。

1.武术参与活动之"精神文化"的提升

武术精神文化是武术文化的核心，又被认为是武术文化的心理要素，主要体现在礼、义、忠、孝、恭、谦、勇、勤等内核素质，这些要素显著体现出习武之人刚正不阿、侠肝义胆、自强不息等外在精神。本研究将从宏观和微观两个层面进行路径提升。从宏观层面看：首先，国家可以树立相应具有"德艺双馨"的武术大家、明星等作为武术形象"代言人"，如中国武术形象大使"李连杰"就是一个很好案例,但仅树立一个"李连杰"还不够,还需要有更多的影视武打明星、武术运动员、民间拳师、武术学者,甚至是在这方面优秀的在校大学生都可以成为杰出代表,把他们身上所具有的上述"精神文化"要素进行提炼,并大力弘扬,用这些精神力量去感染学生,进而达到一种"教化"作用。其次,要利用国家武术最优资源,如国家武术套路队、国家武术散打队、国家武术表演团等定期到各个高校进行巡回演出,将武术中最直观的精神形象、身体符号以表演、赛事等感官形式展现出来,让学生充分认识武术的魅力,以"眼见为实"来传递一种"心灵震撼"进而达到"身心实践"的"教化"效果。最后,要利用高校武术学者、文化知名人士所具备的高知识文化优势,进行"学术讲座""文化沙龙""主题演讲"等,将武术文化精髓用他们的专业知识以通俗易懂的方式表达出来,以此带动具有高知识能力大学生对武术文化的深入思考。从微观层面看:各个学校要开足开齐武术课,将武术套路、散打、短兵、长兵等融入课堂,没有条件的也可以利用选修课、外聘教练方式予以进行;多举办一些武术文化活动,诸如开展武术文化沙龙、武术表演、武术赛事、武术培训等,鼓励学生积极融入其中。这里可以借鉴清华大学校园活动模式,这是基于本研究对清华大学乔凤杰教授进行访谈所了解的信息。清华大学举办的各类武术活动,都会邀请知名学者、文化名人以及学校领导参与,如"虚一学苑"学术讲座,每次都有来自清华大学、北京大学、中国人民大学等各领域不同专业的教授、学者、学生参加。而且清华大学"马杯"运动会武术比赛,也会邀请各个领域的官员、武术专家、知名人士到场参与,这些官员、专家、知名人士的影响作用无形中就会产生一种"示范"作用,将有效带动学生的积极性,给学生树立一种积极正向作用。作为高校,每个大学都有相关的知名学者,这一模式可以有效借鉴,利用高校资源优势将武术文化进校园落到实处,让当代大学生真正认识到武术文化魅力,这将有效提升武术参与活动的"精神文化"。

2.武术参与活动之"行为文化"的扩容

武术参与活动"行为文化"主要体现在学生参与到武术某拳种或某武术门派的一种行为,如少林、武当、太极,以及散打、短兵等行为文化。本研究所探讨的武术参与行为文化的含义将会更加广泛,基于供给侧结构性改革中"供给创造需求"的核心思想，以及通过前文分析提炼"中外合璧"的诸多有益做法，都值得我们予以借鉴和参考。如武术参与活动"行为文化"不应局限在竞技武术方面，也不应局限在某武术拳种方面，否则势必会过于单一化。应该将各种武术元素内容都融入进来，如韩国的射箭、创新跑步竞赛法、扛木头等民俗活动及校园体育大会中单独进行比赛都是很好的一种"行为文化"创新。当然，中国武术行为元素也是极其丰富的，其中大量的武术表演、功法、格斗等内容就是一个资源库，而且这种极具武术学科属性的身体活动在课程建设中已有论述，并将其作为很重要的训练内容与考试内容。为此，本研究认为应该将武术参与活动的"行为文化"进行分类，来扩容武术参与活动的"行为文化"。基于武术的基本功能可以将表演类、格斗类、功法类、养生类、娱乐类等分类与归纳，具体见表9-6。将武术参与活动"行为文化"进行归纳后，这就为今后各高校开展武术活动打开了另一种思路。只有将武术行为文化进行广泛吸纳，让其更多元化，才能引领更多的同学参与其中，这样将有助于下一步进行武术活动参与的规则设定，达到一种更广泛的"教化"作用。这里一定要注意的是，武术的参与一定是为大多数同学服务的，而不能只局限在一些武术特长生，只有参加者的基数增加，我们的教育、教化才能更广泛，不然再优秀、再有教化作用的武术文化也无"用武之地"。

表9-6 武术参与活动"行为文化"扩容分类表

类型	内容
表演类	各类竞技、传统武术套路
格斗类	散打、摔跤、推手、短兵、长兵、角斗士等
功法类	腰功、臂功、腿功等
养生类	八段锦、易筋经、五禽戏等
娱乐类	身体活动类：舞龙、舞狮、射艺、角力等；文化参与类：校园武术文化节、武术征文比赛、各类武术比赛等

3.武术参与活动之"物质文化"的改善

物质文化是指为了满足人的生存和发展需要而创造的物质产品，包括生产工具、劳动对象、创造物质产品的技术及其所表现的文化。当前研究较多关注武术非物质文化遗产的保护研究，却忽视了直接映射在学生面前的武术相关物质文化的质量提升。武术的物质文化包含了武术的器材、建筑（场馆）、服饰等。因此，武术参与活动的物质文化除应包含这些内容外，还应包括与活动方案执行中所涉及的各项实物性内容。这些物质文化在很大程度上反映了学生对武术特性及参与武术活动的认同和自豪感，是维系武术文化认同的重要纽带。正如韩国学校体育大会中，学校为体育大会所提供的音响设备、帐篷等，而且活动还为学生提供了能够娱乐消遣的场所，使学生能够有条件进行美食、唱歌、跳舞，学生参与其中可谓"其乐无穷"。这里本研究所要突出表达的是，"物质文化"的改善，其实质就是一种"服务意识"的改善，能够"想学生之所想，急学生之所急"，这是一个前提。政府部门要引导武术物质文化生产企业，优化产品质量，提高武术物质文化产品的文化感、科技感、时尚感、创意性，才能够吸引学生。首先，引导学生自主创新，发挥能动性。政府、武术职能部门、学校要能够给予学生一定的帮助，要鼓励学生创新，比如，现在高校武术参与活动中场地、器材的不足，文化感不强是一个很大问题，很多学校都没有配套场地，这部分内容在课程的环境提升中已有论述，也提供了一些武术场馆的环境建设方案。还有武术结业证书的设计，那么高校武术比赛也要将武术比赛证书进行完美设计，这方面我们要加强重视。为此，本研究认为，创设具有"教化"意义的武术参与活动之"文化场域"，物质文化必不可少，各高校完全可以通过发挥大学生的能动性，进行文化创意，创作富有文化气息的字画、海报、标语对武术活动场地进行装饰，如对武术场地修饰成太极八卦图等，这个场地完全可以由学生自己动手进行创作，尺寸也可以根据需要灵活掌握，同学们在这种场地上进行比赛更能感受武术的文化内涵；不一定都要在武术地毯上进行比赛，这也有一定的局限性，因为很多学校也不具备提供专业武术地毯的条件。其次，职能部门要主动提供后勤保障。学校各类武术展演过程中，也要多利用现代高科技技术，通过灯光、音响、舞台升降旋转等背景表现和转换技术，以及先进的数字影音技术对武术展演效果进行文化创新；还有现在比较流行的LED灯光设备，可以与任意武术器材结合，增加武术舞台表演效果。当然，这个过程一定要根据各类武术活动的实际情况进行灵活选择，其目的就是要重视武术物质文化的高质量供给，要符合"供给创造需求"的主旨思想，从供给端和细节处改革、完善武术参与活动，通过细节处理让学生们感触武术活动组织者的"真情"，这样的真情也正是最真实的"教化"。

（二）创设具有"民俗"意义的武术参与活动行"身体感知"

武术"文化场域"是一种定期、集中展示武术文化元素或武术文化活动的场所，其中武术文化节、各类武术比赛、武术教学等都属于武术的"文化场域"。高校中的各类武术课、武术训练队、武术社团、校内外武术比赛等"文化场域"都有着极其强烈的文化支撑力，只是我们当前没有进行有效开发和充分利用。这说明我们前面所探讨的中国传统武术文化在当前高校中"赓续传承"不够，也没有将武术那种神秘的、隐性的文化进行"认知表达"，导致高校武术文化场域没有让大部分学生产生一种文化归属感。正如相关调查，非武术专业大学生的武术认知渠道主要源于电影、电视，电影、电视中所带来的某种神秘感和神奇力量让学生有了习武"冲动"。为此本研究认为，要将传统的有关武术那种神秘的、神奇的、民俗意义的活动纳入其中。

首先，重大武术参与活动（武术文化节、武术大型比赛等）要被视为一种神圣的庆典活动来举办，要有仪式感，要隆重，要注重传统武术礼节、服饰、音乐等运用，如音乐，这个过程最好采用中国古典击打乐，营造一种热烈、威武的气场氛围来让学生在心理上产生情感凝聚与文化认同。再如，庆典场地要设置各种演武场，让武术名家、学校专任武术教师、学生等各专区来讲习武艺或展示各自的技艺，通过武术名家等各自展演的"身体表达"，展示武术礼节的具体运用，以及武术服饰给演练所带来的韵味美，而讲习武艺环节则可以形成有效互动，让学生参与其中，这时可以将计划好的一些简单武术内容让学生进行体验，以此产生一种互动参与的体验价值。

其次，比如在武术文化节中，可以通过收集古今武术兵器供大学生或其他人观赏和体验，来感受武术文化的历史厚重感，甚至也可以由专人指导，让学生体验一下古老的兵器，增加他们对武术活动的别具认知与身体感受。

最后，要整理一些有关武术历史、文化、名人、论说、传说、神话等，在各类活动中进行文化宣传，从这些隐性的武术文化中使大学生获得文化认知与情感归属。也可以通过种种途径在高校武术的课程、社团、比赛等"文化空间"里，创设具有"民俗"意义的武术参与活动行"身体感知"，使大学生能够找到自身与民族文化信仰之间的一种平衡，并最终增强高校武术文化空间的可持续发展动力。

二、核心需求的满足供给

（一）"学校方面"引领需求的武术参与内容——规定模式

我们知道，学生参与是课程的有效延伸，也是课程建设质量好坏的直接反映。因此，从课程建设内容方面将其创新性引入课外武术参与的必要性就显得犹为重要了，这样可以利用教学资源形成有效的"课内外一体化"模式。为此，学校方面引领学生需求的武术参与内容供给，应结合武术课程设置进行。基于此，本研究选取了具有一定可操作性、内容简单、易于学生参与、游戏性强的项目进行构建，具体见表9-7。

表9-7 "学校方面"引领需求的武术参与内容供给——规定模式表

活动类型	具体内容
功法类	腿功：横竖叉比赛、单腿1分钟连续低鞭腿打沙包、左右腿1分钟连续低鞭腿打沙包 腰功：涮腰摸远比赛 臂功：马步1分钟左右冲拳、1分钟左右冲拳打沙包、1分钟左右掼拳打沙包、拧长绳
表演类	套路个人赛与团体赛（根据课程教学及学校特色节选，其中具有一定武术特长的将以邀请的方式提供单独表演机会）、集体踢腿比赛、连续侧手翻、1分钟鲤鱼打挺
格斗类	自由打靶（比赛：击点准确点、反应速度、力量）、条件实战（一方直拳进攻，另一方躲闪防守）
文娱类	武术征文比赛（主题自拟）

通过以上规定模式的选择我们可以看出，本研究依据课程内容供给进行了参与活动的内容提炼，相关内容操作性很强。由此，武术参与活动"行为文化"在扩容的基础上又进行了实践创新，所有内容突出了武术学科属性。如在"功法类"设置方面，都是中国武术的传统练习方法，有柔韧性考察、有体能

性考察，突出基本身体素质，通过这样的设置学生定会在课上课下进行有效练习，身体素质必然会提升，而且趣味性强；在"表演类"设置方面，套路比赛教学教什么就比什么，尤其是设置了团体赛和集体项目，多人组合增加团队意识，而连续侧手翻和鲤鱼打挺的设置则提升了学生的表现欲望，这里特别要提出的是，如大学生中有一些武术功底还不错的同学，一定要给予其展示机会，本研究提出将以"邀请"方式将有武术特长的同学安排单独表演时间，突出"人性化"与"服务性"理念；在"格斗类"设置方面，首先强调的是安全，同时还要安排学生能够有效进行的内容，那么自由打靶和条件实战可以说是一个有力创新；在"文乐类"设置方面，进行武术征文，贴合大学生文化素养较高的特点，通过他们自拟主题的文章撰写，在这个过程中自然就会加深对武术文化的理解，同时还锻炼了他们的文字撰写与表达能力。可以说，这些内容既是武术特色体现，同时也是课程内容。当然，作为比赛活动，其具有一定的挑战度与专业性，也起到了一定的参与活动引领、示范作用。下一步只要将相关活动管理流程进行细化，那么引领带动学生参与必将大有可为。

（二）"学生方面"满足需求的武术参与体系供给——自治模式

为了发挥学生的自主性与能动性，在学生自选模式方面，作为管理者，不应给予过多规定，这方面要向日本大学武道思想学习，要鼓励他们自由创新。为此，作为管理者，我们可以提供给学生一个模板。在此基础上，鼓励学生大胆地融合任何体育项目来开展活动。高校可以以学生武术社团为核心，积极开展校园社团内武术竞赛、武术文化节、校际间武术交流等系列活动，以及开展大学武术文化论坛（传承与发展研究等）。本研究认为，可通过学生的"三自治模式"以达成"学生方面"满足需求的武术参与内容。①大学生成为课外武术活动、大学武术俱乐部的管理主体，采用"学生自治"的方法，教师辅助，以武术社团为核心，自行组织活动和安排；②制定武术社团管理工作流程并严格执行，充分发挥学生自行组织教学和管理；③课外武术锻炼和竞赛的自由模式，以学生自己的能力自行组织武术表演团、训练队等来调动周围学生积极性，并活跃大学武术文化氛围，这也是大学课外武术活动的关键。通过"自治管理"，高校可以有效锻炼学生在物力、财力和人力等方面的管理能力，也是发动、鼓励或者影响、促成学生自我成长与行动的一种有力手段。通过这样的改革，有利于把武术课程转化为武术参与活动的实践教学平台，还有利于将学生在武术参与活动中的创新思路转化为武术课程资源，让武术课程与学生自治的满足需求形成良性互补，以此构筑全面满足学生需求的武术参与网络化体系。

三、组织管理的人本合一

（一）从组织实施上看，突出"娱乐性"来"带动"参加者

我们从组织管理中的寻道之探中得出，无论是西周时期的"礼射"，还是针对韩国的相关个案考察都遵循了人们参与活动"玩"的心理需求，而这一需求也是有效带动人们参加的基础，是"以人为本"的体现。因此，当前高校武术参与的组织实施也应遵循这一基本原则，进行有效创新。武术参与活动一定不能离开特定的"文化场域"，即中国传统文化中在精神文化层、行为文化层和物质文化层三方面的体现。一种文化的兴衰往往依赖于拥有这种文化的人数。而人与文化又是双向同构关系，人创造文化，文化也改变着人，人从一出生就生活并成长在特定的文化场域中，而人的思想、心理与行为也时刻受这种特定文化的影响和熏陶。为此，本研究认为高校武术组织实施的创新应到中国文化中去探寻，到大学生从一出生就感受的那种乡土气息中寻觅，从而构建具有民族文化特色的"武术盛会"，而不是以西方"竞技体育"为模板的运动会。为此我们可以依据前文中论述的古代"礼射"场景，进行适当创新，将高校武术参与活动的组织实施规划成一种盛大的民俗活动，将开幕式（龙狮开场，嘉宾为舞狮"点睛"）、武术表演、各类民族文化展演活动（武术服饰、武术兵器、书画、中医、民族歌舞等）、武术名家或校园武术明星技艺交流、现场武术参与互动、武术知识竞猜、棋术博弈（象棋、围棋）、各类美食等有效进行融入，在"武"的主题下，将大学生具有的各方面才艺都"调动"起来，形成一种宏大壮观的场面，犹如"武林大会"一般，这样就会满足不同人群需求，也引领学生武术参与需求的转向，即"总有一个活动适合你"。这样就能有效解决传统文化"在场"及如何拥有"这种文化的人数"问题。

(二)从管理方式上看,突出"服务性"来"尊重"参加者

上文我们创新出凸显民俗活动、具有武术文化特色、"娱乐性"十足的"武林大会",组织实施的创新与最终落地,必须有完善的管理理念、机制来组织这种创新进行有序实施。由于本研究所创新的"武林大会"是一个复杂且系统的组织体系,因此需要多部门联合进行。在中国大学内部,绝大多数学校都建立了学校体委负责,学校体育部、学生会体育部等机构相结合的参与管理系统。针对不同活动的性质和特点,采取不同的管理形式。对体育课教学、全校性的学生体育运动、学生体育代表队训练与比赛等通常由学校体育部独立管理。学生或各体育协会、俱乐部及其相关的各类比赛则由学生在学生会、团委帮助下自己参与和管理。结合当前我国高校武术参与服务管理的内部工作现状,高校武术参与活动可以挂靠在学校体育部门下。高校武术工作应该是在校长的关注与支持下,由主管体育工作的副校长进行主抓,并由校体育运动委员会负责全校武术工作的开展,体育院、部来具体制定相关方案,体育院、部下属职能部门,如"武术参与活动办公室"直接进行具体设计、落实、参与相关工作的运行。团委、学生处、党政办、教务处进行具体协调相关工作,予以制度、政策、经费等相关方面的保障性服务,并最终以各教学院为单位进行活动参与,由各教学院相关负责人与武术参与活动办公室进行协调落实。武术参与活动办公室负责全年的活动管理,包括工作任务分配、计划制订、监督与考核等,以此形成一个分工明确且具有专业性、独立性的武术"服务机构"。各高校在建构独立的武术参与活动机构后,接下来要保证武术参与活动的各部门权责分明、任务清晰,最终让"组织实施"更高效,活动内容真落地。

由于我国高校武术往往只被视为大学教育的一个组成部分,属于大学内部的一种行为,其管理方式呈现出"一元性"特征,即人们只探讨武术能为大学教育做什么。很显然,这种理念仅限于培养学生的社会职能。我们知道高校武术活动参与不仅是大学教育的组成部分,而且是国家、社会的组成部分。因此,在供给侧结构性改革理念下,人们不仅要研究高校武术能为大学做什么,而且要研究大学能为武术做什么,大学有义务使武术朝高质量发展。换言之,要树立二元性高校武术观,这种二元性则显现出了高校要做"服务型"学校,

各职能部门也要做"服务型"部门。很显然，这种高校"服务型"观念"打开"了高校武术参与的"围墙"与"掣肘"，本研究所设计的"武林大会"形式才能得以有效落地，武术文化才能得以弘扬。赋予高校武术二元性质是现代大学的社会责任，也是高校武术活动参与实践向前发展的客观要求。它将使高校武术能够更自觉、更充分地满足新时期的社会需求，符合大学武术发展的历史潮流。因此，新时期高校及武术参与的"服务性"管理是最重要的使命。

（三）从组织形式上看，突出"多样化"来"吸引"参加者

组织形式本质上反映了一种通过合理分散发展而达到选择性集聚、群体空间优化的理念。因此，组织形式能够实现武术参与资源的优化、动态组合与共享。为了实现高校武术活动参与组织实施目标的效益，就必须解决优化组织实施与管理过程的形式问题，还要注意目标决策过程中组织方式、过程损益问题。我们知道，高校武术参与活动是高校武术课程目标、思想及内容等方面的有效延伸，无论何种组织形式，我们最终要达成的目标是一致的，即"承继民族优秀传统文化、弘扬民族'尚武精神'"。由于一种文化的兴衰往往依赖于拥有这种文化的人数。因此，如何实现高校武术参与人群扩布，这是组织形式最需要关注的问题。当前中国高校武术参与组织形式总是出现学校的大包大揽，这就显得过于"单一化"，使得学生武术参与空间过于狭小。组织形式多样化已经成为一种社会基本表征。采取"多样化"的组织形式来扩展空间则是必经之路，也是解决之道。因此，要避免"学校"的大包大揽，就要组建多样化的利益联结机制，即组建政府（包括武术管理部门）、社会、学校、教师、学生等利益相关者的联结机制，通过学校、教师、学生自主组织管理、外包、公私合作等途径，以多种多样的组织形式提供高校武术活动参与服务，使政府、学校、教师、学生、社会等与武术部门共同承担武术活动参与的管理责任，组织政府的"专业"参与活动、社会的"公益"参与活动、高校的"教育"参与活动、学生的"娱乐"参与活动等形式。这样既发挥了政府、学校所掌握的资源调动优势，又强调了教师与学生的能动性，还融入了社会资源的管理、资金优势。这将有效把课内、课外的武术参与调动起来，进而形成灵活、多样、规范的高校武术参与组织形式。同时，高校武术活动参与组织形式一定

要注重"大众参与性",要"生活化"才能贴近学生。特别要注重对学校内部各类武术活动组织形式的开发,要充分发挥学校内部武术参与活动"小型多样"优势,采用新颖的组织形式(本研究上文所提到的"武林大会"相关组织内容),吸引不同需求、层次的学生参与其中,这是根本,也是重中之重。学院、系部,甚至组织部门可以制定奖惩制度,如规定:一是各学院成绩与年度政绩挂钩;二是在比赛过程中,各参赛队不得少于本单位注册人数一定的比例,多则加分,少则扣分;三是设立奖励等级,并给予一定物质或现金奖励(比赛中可以设置拉赞助的形式对学生进行奖励或者成立武术比赛基金)。另外,学校的大众武术参与活动要做到"经常化""日常化",使武术比赛、武术活动成为学生休闲娱乐的重要内容之一。

基于以上论述,优化高校武术活动参与的组织形式,增强活动组织的有效性,强化参与者的互动,努力为学生的武术参与提供个性化、多元化,甚至定制化的指导与帮助,以此最大化促使学生获得参与过程的体验乐趣,最终提升武术活动参与率及对传统文化的传播效益。

(四)从活动规则上看,突出"多元化"来"评价"参加者

课外武术参与活动表现出灵活性、开放性、兴趣性、综合性等特点,如果仅凭单一的竞技比赛规则模式,将无法起到全面激励学生的效果。高校武术教育活动参与的最大特点就是它的大众化,其本质目的在于提高参与度,但不同的武术活动,如教育部、教育厅等组织的专业活动,社会组织举办的公益活动,学校举办的教育活动,学生举办的娱乐活动等,其规则也具有一定的差异性。高校武术教育活动参与主体及活动类型的多样性决定了不可能建立起在内容上"溶冶"所有活动规则于一炉、在结构上"潘德克吞式"的规则法典。因此,其活动规则就一定是多元化的,以此达成不同的活动目的。为此,本研究将通过宏观与微观两个层面进行"多元化"活动规则。

从宏观上,要制定多元主体管理的活动规则治理体系。首先,在强调多种主体参与状态下,明确权责及不同主体所承担的活动性质,充分发挥政府职能部门、社会公益组织、学校院系及学生等各自优势,制订不同性质的比赛规则,如教育部或教育厅等官方组织所要制订的是专业规则体系,而各高校则制

订具有教育性质的规则体系，社会组织则编制公益性质的规则体系，学生则编制娱乐性质的规则体系。这样各学校就能根据自身实际与全年（学期）总的各类文体活动指标开展丰富多彩且大多数学生参加的课外武术活动，由过去课外武术活动规则的制订工作只靠学校体育部门提供，转变为政府、社会、院系、学生共同制订的活动规则体系。其次，基于普通高校大学生身体素质的参差不齐，为了鼓励更多人参与武术活动，应将各类武术参与活动分为大众或精英（有一定武术基础或体育特招学生等）组，就如同韩国庆南大学体育比赛中将体育系、警官系学生平均分到其他院系一样，即要坚持"课堂与课外、兴趣与技能、群体与竞赛、全面与分类"原则来制订各类武术活动参与规则评价。

  在微观上，要确定以多元主体管理的活动规则来制订。首先，从教育部或教育厅等官方组织来看，因其武术参与性质的相对专业化，它所要参与的对象都是一些武术基础比较好的学生，因此制订的武术规则体系要突出专业性，起到一种引领作用。因专业武术参与活动不是本研究所探讨的重点，为此这里不再详细分析。其次，再从社会的公益性质武术参与活动来看，通过公益表演、公益教学、健身指导等方式引导大学生通过武术进行社会实践与社会服务。因此，可以通过制订相应的激励规则对参与者的公益精神进行肯定和褒扬，具体包括公益活动的认定规则、公益活动的物质奖励规则、大学生综合素质测评中德育测评规则、精神激励规则（如授予荣誉证书）等，让这些规则成为促进大学生通过武术有序参与公益活动的外在驱动力。最后，学校管理体系下的教育性质规则体系，这其中包括教师的课堂教学和学校组织相关的武术活动来达到育人与传承文化的目的。从学校大型武术活动与课堂上来说，一定要坚持武术教师的导向作用，把课堂"内外"的武术参与规则基础打牢，突出教育性、仪式性、文化性。例如，可以规定学生是否穿传统的武术服饰、武术礼仪运用是否到位等来作为评比的重要内容，而组织者和裁判员也应该进行良好的礼仪培训，所有的活动都要突出"以礼始，以礼终"，并将此内容作为重要的评价依据。在同一个等级内，大家是公平竞争的，但仍要相互之间行礼以表示尊重，而且要用敬礼的方式感谢观众、感谢裁判、感谢所有为此项工作付出努力的人。参与活动本身就是一场很好的教育展示会，对于个人而言，通过这样的竞赛规则可以培育人的"君子之德"。

同时，还要着重强调课堂的教学、考核中要设置课外武术参与活动项目，学生在课上学习后，可直接参与比赛，即提前把规则制订好，来带动学生参与，起到一种引领、示范、辐射作用。例如，本研究所提出的综合化课程中的考试环节，就有1分钟鞭腿踢击沙包计数考核，我们可以利用此项内容创编竞赛规则，1分钟内循环往复地踢击沙包，一个位置每次只能踢击沙包10次，以一分钟所踢击个数来判定胜负，这样的规则设计既有趣味性，也容易操作。以此类推，其他武术参与活动也可以进行相应规则创新。

从学生娱乐性质活动规则的制订来看，要发挥学生的能动性，除了要创设条件让学生在学校内部自行组织活动，还要引导学生与其他高校之间进行武术交流活动。因此，这就需要学生组织之间共同探讨相关活动规则，也可以邀请相关专家予以把关，只要符合"共同发展、共同进步"理念，都应予以支持，鼓励学生进行规则创新，这样能够扩大高校学生武术参与积极性的提高，也将有力促进武术在高校的弘扬与发展。

从裁判员队伍构成来看，鉴于本研究提出的高校武术活动参与的大众化，比赛裁判也需要进行一些特殊设置，即多元化。为了更好地体现比赛公平性、专业性的比赛由专业裁判队伍组成，公益活动类、学生娱乐类则完全自主选取。但学校教育类因其面向所有学生，是影响范围较广、持续时间较长、连续性较强的大型活动，则需要一些特殊化处理，除了比较直观地量化评分类由教师、学生负责，所有表演性质的武术参与活动除了裁判员评分，另外还要设置评委打分，如裁判员由武术教师或邀请相关武术专家担任，评委则可由大学各教学院的书记或副书记构成（这样的设置就大大带动了各学院的动力，也是各学院荣誉的比拼）。裁判员评分占总分的70%，评委评分占总分的30%。

其实，无论何种性质的武术参与活动，都要保证其公正性，这也是维持武术活动参与正常进行的基本保障，而规则制订的初衷也是为了确保武术参与活动开展的公平公正。例如，在学校总的教育性活动竞赛规则制订时，要召集体育部门专业教师、相关学生进行座谈，规则制订要听取他们的意见，切不可"想当然""一言堂"。同时，还要避免异常频繁的"钟摆"式改革，不要造成武术活动参与规则的混乱局面，避免让教师、学生、裁判员等对这种动荡的武术参与活动规则无所适从，或出现僵化、封闭、独断的思维方式与规则生产模式。

第五节　高校武术教学模式的设置

一、武术课程教学模式的概念

武术课程教学模式，是指在一定的教育思想指导下，建立在丰富的武术教学经验基础上，为完成武术教学的目标和内容而围绕武术项目形成的比较稳定且简明的教学结构理论框架及其具体可操作的实验活动方式。

二、武术课程教学模式设置的要素

武术课程教学模式设置的要素主要包括以下四种。

（一）教学目标

在武术课程教学模式设置中，应该在分析学生学习需要、学习内容的基础上，确定武术教学目标，编写学生行为目标。其中，确定教学目标是武术教学系统设计的一项基本要求。教学目标一旦确定，其他方面的设计便围绕其进行。

（二）教学对象

在武术教学实践活动过程中，应以学生这一对象为中心展开。现代体育教学设计明确指出，"以学生为中心"展开体育教学设计。武术课程教学设置也不例外。因此，教师要充分分析学生的特点，根据其特点，评定学生的初始状态，预测学生的发展。

（三）教学策略

教学策略的设置包括许多方面，如采用怎样经济而有效的教与学形式、安排怎样的教与学活动、设计何种教与学的方法、选择怎样的教学资源、安排什么样的课型、设计什么样的武术课程教学环节和教学步骤等一系列问题，此外，还有一些更具体的问题需要加以分析和考虑。在整个武术课程教学设置过程中，教学策略发挥着十分重要的作用。

（四）教学评价

在教学模式设置的最后，会完成一个体育教学设计的"产品"。"产品"是否符合体育课程教学目标的要求，能否取得最优的体育课程教学效果，是否符合学生的实际情况，必须对所采用的教学形式、教学方法、教学活动和步骤是否具体可行等一系列问题作出检验。这就需要对武术教学设计的成果进行评价，并根据评价结果进行及时正确的修正。

三、武术课程教学模式设置的功能

（一）为教学设计理论研究提供资料和素材

武术教学模式设置本身包含了教学设计的特定理论和指导思想，如以"学习为中心"的体育教学设计模式包含了"以学习为中心"的体育教学理论。这些教学设计模式除了包含理论思想，还包含了很多有关的实践素材。其中的教学理论可以转化为武术教学设计的理论，成为武术教学设计理论的来源；而实践素材可以给武术教学设计提供理论基础。

（二）为教学管理决策提供指南和依据

对体育教师的教学设计工作的管理是武术课程教学管理的重要内容之一。加强武术教学设计工作的管理能使武术教学工作有序地、完整地、有效地进行。武术教学设计模式提供了关于武术教学实践活动的各个环节的信息，因此，它为武术的教学管理决策提供了重要依据。

（三）为教学设计及教学活动提供指导

武术教学设计模式作为体育教学设计理论与实践的结合物，直接完整地指导武术教学设计的实践活动，这些指导能有效地推动武术教学实践工作者的教学活动。同时，武术教学设计模式不仅直接指导武术教学设计的实践，还与武术教学实践活动本身联系紧密，包含了武术教学实践活动的理念、取向、要素以及操作程序，这些对于武术教学活动具有重要的指导意义。

四、高校武术课程教学模式设置的典型分析

高校武术课程教学模式多种多样，它在借鉴相关学科教学模式的同时又融入了武术本身的特点。因此，在武术课程教学过程中，应充分掌握各种教学模式的使用，并积极开拓创新，发展新的教学模式，以提高武术教学的质量，增强武术教学效果。

以下介绍几种比较典型的武术课程教学模式的设置。

（一）示范教学模式

示范教学法在武术课程教学中学生比较容易接受，它可以帮助学生了解武术基本动作的要领和方法。正确的示范动作可以提高学生学习武术的兴趣，激发学生学习武术的自觉性和主动性。

示范教学法的基本模式：教师示范动作—学生互相观摩练习—巩固定型完成教学目标。这是我国教学中比较普遍采用的教学模式法，主要运用于体育教学系统知识和技能的传授。通过教学，学生能了解武术的基本知识，懂得自我防卫，掌握强身健体的本领，领会武术的博大精深，增强民族自豪感。

（二）引导式教学模式

引导式教学模式重视发挥学生的主体作用，教师不只是单纯的知识技能传授者，还是学生学习武术的启发者和指导者，从而为学生创造一个有利于发挥个性的环境。在教学活动中应注重自学与指导相结合，引导学生树立角色意识和创造性思维能力的发展。该模式强调教师要发挥引导作用，强调学生的主动学习性，并能在武术学习的过程中总结经验，从而提高学生在武术教学中分析问题和解决问题的能力。

（三）情境陶冶式教学模式

情境陶冶式教学模式强调学生个性的发展不仅要重视陶冶理智活动，还要重视陶冶情感活动，以充分调动无意识心理活动的内在潜能，从而使他们在武术教学活动中能够思想集中、精神放松地进行学习。

这一模式的基本结构主要包括以下几个步骤。

1.创设武术情境

根据武术教学目标，教师可以通过语言描述、背景音乐烘托、实物演示等手段创设武术场景，以激起学生学习武术的兴趣。

2.参与各类活动

学生可以通过参与各种游戏、表演、观看影像等活动，使他们在特定的气氛中，在潜移默化中主动积极地从事武术运动的学习。

3.总结转化

通过教师的启发和总结，使学生领悟所学武术内容主题的情感基调，做到情与理的统一，并使这些认识和经验转化为指导他们思想行为的准则。这一模式有利于学生个性的陶冶和人格的培养。

（四）快乐体育教学模式

快乐体育教学模式在武术课程教学实施运用的过程中主要分为课前准备部分、开始部分、准备部分、基本部分和结束部分。

课前准备部分主要完成课前考勤、情感交流、器材摆放、技术指导、任务安排等教学任务；开始部分的主要内容有课堂礼仪、课堂内容、课堂纪律等；准备部分主要内容有列队表演、花样口令、变化跑、模仿操、合作操、专项游戏等；基本部分以已学动作的复习、新授动作的教学、综合能力的培养、运动负荷的调节等为主要内容；结束部分通常选择队列口令展、舞蹈加小结、放松小游戏、下课一支歌、临别送寄语等内容。

在高校武术课程教学中，运用快乐体育教学模式可以提高学生的学习兴趣，促进学生掌握武术技能，提高学生的创新等能力。

（五）"俱乐部"教学模式

高校"俱乐部"是一种学生组织团体，俱乐部制武术教学能够突破传统的单一认知的武术课程目标，把情意目标提高到与认知目标、能力目标同等重要的地位。因此，成立武术俱乐部也是高校武术课程教学模式的重要内容，它可吸引一部分学生参与到武术学习和训练中来，以培养学生学习武术的兴趣。"俱乐部"教学模式还可以改变学生学习武术的态度、价值观和运动方式，能够充分发挥学生的个性，培养他们勤于思考的能力。

第十章 高校武术教学优化的保障研究

高校武术教学的优化涉及诸多要素、多个层面，从高校教学实际来看，当前应该重点加强高校武术教学师资的培养，不断提高高校武术教学质量才能促进高校武术教学的稳步有序发展，同时重视高校武术竞赛活动的组织与开展，以丰富高校武术活动，促进高校武术的全面发展。高校武术教学的发展离不开社会健身大环境、社会武术产业发展的支持，因此对武术健身与武术产业发展的研究具有一定的现实意义与必要性。

第一节　高校武术教学师资的培养

一、教师在高校武术教学中的角色与地位

（一）教学的主导者

体育教师在高校武术教学中占据主导地位，发挥着教学组织的主导者的作用。在高校武术教学中，教师的教学主导性主要表现在以下几个方面。

1.体育教师是贯彻教学思想的主导者

武术教学是在体育教师的指导下完成的教学活动，体育教师的教学指导思想直接影响武术教学实践。在武术教学中，体育教师对教学思想的贯彻体现在武术教学过程的准备阶段和整个武术教学过程中。

2.体育教师是选用教学方法的主导者

在武术教学中，体育教师需要根据教学目标和教学情境的变化，巧妙地运用各种教学方法，创设各种教学情境，以帮助学生更好地掌握武术知识和技

能。每一个教师都有自己喜欢和擅长的教学方法，在教学方法选择与实施上，教师占据主导地位。

3.体育教师是选用教学内容的主导者

体育教师是教学教材内容和学生之间的桥梁，担负着选择素材内容并将素材加工成为教材的重要任务。武术教学课中，最终选择什么样的教学内容来开展教学活动，教师在决定权上具有很大的优势。

4.体育教师是学生学习评价的主导者

当前，在我国高校体育教学中，体育教师是学生武术学习的主要评价主体，面对学生的武术学习，体育教师观察不同学生在武术课上的学习表现，并根据学生平时课上的学习态度和学习成果进行评价，或表扬或批评，激励和引导学生不断改进并取得进步。

（二）课堂教学的组织者

在传统教学中，教师所扮演的角色是课堂教学的管理者和领导者，其往往与学生之间有着严格的分界线，教师高高在上，下达命令，学生无条件服从。

现代新课程理念的核心则是"以生为本"，充分体现出了现代教学的开放性、交互性、生成性特点，师生之间进行的是多向、开放、动态的交流，师生关系平等，教师从教学的领导者转变为教学的组织者、策划者。

（三）教学资源的开发者

在以往我国高校武术教学中，教师使用的都是统编教材，课程计划、教科书、教学参考资料一般由国家相关部门统一制定和编写，教师是被动的执行者。

现代高校武术教学中，教师对教学资源的选择、开发、利用的自由度有了极大提高，很多高校教师能充分结合本校和学生实际情况来选择合适的教学内容、方法、模式等开展体育教学，武术课堂教学和以往相比充满生机和活力。

在现代武术教学过程中，教师作为教学资源的开发者、设计者，要主动关注武术教学及武术文化发展趋势，根据学生的具体情况来选择合适的教材，并且充分发挥自身的优势，对教学内容进行加工、拓展，使武术内容的针对性、趣味性更加显著。此外,还要积极寻找、识别和利用学校及当地的武术教学资源,开发本土化、乡土化、校本化的武术课程,使武术教学内容更加丰富多彩。

(四)教学环境的创设者

武术教学良好教学效果的取得需要教师结合教学实际创造良好的教学环境,包括教学物质环境与教学心理环境。在教学物质环境方面,武术器材与设备应通过教师积极向学校相关部门反映,及时采购、管理、维护,确保武术教学课的顺利开展,为学生学练武术奠定良好的物质基础。在教学心理环境方面,教师还应该重视良好师生关系的维护,教师必须能够组织和创设各种良好的教学情境,以帮助学生掌握武术知识和技能。因此说教师是武术教学环境的创设者。

(五)教与学的合作者

教学是一个需要教师和学生共同参与的双边互动过程。现代课程理论认为,课堂教学是教师们在分工的基础上合作,并通过师生的交互作用,实现教学相长。教学中,师生应平等对话,共同参与。

在武术教学中,教师在师生关系中处于主动地位,良好的师生关系和课堂教学氛围需要教师去主动维护,教师作为教与学的合作者,师生的合作效果将直接影响教学质量。因此,教师应做好师生之间的相互的交流和沟通工作,成为教学活动中普通的一员,融入学生中间,和学生一起探究新知、研究问题,共同分享学生求知的快乐,成为学生武术技能、武术心理和情感的参与者、引导者。

此外,教师还应与其他教师做好教学工作上的配合,相互尊重、相互学习,形成一个团结、合作、互助的教师集体,形成教育"合力",共同促进高校武术教学的发展。

(六)学校教育的研究者

在高校武术教学中,作为一线教师,是最能直观感受和发现教学中存在的一些问题的，这些问题可能会对教师的正常武术教学活动产生影响，这就需要教师不断总结经验，研究武术教学并不断改善措施与策略，成为教育教学的研究者。

在武术教学中，作为研究者的教师应注重日常武术教学中的教学反思，在教学前、教学中、教学后的每一阶段反思教学中存在的问题、分析解决方法和应对措施是否有效，形成自我反思的意识和自我监控的能力。通过观察、反思、研究、实践，作出各种教学决策，促进教师专业成长，科学合理地解决武术教学中遇到的实际问题，完善高校武术教学。

二、高校武术教师基本素质构成

教师在武术教学活动中发挥着非常重要的作用，教师素质和能力的高低将直接对武术教学质量和效果产生重要影响，一名合格的高校武术教师应具备教师职业应有的基本素质与能力（见表10-1），并在业余时间主动学习和参与培训以不断提高自我教学素质与能力。

表10-1 高校武术教师教学基本素质构成

素质与能力	简述
道德品质	真诚守信
	尊重、关心学生
	平等民主、公平公正
政治素质	学习贯彻中国特色社会主义理论，树立正确政治理想、政治信念、政治立场等
	认真贯彻党和国家的教育方针与政策
职业素质	谆谆教诲，诲人不倦
	严于律己，严谨治学
	为人师表，勤于进取
	爱岗敬业，无私奉献
身体素质	一般身体素质
	武术运动专项身体素质

续表

素质与能力	简述
运动技能	扎实的武术基本功
	较高的武术运动技术
知识体系	自然、人文社会学等基础性的科学知识
	专业知识与技能
	教育学、运动心理学、运动医学等相关知识
与时俱进的教育思想和观念	以人为本、健康第一、终身体育
	正确的教学观、人才观、学生观和文化观
专业教学能力	执教能力
	运动训练能力
	教学与竞赛组织、管理能力
	社交能力
	语言与文字写作能力
	多媒体与计算机教学应用能力
	科研创新能力

三、高校武术教师的培养与培训

（一）职前培养

2003年，教育部颁布的《全国普通高等学校体育教育本科专业课程方案》（以下简称《课程方案》）中明确要求：培养社会建设与教育改革实际需要，德、智、体、美全面发展，专业基础宽厚，具有现代教育观念、良好的科学素养和职业道德及创新精神和实践能力，能从事体育相关工作的一专多能的体育教育专业复合型人才。

高校体育教育专业的体育教师（包括武术专业教师）培养目标如下。

（1）熟练掌握本专业所必需的基础理论、知识和技能。

（2）尽可能多地了解与本专业有关的科学新成就。

（3）具有一定分析和解决问题的能力。

（4）熟练掌握马克思教育理论，并具有从事教育和教学工作的初步能力。

（5）具有能够用一种外语阅读本专业的外文书刊的能力。

（6）具有健全的体魄。

（二）在职培训

人才的培养依赖于教育，良好教育的关键在于教师。教师的个人综合素质和教育教学能力会直接影响到武术教学质量和学生未来的发展，而包括武术学科教学在内的学校教育教学处于不断的变化发展中，要不断提高武术教学质量、促进学校武术教学发展，教师就必须进行再学习、再教育，以提高专业素质和教学能力。

教师参加在职培训十分必要，分析如下。

教师是学校教育改革的推动者和实践者，教师不断改变教学观念、更新专业知识、强化教学能力等是推动教育改革的基础，教师在职培养是促进学校教学改革和发展的需要。

另外，随着学校教育教学中的很多新技术、新知识、新观念、新理论的出现，在高校武术教学中，新的教学技术、教学方法、教学组织形式、教学评价方法等改善了教学实践，也对教师提出了更高的教学能力要求，这就要求教师应定期接受在职培训，不断提高自己的教学能力。

当前，针对高校武术教师的在职培训，应实现如下目标。

（1）强化教师的职业信念，提高其思想政治素质和师德修养水平。

（2）增强教师的现代教育意识、观念及对现代教育技术的掌握能力。

（3）加强教师的学科专业理论和教育理论学习。

（4）提高教师的教学技能，并灵活运用各种教学技能和方法解决教学问题，改善教学效果。

（5）使教师掌握教育科研方法，促使其积极开展教学改革实验和理论研究。

（6）使教师掌握外语服务于教学。

（7）使教师具有健全的体魄。

四、高校武术教师的培养与培训方式

（一）带教指导

带教指导模式是指在学校实际工作中，借鉴传统的"师傅带徒弟"的方式，让优秀的体育教师与新体育教师形成教与学的关系，新教师以有经验的教师为师傅，在师傅的带领和指导下学习课堂教学的规范和技能。

"师傅带徒弟"的教师培训形式有助于增强新体育教师向优秀的体育教师学习的动力，从而更快提高新教师的综合素质。

与其他教学培养与培训方式相比，这种培训方式能清楚地掌握培训进度，有利于新体育教师的注意力集中，能在短时间内学习到适用于教学一线的教学经验与技能。

（二）集中培训

集中培训是一次培养与培训多个体育教师，具体可以细分为以下几种培训方法。

1.培训班

当前，我国体育教师培训最常用的形式之一就是培训班。这种培训形式是将受训的体育教师组建成教学班，面对面进行教授教学。多在新教师执教的第一年，在教师培训机构中集中多个新教师进行培训，由教师培训机构的教学人员向新教师传授武术教学常规及体育教育教学理论知识。

培训班培训教师的主要特点有：培训容量大、信息密度大、计划性强等，适用于新教师培训，也同样适用于骨干教师的集中培训。

培训班的形式多种多样，主要有专题讲座、短训班、讲习班等。

2.研修班

研修班主要是通过组织部分体育教师集体展开对某些学校体育教育问题或某一主题的研讨。研修班对体育教师的素质要求较高，必须具有较丰富的实践经验和一定的教育理论素养才能参加，否则培训效果不佳。

研修班主要是通过集体探讨问题，相互交流，总结经验教训，提高科研能力，并增进优秀教师与专家之间的关系。

研修班主要开展形式有高级教师培训、骨干教师培训。

3.教研活动

对教学中的问题或专题进行讨论、观察以及教学分析，通过点评来促进体育教师的发展。这种培训形式，一般将学员分成若干小组，共同讨论教学中的问题，负责培训的主讲教师在小组讨论中发挥积极引导作用。

4.定期轮培

通过举办各种形式的培训班和讲座，教师定期得到培训，不断补充新的知识和内容，了解和掌握新的技能，提高自身的专业素质。

5.委托代培

通过向高等教育单位或是专业的培训机构申请代培，借助高等教育单位的丰富经验和广阔视角，促进教师知识补充和更新。专业的培训机构能够针对教师的相关弱点展开科学合理的分析和考察，作出评估，确定培训方案，培训更有针对性，比较高效。

（三）课题研究

以课题研究开展教师培训，将自学、研讨、试验、经验总结等有机结合起来，从而使体育教师科研水平和综合能力有所提高。运用这种培训形式的方法主要有导师跟踪、课题研讨、理论提升、教学研究等。

（四）学术研讨

通过开展学术研讨会，交流和探讨相应的学术成果。学术研讨的培训形式适合善于进行理论研究的"科研型"教师。近年来，随着高校体育教学的不断改革与发展，体育教学对教师的要求也不断提高，这促进了以科研为特长的"科研型"体育教师的增多，这种类型的高校体育教师愿意并善于自学高层次现代教学理论，对较高层次的教研课题进行研究，并渴望进行教学理论方面的提升。

针对当前我国武术教师普遍的理论知识不足和武术理论认识不深入的问题，通过学术研讨的培训方式不仅能够开拓体育教师的视野，提升体育教学理论认知，更有利于武术教师在武术理论教学方面相互交流与探讨当下武术教学中普遍存在的问题和新产生的问题，有助于提高整个武术教师队伍的理论水平和科研水平，并促进高校武术教学的发展。

（五）教学现场诊断

科研人员、培训者与教师合作，有目的地对武术教学过程进行观察、分析和讨论，并提出改进策略，保留优点、摒弃不足。

教学现场诊断具有诊断在教学实际活动中开展、诊断及时、诊断具有教学研究与参考价值等特点，通过专家学者及其他教师在武术教学现场的观摩、分析、评价，能为组织和开展武术教学活动的一线教师提供最实用的意见和建议。在课后，也有助于教师与诊断者进行适时的、有针对性的交流与探讨，为改进教学提供有效参考。

为了使教学现场诊断活动有序、有效开展，可以事先制订课堂教学评价诊断表，方便诊断者结合现场教学情况有针对性地填写与记录相关内容，也便于日后的汇总、分析、研究。

（六）教学实践和社会考察

针对教学中的某个特定问题，根据提供的大量背景资料，由参加者结合其所在学校体育工作具体的实际情况进行集体性的观摩、分析、检查、评估、交流、研讨。

考察和学习对教师教学思路的转变具有重要的作用。确切地说，这种培训是一种实践的形式，通过总结经验、探讨规律，进而提高教师的教学能力。

一般的考察学习是国内的考察学习，即实地考察借鉴优秀学校的教学经验和方法，探讨本学校的教学方法。有条件的学校可组织出国考察，使教师接受国外先进的教学思路，开阔教学视野。

第二节 高校武术竞赛的发展研究

一、高校武术竞赛概述

（一）武术竞赛的概念

所谓武术竞赛，具体是指围绕武术运动开展的各种运动竞赛，包括武术套路竞赛和武术对抗比赛。

武术竞赛是传统武术的娱乐性、竞技性和观赏性的集中体现，是武术运动项目技能的较量平台，也是当前我国武术体系中竞技武术的重要发展方式。

（二）武术竞赛的分类

依据不同的标准，武术竞赛可分为不同类别，详见表10-2。

表10-2 传统武术竞赛分类

分类标准	代表性赛事
年龄	青少年武术赛、成年赛等
项目数量	综合性武术赛、单项武术赛
比赛规模	地区性武术比赛、全国武术赛、国际武术赛等
比赛性质	职业武术赛、商业武术赛、业余武术赛等

（三）高校武术竞赛的意义

高校武术竞赛是武术课外体育活动的基本途径之一，它与武术教学以及课外武术俱乐部等各种课外体育活动相辅相成，共同丰富高校武术教学与大学生的校园文化生活。

高校武术竞赛利用学生课外时间进行，使学生个人或集体在技艺、智力、体力和心理等多方位得到锻炼。高校武术竞赛的意义是多方面的。简单概括如下。

（1）检验学校在武术活动方面的开展情况，通过参加竞赛能看出师生的反应和对学校开展的武术教学是否满意。

（2）高校武术竞赛中，每个学生力争上游、奋勇拼搏，人人都是竞争者和开拓者，能培养学生的竞争意识和拼搏上进的精神。

（3）武术竞赛中，学生在拼搏中获得好的名次，受到鼓励和嘉奖，能给学生带来精神上的满足感和成就感，能够激发学生持续参与武术的热情。

（4）丰富校园武术文化生活，营造良好的武术文化氛围，吸引更多师生参与武术学练。培养全体学生的武术运动兴趣和武术运动学练习惯，提高学生的体质健康水平。

（5）发现武术人才。培养和输送体育专业人才既是职业体育部门的一项基础工作，也是教育部和相关高校的一项重要任务。通过学校积极创造能让那些身体素质强、有运动天赋的学生施展才华的舞台，能够进一步提高他们的运动水平，不断刷新运动成绩，为学校体育事业作出贡献，使他们成为推动学校体育事业发展的中流砥柱，为地方运动队乃至国家队输送后备人才。

（6）形成"教体结合"机制，进行规范而职业的竞技体育建设，追求体育事业持续发展，就一定要进行体育体制改革，探索体育人才培养模式的新途径，选拔优秀运动员，并促进运动员全面发展。

（7）通过成功举办校园武术竞赛和校际武术竞赛，能扩大学校的知名度与美誉度，并有助于不同高校之间教学资源的共享。

二、高校武术竞赛的组织管理

（一）组织机构建立

武术竞赛的成功举办需要建立一个能够有效分工和具有协作关系的机构，并在各个岗位配备合适的人员进行工作，通过相互协调配合，形成一种组织框架或结构。

运动竞赛组织机构的形式和规模应根据工作需要来确定。竞赛筹备委员会是武术竞赛开幕后的组委会，对竞赛的全过程起组织领导作用。建议在竞赛筹备委员会中再设立具体的工作机构，分别负责整个武术竞赛中的各项具体事务，协助领导小组完成竞赛任务。

常规武术竞赛组织常设机构及其职责与任务如下：

1. 组织委员会

组织委员会的具体竞赛任务如下：

（1）掌握竞赛组织方向。

（2）研究和批准竞赛规程。

（3）研究和批准竞赛的工作计划。

（4）赛前听取筹备工作汇报。

（5）赛后总结工作。

2. 办公室

在武术竞赛中，办公室主要是起到"上传下达"的作用，将组委会的具体指示、精神、工作内容传达到各个职能部门，包括以下工作内容：

（1）依照组委会决议，组织配备各部门的工作人员。

（2）拟订工作日程计划，包括组织委员会会议，动员工作，开幕式和闭幕式，各代表队领队会议，组织学习报告或经验交流，大会总结等。

（3）制定竞赛相关章程、信息通报。

（4）协调、联络。

（5）定期召开部门小组会议或集体会议。

（6）竞赛预算与评估。

3. 竞赛处

竞赛处具体工作内容如下：

（1）报名工作。

（2）竞赛秩序册编撰。

（3）比赛场地保养工作，竞赛所需器材的调试、准备工作。

（4）每日召开竞赛组会议，商讨赛事问题，提出对策和建议。

（5）制定裁判员守则、安排裁判员执法场次等工作。

（6）组织参赛队伍代表经验交流、座谈等。

（7）及时更新赛程、赛果。

4.宣传处

宣传处的主要职责如下：

（1）赛事宣传报道工作。

（2）通信报道与编辑会刊。

（3）记者、媒体接待工作。

（4）媒体所需的信息发布，设备调试、管理。

（5）研究制定先进团体和先进个人的评选条件和细则。

（6）准备学习材料，组织学习和讨论。

5.总务处

总务处主要负责以下工作：

（1）及时、广泛地听取意见并改进工作。

（2）加强医务监督，及时处理伤病事故。确保医务人员在岗，以及常用的医疗设备、器材和药品完备。

（3）做好赛场、住地的安全保卫工作，保证武术竞赛的顺利进行。

（二）竞赛筹备

1.确定组织方案

武术竞赛组织方案由武术竞赛领导小组制定。在组织方案中要涉及竞赛的任务、规模、水平、承办单位等内容。武术竞赛组织方案应包括以下主要内容。

（1）竞赛目标。

（2）竞赛任务。

（3）竞赛名称。

（4）主办单位、承办/协办单位。

（5）竞赛组织机构。

（6）竞赛组织步骤及各部分工作完成时间表。

（7）竞赛经费预算。

2.制定竞赛规程

竞赛规程是竞赛组织单位组织各项运动竞赛开展的重要依据。高校武术赛事筹备应在前期明确并做好以下工作。

（1）确定竞赛的名称。

（2）明确竞赛的目的和任务。

（3）确定主办单位。

（4）确定比赛日期和地点。

（5）参加单位和各单位人数及资格。

（6）报名和报到日期。

（7）竞赛办法。

（8）裁判员事宜。

（9）采用的规则和相关器材。

（10）录取名次和奖励办法等事宜。

高校武术赛事的举办，赛事组织者一定要合理地制定竞赛规程，以保证比赛的顺利开展。与专业体育赛事不同，高校武术竞赛的竞赛规则可以结合赛事规模、参赛运动员的具体情况对相关内容进行商讨，如比赛暂停时间、准许使用方法等，商讨意见一致后写入规程，但对原则性问题不能有变动。

3.制订工作计划

（1）做好竞赛计划的调查、准备工作，确保竞赛计划符合赛事需要。

（2）依据武术竞赛方案，各部门拟订出具体工作计划。

（3）办公室关注、定期检查、督促各部门准备工作的落实情况。

（三）竞赛管理

为了保证武术竞赛的良好运行，武术竞赛期间，应充分做好竞赛期间的各项组织与管理工作。具体来说，在高校武术竞赛举办过程中，应做好以下工作。

1.赛事人员管理

（1）加强思想教育，端正参赛者比赛态度，表扬先进团体和个人。

（2）赛事组织人员要深入参赛队伍中，去征求意见改进工作。

（3）赛事组织人员要管理且不定期检查比赛场地、器材和设备，确保竞赛顺利开展。

（4）赛事组织人员要与各参赛队保持紧密的联系，加强彼此间的沟通和交流，及时处理比赛中出现的各种问题。

（5）赛事组织人员要做好安全保卫工作，保障好参赛者住宿地和比赛场地的安全秩序。

（6）及时合理地处理各种突发情况。

2.赛事物资管理

（1）比赛所需设备器材的准备与提供。

（2）提供比赛场地和维修服务。

（3）赛前对赛场内各种设施设备检查检修，杜绝危险隐患。

（4）赛前检查各裁判组所需的场地、器材、设备及小物品等是否准备妥当。

（5）赛中场地器材设备应符合竞赛规程的标准和要求。

（6）比赛会场布置。

（7）安排好计算机机房、成绩公告栏、运动员和裁判员休息室、饮水处、医务室等。

（8）安装必要的通信设备，以供赛事组织人员使用。

（9）会场周围布置。

（10）设好出入标记和引导牌。

3.赛事经费管理

做好武术竞赛的资金运转控制，制定出各个经营管理系统内的预算，把所有活动都计划到预算的范围之内。

高校武术竞赛的开展，应将有限的人、财、物等资源的效用发挥到最大，实行严格的定额管理的控制方式，通过制定人员的定编、劳动定额或工作量、物资消耗定额及经费定额等管理措施，提高赛事管理效率。

（四）竞赛收尾

1.赛事收尾工作

竞赛结束后的收尾工作也是武术竞赛组织工作不可缺少的环节之一。主要包括以下内容。

（1）各部门总结大会期间的工作。编制和印发总的比赛成绩表、单项技术评比名次和获奖名单。

（2）组织和举行闭幕式，做大会总结报告和颁发奖品。

（3）安排和办理各队离会的有关事宜。

（4）对竞赛的收支进行财务决算。

（5）组织委员会向上级汇报工作情况。

2.竞赛评价

武术运动竞赛的评价具体是指通过对竞赛实施观察、测量和监视，正确评估赛事的过程，高校武术运动赛事的评价应贯穿赛事的整个过程和各个环节。如赛前评价、赛事实施期间评价、赛后评价以及竞赛竞技水平、经济效益、文化效益等方面的评价。综合各种评价信息进行统计分析，为赛事参与者提供反馈，也为下次武术赛事的举办提供参考和建议。

三、高校武术运动队的发展情况

（一）高校武术运动队的建设

我国高校武术运动队的建立始于20世纪80年代，1987年4月，原国家教委下发《关于部分普通高校试办招收高水平运动员工作的通知》，最后确定在51所高校开展试点工作。

我国高校武术运动队是由一批运动水平较高、体育素质过硬的人才组成的队伍集合，通常代表本校参加各级别的体育赛事。

目前，我国高校在武术运动队建设方面积累了很多成功经验，很多高校都建立了属于自己的校武术运动队，以大中城市的高校居多。随着我国高校的高水平武术运动队的相继建立，部分大学建设了完善的初、中、高级学校武术网络，使武术运动队的训练质量和教学水平得到了有效提高。

现阶段，我国高校武术运动队的任务是提高运动员的专项运动素质水平；形成对体育事业的责任感和使命感；全面掌握某个项目的技术，在比赛中发挥自如；形成顽强拼搏的风格、不屈不挠的精神等优秀意志品质；提高运动能力，不断超越自我，为学校争光，为城市争光，为国家争光，为中国体育建设贡献力量。

（二）高校武术运动队体系构成

目前，我国高校武术运动队的管理模式与体系和现阶段我国高校运动队的整体管理模式与体系是相一致的。

（三）高校武术运动队的水平

现阶段，我国各高校武术运动队的整体水平虽然稳中有进，但各地区高校武术运动队水平良莠不齐，和其他体育运动项目，如篮球、健美操相比，我国高校武术竞赛的开展和各高校武术运动队的参赛实践经验较少。

一项对我国30所高校的调查发现，我国各高校武术运动员人数一般都不超过20人，仅能保证各校武术运动队的基本建设，在校武术运动队的运动员专业等级方面，以二级运动员为主，运动健将较少（见表10-3）。

表10-3 运动员的等级情况

运动员总数	人数	比例/%
运动健将	36	8.2
一级运动员	129	29.9
二级运动员	205	47.5
二级以下	62	14.4

我国高校武术运动队可参加的竞赛有限，目前我国高校高水平武术运动队参加的具有一定水平的竞赛主要有三个：即奥运会（四年一次）、全国大学生运动会（四年一次）、世界大学生运动会（两年一次）。此外，各省市、地区、校际的武术竞赛也有，但是级别较低，机会也较少（见表10-4）。

表10-4 高校高水平武术运动队参赛情况

	a	
省市级比赛	高校数量	比例/%
≤1次	12	40.0
2次	11	36.7
3次	4	13.3

续表

a		
省市级比赛	高校数量	比例/%
>4次	3	10.0
b		
国家级比赛	高校数量	比例/%
≤1次	16	53.3
2次	9	30.0
3次	3	10.0
>4次	2	6.7

要促进我国高校武术的发展和武术竞技水平的不断提高，需要体育部门、教育部门及各高校的积极努力与配合，争取举办更多、规模更大的武术竞赛，为大学生武术运动员参加竞赛、积累经验、促进交流提供良好的平台。

（四）高校武术运动队的管理

1. 训练项目的安排

高校武术运动队组建的首要问题是确定训练项目，具体应考虑如下两个问题。

（1）考虑学校的体育基础和传统体育项目。

（2）考虑本校的师资，在现有的教师队伍中根据他们所擅长的方向制定项目选择和职责安排。

高校武术运动队的教练员与指导员一般由校体育教师担任。学校武术运动队的指导教师或教练员将学校现有的体育教师进行归纳划分，使他们在所指导的每个项目中都能充分发挥自己特长。有些经济实力好的学校，如果想在某些项目上进行补强和提高，可以聘请科班出身的专业体育教练指导校武术运动队的相关工作。

2. 规章制度的建立

高校武术运动队是学校教育制度下建设的学生团体组织，但同时具有体育项目的专业性。因此，要结合教育的规律和武术运动队的特点，确立规章制度，加强对高校武术运动队伍的管理。

（1）训练制度。建立日常训练作息时间，提前安排好每一阶段的训练制度。

（2）奖惩制度。对于运动员要做到赏罚分明。对取得优秀运动成绩的运动员给予物质奖励，或给予其他的精神奖励。对于态度不端正的运动员，要及时做好思想工作。

（3）比赛制度。每次外出比赛做赛前动员，对于外出参加比赛的学生提出具体要求，包括遵守纪律、服从裁判、尊重观众、团结一致、顽强拼搏、赛出风格、赛出水平等。

（4）教练员责任制。建立教练员责任机制，并落实到运动员身上。要求教练员有一颗负责的心，不辜负每一位运动员的信任。认真制订训练计划、组织训练课，努力提高运动技术水平，并且对学生的训练、学习、生活、思想等全面负责。

第三节　武术健身与武术产业的发展研究

一、武术健身的发展

（一）武术健身发展的良好背景

改革开放以后，我国社会各方面的发展都有了很大的改变。人民的生产生活方式、社会需求等也发生了很大的改变，大众健身走入日常生活。

全民健身是我国一项重要的事业，随着我国社会经济的不断发展，现代人对健康的需求日益增加，我国持续推进全民健身，并致力于建设健康中国。国民健康是社会经济文化等其他事业发展的重要基础，对国家综合实力的提升和经济社会的发展具有重要意义。体育健身有助于满足人民的多元化生产生活需求，促进社会经济文化等多方面的共同发展及和谐社会建设。

21世纪以来，我国经济快速发展，广大人民群众对生活质量有了新的、更高的追求，人们更加关注体育参与、关注健康，体育健身成为一种时尚，成为一种健康、文明、科学的新生活方式。

现阶段，我国体育健身参与促进健康观念深入人心，越来越多的人在日常生活中积极锻炼，我国体育人口数量不断增多。

武术作为我国一项传统体育运动项目，历史悠久，长期在我国民间广泛流传，其运动健身与养生观、武术文化、武术动作套路与技法、功法练习都适合我国广大人民群众，男女老少皆可参与并能从中受益。武术在我国具有广泛的群众基础，是我国大众健身最喜爱的运动项目之一。

整体来看，当前和未来我国的大众健身热情持续高涨，体育健身日益融入百姓日常生活并在增进人民健康和促进人民幸福感获得方面具有积极作用，武术健身的群众需求大，近年来我国对传统体育健身的大众参与的推广与宣传力度也在不断增大，武术健身具有良好的发展基础和发展空间。

（二）武术健身活动的组织

1.武术健身活动组织原则

（1）明确健身目的。传统武术健身，要取得想要的效果，健身者首先要充分意识到武术健身锻炼的价值，明确自己参与武术健身的目的，如果没有明确的健身目的，健身就会缺乏思想动力，难以坚持。

（2）兴趣主导。从事武术健身，要选择自己喜欢的武术项目，只有这样，才能以积极的态度和愉快的心情去参与武术健身锻炼。如果缺乏兴趣，则极易疲劳，机体内出现血糖下降、肌力减退等现象。如果参与积极性不高，不但不能持之以恒，还会因为健身过程中心不在焉、注意力不集中而导致运动损伤。

（3）积极主动。积极主动是进行武术健身非常重要的原则，积极主动进行健身运动，才能自觉地坚持健身运动。健身是一个自觉锻炼的过程，如果没有较强的自觉性，是很难达到理想效果的。

武术健身过程中，健身者要对传统武术有所认识，对传统武术的功能、锻炼的价值、科学锻炼的知识和方法，都要有所了解。只有知其然又知其所以然,才能自觉积极地参加武术健身。

传统武术健身入门容易、坚持难,需要健身者不断克服困难、刻苦、勤奋努力,在身体锻炼过程中要强迫自身去做动作,这一切都需要自觉的健身心态和动机去支持完成。

(4)因人而异。因人而异是指武术健身应有针对性。我国武术运动内容丰富,无论男女老少都能从中选择出适合自己的运动项目、负荷,这是从武术的适应性上来说的。

针对不同的健身对象,在健身内容、方式、方法、时间上,应该突出差别,从儿童到高龄老人,不同年龄阶段的人的健康状况有很大差异,因而在爱好、兴趣、承担负荷的能力等方面都大不相同,健身者要根据个人的年龄、性别、身体健康情况以及自身的体能状况选择合适的运动项目和适宜的运动负荷。即使是同一类人群进行武术健身锻炼也应遵循区别对待原则,例如,即使同样是老年人,身体健康状况不同,需要锻炼的部位不同,在选择传统武术健身项目和健身负荷方面也应有针对性地区别对待。

(5)循序渐进。健身不能急于求成,要循序渐进、细水长流。

具体来说,个体参与武术健身,对动作的学练应由简到繁、由分到合、由易到难。武术健身的负荷应由低到高,运动量由小到大,逐渐增加强度。健身增加负荷不宜太慢或太快。负荷增加太慢会限制体能水平的提高,增加太快则可能由于运动量太大而造成疲劳、损伤。

(6)持之以恒。参与武术健身锻炼,人体会在运动刺激下产生适应性变化,人体结构的改变、运动能力的提高、内脏循环功能的改善等需要一个长期的过程,只有坚持长期科学健身,才能有良好的健身效果。

参与武术健身,健身者应养成良好的健身习惯,把传统武术融入生活中去,系统、有规律地坚持健身。在健身期间,努力克服惰性、排除干扰,形成条件反射般锻炼的生物节奏,养成经常锻炼的习惯。

(7)注意安全。在武术健身的过程中,做到"安全第一",不可勉强。具体要求如下:①做好充分的准备工作,如热身运动等;②武术健身过程中,应穿舒适的衣服,不佩戴配饰;③健身过程中,不要大量饮水;④健身结束时,做好整理、放松活动;⑤运动后不宜立即洗冷水澡;⑥不要盲目参加超越自己能力的活动；⑦有条件的情况下，建议请社会体育指导员或武术健身教练指导健身；⑧公共体育场所健身要注意公共卫生；⑨老年人或病患者参与武术健身，应遵医嘱。

2.武术健身内容选择

（1）武术基本功练习。武术健身初学者，选择武术基本功练习可为之后的专项练习奠定体能基础，同时避免肌肉僵硬或动作不熟练所带来的运动损伤，基本功练习的内容主要包括肩臂基本功练习、腰功练习、腿功练习、桩功练习、跳跃练习和平衡练习。

（2）武术套路练习。武术套路健身练习能提高健身者武术套路的演练技巧，进一步发展其套路演练所需要的专项素质和机能能力。具体练习内容主要有分段练习、组合练习、整套练习和超套练习。

一般来说，武术套路适用于所有健身者，不同武术项目的套路练习在动作技术难度、运动能力要求、动作节奏方面有不同的特点，健身者可结合自己身体实际情况和健身兴趣、目的来选择相应的武术套路进行练习。

无论选择何种武术套路进行健身，在武术套路健身练习中，健身者要处理好全套的节奏和体力的分配，使全套的演练表现出起伏转折、动静疾徐、刚柔虚实的特点，对完成得不好或者失败的动作要分解练习，熟悉掌握后再进行整体练习。

运动水平较低者，不宜过早地采用或者超套过多，以免在体力不及的情况下破坏动作的正确定型，或诱发运动损伤。

（3）武术放松练习。武术健身活动中，健身者可自编一些放松操练习，使机体从运动中逐渐进入安静状态，促进机体恢复。

（三）武术健身推广策略

1.简化武术套路

传统武术内容丰富，技术复杂，套路繁杂，难以练习，因此在普及方面比较困难。

武术健身面向全体大众，不同群众身体素质水平、运动能力等不同，在武术健身上需要注意各种各样的问题，要推广武术健身活动，就必须要推广能适应所有社会大众的武术健身内容，简化武术常见套路用于大众健身是明智之举。

具体来说，要简化传统武术套路，应做好以下工作。

（1）在保留传统武术风格的基础上，简化传统武术套路。

（2）在保留套路代表招式的基础上，增加趣味性。

（3）在保留拳种特性的基础上，进行适当加工改造。

（4）制定统一的武术健身国家标准。

（5）在健身推广的同时，重视武术文化内涵的宣传。

2.丰富大众武术文化活动

要促进武术健身，应在全社会形成良好的武术健身氛围，加强传统武术的交流，丰富大众武术文化活动，吸引大众积极主动关注、参与武术文化活动和健身活动。

现阶段，在全民健身中推广武术健身，丰富大众武术文化活动应做好以下工作。

（1）结合节日民俗推广武术健身。

（2）加强拳种间的交流。

（3）借鉴好的拳种的发展模式，促进多个拳种的均衡发展。

（4）政府应给予大力支持与推广。

（5）加强民间武术活动的举办。

（6）鼓励举办群众性武术竞赛。

3.建立完善的武术健身组织体系

政府在大众体育健身活动开展过程中应发挥宏观指导作用，但不直接参与具体活动组织，主要提供大方向的领导、支持和管理。

对于城镇武术健身全面推进来说，要在推广武术健身的基础上有效指导大众参与武术健身，应建立社区体育健身活动指导体系，从上而下，层层领导、统一管理，深入基层社区，在社区建立锻炼点、辅导站等直接指导居民日常武术健身活动的开展。

对于农村武术健身推广来说，传统武术运动在我国民间流传至今，在广大农村有着最广泛的群众基础，基层干部和体育主管部门及工作人员应重视开发武术运动项目的健身性、娱乐性，不断激发人民群众的武术健身锻炼积极性，并充分发挥体育榜样的模范带头作用，通过本村、本地区有名望的武术健身爱好者和小有成就者的带领、指导，促使广大农民科学参与武术健身。

二、武术产业的发展

（一）武术产业的概念

产业一般指市场上同类产品的生产企业集合，从更广泛的角度来讲，产业是指具有某种同类属性的经济活动的集合或系统结合产业的概念，武术产业是指以武术为支撑，从事武术产品生产或提供武术服务的一切经济活动的组织、部门和企业的总称。

现阶段，随着我国传统武术和体育事业与产业的不断发展，武术产业逐渐形成了武术健身娱乐业、竞赛表演业、武术旅游业、武术用品业等产业市场，这些武术产业及其市场共同构成了我国的武术产业体系。

（二）武术产业发展现状

1.武术健身娱乐业发展现状

在当前全民健身背景下，武术的健身休闲娱乐价值被不断挖掘，再加上我国经济的不断发展，人民生活水平逐渐提高，也刺激了大众健身的欲望，各种各样的新型健康投资消费观不断兴起，休闲和健身成为一种消费时尚。

目前，我国各地武术健身学练武馆和俱乐部不断增多，在一些大中城市，经常能见到一些武术爱好者通过在散打健身俱乐部、普通健身房等练习散打、武术基本功的方式来增强自己的身体素质。

当前，我国武术健身娱乐的活动种类也呈明显增长的趋势，参与人数也越来越多，但是武术娱乐的内容比较单一，且健身人群多是中老年人，适合其他群体健身娱乐的武术项目非常有限。

2.武术竞赛表演业发展现状

在当前社会主义市场经济条件下，我国大力发展体育事业，并重视武术，加强各种体育赛事的管理与运营，举办一系列高水平体育赛事，不断推进我国体育赛事向着产业化、社会化、法治化的方向发展。

发展传统武术，将武术纳入奥运体系一直以来都是我国体育工作者的一个梦想，近年来这种呼声也越来越高，武术发展要想融入现代竞技体育发展为主导的世界体育，必须进行竞技化改造，并不断探索武术竞技发展的可行途径。

近年来，我国各地积极开展各种类型的武术竞赛，并在赛制和竞赛招标方面不断完善，同时积极学习国外搏击类赛事的成功举办经验，结合我国传统武术的发展，探索传统武术的竞技表演发展之路，如各地拳王争霸赛的举办也吸引了很多人的关注，武术竞技表演业正在探索中逐渐发展。

我国的武术竞赛表演市场是随着社会主义市场经济的发展而逐渐形式的。在发展的过程中，单项协会的实体化改革、商业化运作赛制的实施等促进竞赛表演市场的细分得以实现，当前我国的武术竞赛表演业初具规模，各种武术表演公司、武术商业演出活动如雨后春笋般涌现，并获得了不错的社会效益与经济效益。但需要注意的是，我国武术竞赛表演市场仍然存在着诸多问题，如市场发展模式较落后、需要企业赞助、融资渠道单一、管理调控手段单薄、套路比赛形式千篇一律、推广宣传不到位等，这些都在一定程度上制约着我国武术竞赛与表演业的进一步发展。

3.武术培训业发展现状

武术培训业是武术健身娱乐业与武术竞赛表演业的一种延伸，发展武术培训业对促进整个武术产业体系的发展具有重要促进作用，如武术培训业的发展可以培养大量的武术产业消费者及武术产业人才，壮大武术健身娱乐业的群众基础。

目前，我国武术培训业的发展初具规模，各种类型与性质的武术馆、校等有1万多所，常年习武人数则达到100多万人，这些武术培训机构在宣传武术文化与培养武术人才的同时，也促进了各地的经济发展。

我国武术培训业蓬勃发展的景象背后也存在着很多问题，例如，全国范围内武术培训业地区发展不平衡，武术培训业发展好的地区，大多是经济发展水平高，或武术产生开展情况较好的地区；武术教练的教学资格问题，武术教练素质良莠不齐，很多武术教练学历不高，缺乏教学经验；很多培训学校都是个体办学，办学条件差，学生安全难以得到保障；各种培训机构收费标准不一，存在收费偏高、乱收费等现象。武术培训业市场管理混乱，有很多武馆打着某个拳种传人的旗号进行招摇撞骗，市场监管很难到位。

4.武术用品业的发展现状

目前，总体上来看，我国武术用品产业的发展已经初具规模，武术用品也占有一定的市场份额，其发展前景可期。

近年来，随着我国传统武术产业的发展，越来越多的人有了习练武术的需求，武术产业发展氛围浓厚，武术图书、音像、器材及服装等大量涌入市场，同时取得了相当可观的经济效益，出现了一些较大规模的武术用品开发公司。

武术用品业市场需求的增大，促进了我国武术产业市场的开发，获得了一定的经济效益与社会效益，我国武术用品业的市场创收与市场规模不断扩大。但发展中也存在一些问题，主要是武术用品业基本上还处于无序的发展状态，市场相对混乱，还没有统一的武术用品行业标准；粗放式生产方式落后，武术用品缺乏技术含量，质量有待提升；武术用品销售方面宣传与推广渠道窄、力度小。质量普遍偏差，品种门类也非常有限；由于销售渠道方面，广告的宣传推广效果与力度不佳，网络宣传资源没有得到有效充分地利用，导致推广的方式比较单一，大多只是在武术刊物上进行一些小力度的广告宣传工作。

（三）武术产业发展策略

1.积极培育武术市场消费主体

消费主体是武术市场存在的重要前提条件，如果没有消费主体，则无法形成消费市场。

随着人们物质生活水平的不断提高，人们追求更健康的生活方式，武术产业发展有了良好的市场契机，也为更多武术市场消费主体的出现奠定了物质基础。当前要培养更多武术市场消费主体，促进大众武术消费，发展武术产业，应做好以下工作。

（1）政府应正确引导人们从事武术健身，鼓励武术消费。

（2）由体育相关部门，如中国武协直接牵头，组织有影响、有实干精神的武术家定期召开研讨会，制定符合武术竞技比赛发展的模式、规则和实施方案，为武术赛事发展提供支持。

（3）武术健身娱乐经营单位应重视加强武术健身及武术文化宣传的普及与推广，开发潜在用户，吸引和刺激大众武术消费。

（4）武术产业经营主体应积极拓展市场，根据武术消费者的不同年龄、不同职业、不同收入、不同兴趣爱好等，开发出不同的武术消费产品。

2.加强武术市场的产业化运作

以武术赛事的承办为例，承办大型体育赛事需要可观的前期投入；需要做大量的赛事运作工作，工作烦琐；需要事无巨细，综合考虑。我国武术赛事的举办经验还不够丰富，在赛事市场运作方面还需要做得更加专业。

当前，要进一步促进武术竞赛产业发展，应做好以下几个方面的工作。

（1）政府应为武术竞赛的组织提供尽可能多的便利。

（2）竞赛组织者应注重与赞助企业的合作，赞助渠道应多样化。

（3）当地体育与旅游部门应与武术竞赛主办单位积极合作，积极宣传本地体育产品与服务，实现赛事举办的综合效益。

（4）多借鉴其他项目赛事举办的成功经验。

3.不断优化市场营销与传播方式

（1）继续保持师徒武术传承，在此基础上开拓更多武术文化传承方式，尤其要依托武术市场做文章。

（2）武术的传播与发展，必须要在结合时代发展的前提下，改进传播方式，如利用现代传媒包装武术文化，宣传武术产品与服务，不断扩大武术消费市场。

4.关注武术产业发展的休闲性特征

传统武术在民间广泛流传至今，广大人民群众一直都是民间武术参与的主体。

当前，随着休闲社会的到来，人们更注重消费的精神享受。在新时期，休闲体育能够充分满足人们精神消费需求，因此成为人们消费的新宠。而武术具有非常强烈的休闲性和娱乐价值，群众基础广泛，在武术休闲娱乐发展方面具有优势。武术产业发展应依托和突出这种优势，做好如下工作。

（1）突出武术的休闲因素，有效利用人们的武术休闲需求开拓新的市场。

（2）在武术休闲市场发展中，充分地挖掘传统武术中的休闲娱乐元素，加强宣传，吸引广大武术消费者的市场参与。

（3）加强基层武术健身推广，尤其是通过政府渠道（街道、社区等）宣传推广武术健身，鼓励大众认识到武术健身的作用，积极主动参与到武术健身中来，刺激武术产品与服务的不断丰富、发展与完善。

5.突出武术产业发展的文化性特点

发展武术产业，应从武术文化角度入手，在武术产业发展中紧抓武术文化特征，充分发挥武术文化动力作用，促进武术产业的发展，具体应从以下几方面着手。

（1）武术是我国优秀传统文化，当今社会，武术的应用价值降低，文化艺术价值凸显。因此，要转变市场开发理念，将武术作为一种文化商品来运营、推广。

（2）要充分认识到当前消费者越来越重视消费过程中的文化体验和精神内涵，了解消费者的心理需求，关注消费者的文化需求，不断提高武术产品与服务的质量，研究和开发符合消费者需求的、被广泛认可的武术文化产品。

（3）在当前世界体育以西方竞技体育为主导的体育发展大环境中，我国传统武术必须适应竞技体育发展，要重视武术的现代化竞技改造，但不能完全摒弃武术文化内涵。

（4）多元化开发武术文化产品，不应拘泥于单一的表现形式，要加强武术的多样化表现，注重文化产品与多种艺术手段与形式的融合发展，如原创大型舞台剧《风中少林》就是一部有关舞蹈与武术相结合的优秀作品。

6.完善武术市场法律保障机制

在市场经济条件下，市场的自发竞争行为会引发市场竞争的混乱，针对我国武术市场中的市场秩序混乱、不正当竞争、产品质量难以保障等问题应做好以下工作。

（1）建立健全武术文化产品的法律体系，建立健全武术市场的法律规范与监督监管，尤其是要加强专门保护非物质文化遗产的法律法规的建立。

（2）全社会应时刻树立文化保护意识，避免武术市场侵权行为。举例来说，少林武术文化闻名全国、享誉世界，"少林"商标涉及各个行业，国际上不少国家和地区都在抢注"少林"或"少林寺"商标，一些不当行为侵占了我国武术文化资源和知识产权，对此，应重视反思并做好文化保护工作。

（3）武术产业的从业企业应加强自我保护，做好武术文化及其产品的商标注册工作，保护好武术拳种、武术竞赛中外文名称及武术相关网址域名的知识产权。

（4）消费者应明确自己的消费权益，明确文化保护与传承的社会责任，自觉抵制购买侵权盗版产品的行为，并积极举报，以保护我国武术文化产品。

7.加快培养武术产业专业人才

传统武术产业的发展离不开专业、优质人才的参与。现阶段促进武术产业发展，培养武术产业专业人才，应重点重视以下人员的培养。

（1）企业管理者、营销者。

（2）武术运动员。

（3）武术表演人才。

（4）武术旅游从业者。

（5）武术健身指导员、医务人员及其他服务人员。

（6）武术文创产品设计、开发者。

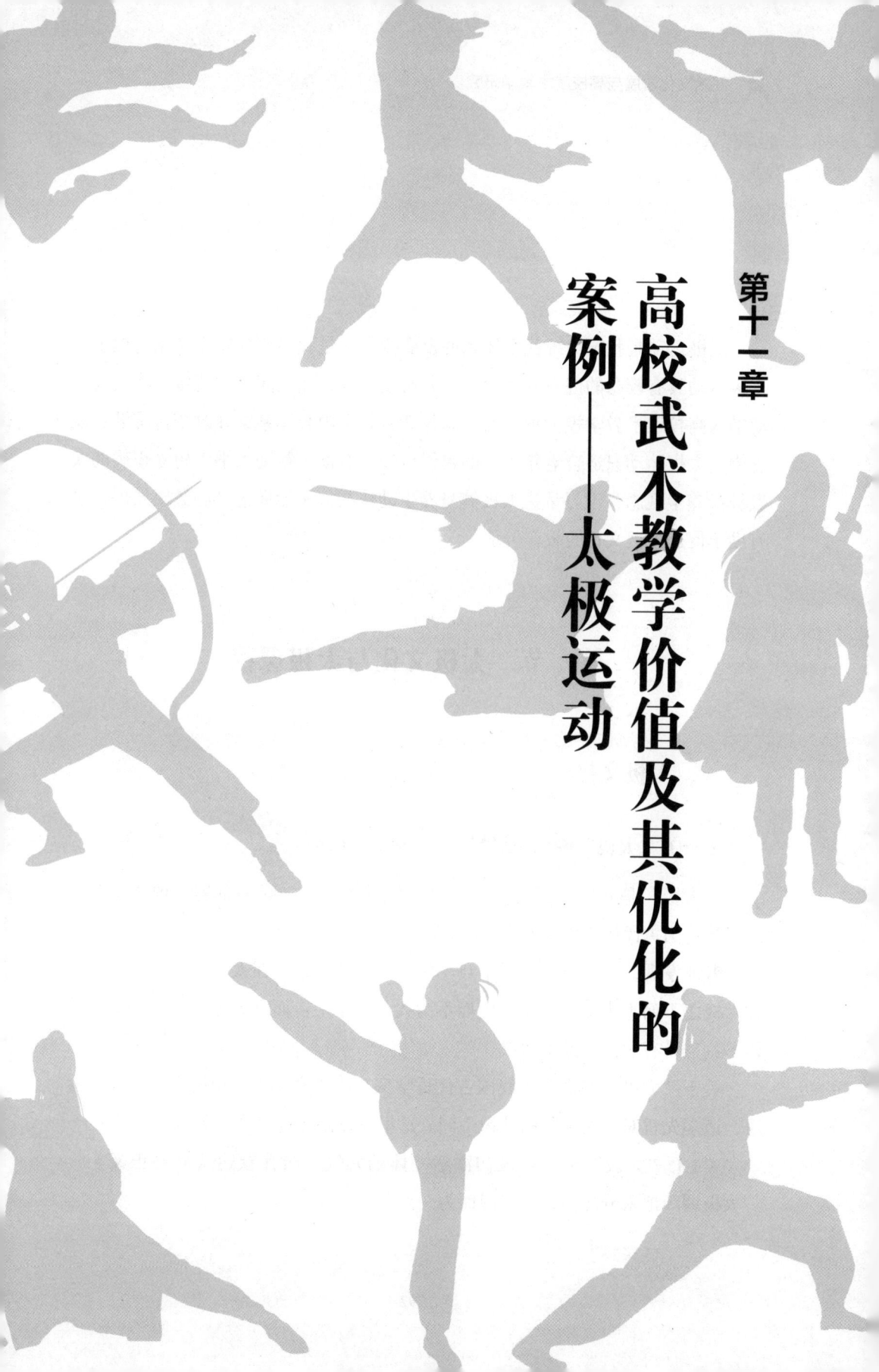

第十一章 高校武术教学价值及其优化的案例——太极运动

太极运动是我国传统武术体系的重要内容，是我国传统体育文化的瑰宝，太极运动具有较高的健身养生价值，其历史悠久，在民间广泛流传。将太极运动纳入高校武术教学极大地丰富了高校武术教学内容体系，并改变传统健身观念中"太极运动只适合老年人"的错误认知，有助于帮助大学生树立正确的太极健身养生观念，学习掌握太极健身养生动作与方法能促进身心健康发展，也有助于促进太极文化的教育传承。

第一节 太极文化与太极课程

一、太极文化

（一）"太极"概念与思想

"太极"是我国古代人们对世界万物以及万物之间关系的一种认识和看法，是我国古代传统哲学的重要内容。

考证发现，"太极"最早出自《庄子》："夫道，在太极之先而不为高；在六极之下而不为深；先天地生而不为久；长于上古而不为老。"后见于《易传》："易有太极，是生两仪。"

关于"太极"的概念，我国古代哲学家与思想家从不同角度提出不同的看法，诸多先哲对"太极"的认识不同。这里重点阐述以下几种观点。

（1）"太极"指宇宙最初浑然一体的元气。唐孔颖达《周易正义》："太极谓天地未分之前，元气混而为一。"

（2）《易传·系辞上》："易有太极，是生两仪。两仪生四象，四象生八卦。"

（3）"太极"是"虚无本体"，王弼解释"大衍之数，其一不用说"，以"一"为太极，"一"不是数，而是"无"。

（4）"太极"是大衍之数的四十九数。崔憬认为："四十九数合而未分，是象太极也。"

（5）阴阳混合未分是"太极"。周敦颐《太极图说》"无极而太极，太极动而生阳，动极而静，静而生阴，静极复动。"

（6）"太极"是"道"，指天道、地道、人道。

（7）宋代理学家认为"太极"即"理"。南宋朱熹认为："总天地万物之理，便是太极。"

太极思想是中国古代哲学思想的大成。天地万物可以看作太极，在太极这一体系构成中，万事万物相互对立、互为依存，相互影响、此消彼长、相互渗透与融合，阴中有阳、阳中有阴，阴阳之中再分阴阳。太极思想是我国古人对自然万物的发生、发展规律进行的高度概括。

（二）太极图

太极图被称为"中华第一图"。太极图式说是《庄子》"太极"思想在儒、道两家结出的硕果。

太极图是对太极理论的形象化阐释，太极图，原称无极图，相传最初由五代至宋初的道士陈抟传出。

在太极文化的演变过程中，太极图有很多种，最具有代表性的为周敦颐太极图。先天太极图（"天地自然之图""阴阳鱼图"）、古太极八卦图、来知德太极图以及清朝端木国瑚太极图。

现代人所称的"太极图"即"阴阳鱼图"或"天地自然之图"。

北宋以后，明代之前太极图，多指周敦颐太极图，阐释了"道生一、一生二、二生三、三生万物"的生衍过程，展示的是万物的生衍和复归。

明代以后，阴阳鱼太极图（先天图）出现，黑为"阴"，白为"阳"。白鱼黑眼代表"阳中有阴"，黑鱼白眼则代表"阴中有阳"，黑白相依，相抱不离，揭示唯物辩证法的对立统一规律。

明代易学大家来知德绘制来知德太极图，阐述了阴阳互抱、此消彼长、归于无极、无始无终的变化过程。

太极图的演变发展，体现了人们对太极思想认知的变化和发展，太极思想由浅入深，逐渐完善。太极思想内容不断丰富，各种学者的太极图所表达的太极思想侧重点不同，但后者一定是站在前者的角度发展的。在所有太极图中，阴阳鱼太极图广为人知，阐述了阴阳哲学最核心的理念。

（三）武当太极文化

武当武术为我国传统文化的重要组成部分，以其独特的文化风格彰显出中国传统的哲理，阴阳五行、养生、八卦等理论，并体现在拳法动作和功法原理中。

武当武术体系中，最为人们所熟知的武术运动项目有太极拳、八卦掌、形意拳、太极剑及其他一些气功练习等。

武当太极拳作为武当武术文化的代表，具有鲜明的武当道家思想特征。

1.以道家思想为指导

武当武术起源于道家思想，表现在武当武术的技击原理和技法特点中。道家对保存自身尤其重视，将技击视为末流，追求运动养生。

武当太极拳习练主张"天人合一"，在拳法上强调自然的神韵，追求人与自然的和谐，顺应自然规律开展健身养生活动，并在日常的生活中也积极贯彻道家养生思想，如日出而作、日落而息、饮食清淡、无欲无求。

2.追求养生

太极拳以养生为宗旨强调今世的修行，而不像其他宗教那样注重来世。

太极拳属于内家功夫，其功法练习更具有对人体健康发展的重要作用以及生理和心理调节价值，另外还兼具修身养性的双重运动价值。

3.重视呼吸吐纳

道家重视养生，武当武术文化认为，"气"是生命的源泉，养生的意义就在于养气，科学地养气对人体的健康发展是极其有利的，太极拳习练中有许多呼吸吐纳之法。

太极拳的拳理认为，"气"是调节心理活动的根本，太极拳的"心如止水""宁静其心""以静制动"都是对内心修为的强调与重视。在太极拳的套路和功法习练过程中，通过运气来实现体内环境的调节，即真气运行；在太极拳动作练习过程中，配合相应的呼吸和横膈运动，调整心境，实现动作、呼吸、心神的共修。

太极拳深受武当道家思想文化的影响，在拳理及功法等方面表现出道家养生的思想，具有重要的道家文化哲学思想与特点（见表11-1）。

表11-1 太极拳文化特点

文化表现层面	文化特点
地域文化	荆楚地域文化
文化起源	武当山
文化基础	道家文化
文化特质	养生文化
技术基础	养生太极
武术技理	注重呼吸、吐纳
功法力道	善柔，以柔克刚
功法特点	多用短手

4.强调功法练习

在功法练习上，太极拳蕴含八卦、九宫之理，强调随心境而生，以柔克刚、以静制动，具有"四两拨千斤"的效果。

（四）太极拳的起源与发展

1.太极拳的起源

太极拳是中国武术的优秀拳种之一，是中华民族辩证理论思维与武术、艺术、气功引导术的完美结合，在我国的武术文化中有着很高的地位，是高层次的人体文化，是东方文化的瑰宝。

关于太极拳的起源，众说纷纭。根据史料研究发现，明末清初太极拳已经在河南农村流传开展，尤以温县陈家沟和赵堡镇为中心，代表人物是陈王廷和蒋发。据考证，明末清初河南温县的陈王廷最早传习太极拳。

陈王廷自幼习武，对武术技法颇有研究和心得，他结合古代的导引养生术和经络学说，研究道家的《黄庭经》，参照戚继光的《拳经》，博采众长，结合导引吐纳，采用腹式呼吸，加以继承和创新，使人在练拳时汗流浃背而不气喘，并加强爆发力量的训练，使动作畅通气血，这种太极拳动作与功法就是陈式太极拳，迄今已有近四百年的历史。

根据赵堡镇太极拳资料记述，蒋发22岁赴山西省太谷县向王林桢学习太极拳，七年后回乡授徒传艺，太极拳从此在河南发扬光大。

2.太极拳的发展

太极拳在产生之后的很长一般时间内，只局限在河南农村开展。

1840年，第一次鸦片战争爆发，武术的军事功能逐渐消退，武术保健养生功能日渐受到重视，尤其是太极拳这样"温柔"的武术运动，其更多用于健身，而非技击。

咸丰年间，太极拳家率先提出了"详推用意终何在，益寿延年不老春"的练拳宗旨。这一时期，太极拳运动在清末贵族和民间因具有显著的养生保健价值而备受欢迎。

19世纪初，河北永年人杨露禅拜陈家沟陈长兴为师，学习太极拳并带回原籍，同治初年，杨露禅受荐至京师任旗营武术教师，由于当时清朝皇室贵族、达官显贵体质较弱，杨露禅特删改了陈式太极拳套路中缠丝劲及窜、蹦、跳、跃、发劲等难度较大的动作，使其姿势较为简化，动作更柔和，后经其三子修改成中架子，再经其孙杨澄甫修改而成为目前流行的杨式太极拳。

此后，太极拳在民间也广泛流传并快速发展，各大流派的太极拳发展势头迅猛。如吴鉴泉创编的吴式太极拳、武禹襄创编的武式太极拳、孙禄堂创编的孙式太极拳等。

新中国成立后，由于党和国家对传统体育发展的重视，太极拳发展得更快，习练太极拳的人遍及全国。当前，仅北京市公园、街头和体育场就设有太极拳辅导站数百处，吸引了大批爱好者。卫生、教育、体育各部门出版上百万册（幅）的太极拳书籍、挂图用于推广太极拳。

现代医学对太极拳的深入研究，充分证实了太极拳对防治老年高血压、心脏病、肺病、肝炎、关节病、胃肠病、神经衰弱等慢性病有很好的疗效。

有资料显示，在2012年"太极拳已传播到204个国家和地区，全世界练太极拳的人数近3亿，有180多个国家和地区建立了太极拳组织"。

2018年12月，教育部办公厅公布邯郸学院为太极中华优秀传统文化传承基地。

现阶段，太极拳成为我国大众健身的重要代表性运动项目，太极拳已经走出国门、走向世界，作为中国传统武术的代表项目，成为其他国家和地区的人们认识中国武术的一个重要文化标签。

（五）太极拳的流派

太极拳由太极、两仪、无极等多元拳术和功法构成，在漫长的历史发展进程中逐渐形成了自身的一套完善的太极体系，包括太极思想、技法原理、动作套路。

太极拳相传由张三丰创立后，经过不断发展，形成多种流派和风格体系，发展为陈、杨、吴、孙等数家流派（见表11-2）。

表11-2　太极拳的流派

流派	创始人	特点
陈式太极拳	陈王廷	显刚隐柔，刚柔相济，手法多变，忽隐忽现，快慢相间；呼吸讲究"丹田内转"；架势宽大低沉，并有发劲、跳跃和震脚动作
吴式太极拳	吴鉴泉	以柔化著称，动作轻松自然，连绵不断，灵活，不拘谨
杨式太极拳	杨露禅	舒展简洁，动作和顺，架势结构严谨，中正圆满，轻灵沉着，浑厚庄重，气派大、形象美
武式太极拳	武禹襄	姿势紧凑，动作舒展，步法严格，虚实分明，始终保持中心，出手不过足尖
孙式太极拳	孙禄堂	进退相随，动作舒展圆活，转向时多以开合相接

简化太极拳是我国大众重要的健身项目，诞生于1956年。当时，为进一步在广大人民群众中推广和普及太极拳，体育总局在杨式太极拳的基础上删去繁难和重复的动作，选取二十四式，编成"简化太极拳"，简化太极拳的招式、

规范动作在大众健身推广方面发挥了重要的作用，同时，二十四式太极拳也是我国高校武术教学课程的主要内容。

纵观太极文化与太极拳的发展历程，"太极"哲学从西汉黄老学说流行，有了"混沌宇宙"的说法，到魏晋流行玄学，太极便有了"独化"；两宋流行理学有了对太极的"理""气""性"的探讨；明清时期，太极逐渐被"太极拳"取代，成为一种拳术的代名词，实现由文向武的转变。

二、太极课程教学现状

（一）学生对太极拳的认知

通过调查和访问发现，当前我国在校学生普遍缺乏对太极拳及其文化的理解，也没有足够的重视。当被问及怎样理解太极拳时，80%左右的学生基本回答为太极拳是老年人用来健身的，至于其他方面则不了解。

（二）太极拳课程教学氛围

当前，学校太极拳课程教学主要以套路为主，对几乎没有武术功底的学生而言，有限的时间里只能学学动作，无非是一些手型、步型、方位走向等。

太极拳的学练不仅仅是动作模仿，还需要了解养生功法，理解太极拳动作习练的放松心静、缓慢柔和、注重意念配合等的特点，太极拳盘架练习大部分属于慢节奏动作，这种慢节奏与大多数学生的喜动、活力、激情的性格不相符，且需要学生具有一定的"悟性"，因此，教学过程略显枯燥，学生积极性不高。

（三）太极拳课程教学师资

当前，我国高校中从事太极拳教学的一线教师，只有一小部分毕业于武术专业，大多是从高等院校毕业的学生，在专业学习时也大多学习的只是太极拳套路，对于太极拳的文化和养生功法并没有太深入和系统地研究，太极拳课程的教师理论知识有局限性，教师专业知识水平整体较低，在很大程度上影响了高校太极拳课程的教学质量。

三、太极运动项目之太极拳教学

太极拳是高校太极运动教学中最常见的教学内容，太极拳课程教学，主要教学内容为太极拳套路动作学练，鉴于大学生的养生功法习练基础有限，各高校多以我国国家体育总局简化创编的二十四式太极拳为主要教学内容。经过对二十四式太极拳动作内容的分解讲解与学练，使大学生掌握整个二十四式太极拳的健身养生动作与方法。具体如下。

（一）第一组

1.起势

开步，臂平举，屈膝下蹲；垂肘，目平视。

2.左右野马分鬃

（1）上体右转，两手抱球；左弓步；两手分开。

（2）上体后坐，左腿前弓，两手抱球，右转，右弓步，两手分开。

（3）与（2）动作相同，唯左右相反。

3.白鹤晾翅

上体左转，两手相对，右脚上步，左脚前移，两手分开，目平视。

（二）第二组

1.左右搂膝拗步

（1）右手下落，左手划弧至右胸前；转体，收左脚。

（2）上体左转，左弓步；右手屈再前推，左手下落。

（3）屈右膝，左腿前弓，左转体，收右脚；两手划弧，目视左手。

（4）与（2）解同，唯左右相反。

（5）与（3）解同，唯左右相反。

（6）与（2）解同。

2.手挥琵琶

右脚跟进，上体后坐，左虚步，左手上挑，右手回收；两手立掌。

3.左右倒卷肱

（1）上体右转，双手翻掌。

（2）推右手，撤左臂；右虚步，上体左转，左手平举，右手翻掌。

（3）与（2）解同，唯左右相反。

（4）与（2）解同。

（5）抬右腿，左转体，推左掌。

（三）第三组

1.左揽雀尾

整体动作为上体左转—右转—左转，划弧，抱球；弓步，两掌下捋，左臂平屈；右臂屈肘，弓步，推掌，目平视。

2.右揽雀尾

上体后坐，右转体，双手抱球；收右脚，视左手。此后动作同"左揽雀尾"后部分动作，唯左右相反。

（四）第四组

1.单鞭（一）

上体后坐，两手划弧，勾手，左弓步；推左掌，目视左手。

2.云手

（1）身体右转，左脚尖里扣。

（2）右手划弧至左肩，右脚靠近左脚。

（3）左腿左跨步；目视左手。

重复（2）（3）（2）动作。

3.单鞭（二）

右手勾手；左手划弧，左脚迈成左弓步；左掌翻转前推。

（五）第五组

1.高探马

右脚跟进；两手上翻，右掌前推，左脚虚步。

2.右蹬脚

左手前伸，两手划弧；左脚尖点地，右脚蹬出；目视右手。

3.双峰贯耳

右腿收，两手划弧，右弓步，两拳相对，目视右拳。

4.转身左蹬脚

左腿屈，右脚尖里扣，两手合抱，屈左膝，蹬左脚；目视左手。

（六）第六组

1.左下势独立

左腿平屈，右勾手，落左掌，仆步起身，右勾左掌随摆。

2.右下势独立

落右脚，左勾手，右掌划弧，仆步起身，右勾左掌随摆。

（七）第七组

1.左右穿梭

落左腿，两手抱球，先右弓步抱球，再左弓步抱球。

2.海底针

右脚跟进，左脚点地；右手斜插，左手划弧落于左胯旁。

3.闪通臂

左脚回收，左弓步；举右手，推左手，目视左手。

（八）第八组

1.转身搬拦捶

右手划弧，左掌上举，右转体，左弓步，右拳前打，目视右拳。

2.如封似闭

左手前伸，两手分开；翘左脚尖；两手翻掌推；左弓步。

3.十字手

后坐，右转体，两臂侧平举；右弓步收腿，两手十字手。

4.收势

两手外翻落臂；并步直立，落掌，目平视。

四、24式太极拳

24式太极拳是国家体委（现为国家体育总局）于1956年组织太极拳专家汲取杨氏太极拳之精华编创而成的。编创后的动作相对简单易学，是目前普及较广泛的套路。全套拳法共分8组、24个动作。24式太极拳学习网址参考如下：https://www.xueyinonline.com/detail/232652522。

预备势：身体自然站立，两脚并拢，两手垂于大腿外侧；头项正直，口闭齿扣，胸腹放松；眼平视前方。

（一）起势

1.左脚开立

左脚向左分开，两脚平行同肩宽。

2.两臂前举

两臂慢慢向前举，自然伸直，两手心向下。

3.屈腿按掌

两腿慢慢屈膝半蹲，同时两掌轻轻下按至腹前。

学练要点：起脚时先提脚跟，高不过足踝，落脚时前脚掌先着地，要做到点起点落、轻起轻落。上举两臂时，不可耸肩，不要出现指尖朝下的"折腕"。屈膝时松腰敛臀，上体保持正直，两掌下按时沉肩垂肘。

（二）左右野马分鬃

1.左野马分鬃

（1）抱球收脚：上体稍右转，右臂屈抱于右胸前，左臂屈抱于腹前，成右抱球；左脚收至右脚内侧成丁步。

（2）弓步分手：上体左转，左脚向左前方迈出一步，成左弓步；同时两掌前后分开，左手心斜向上，右手按至右胯旁，两臂微屈。

2.右野马分鬃

（1）抱球收脚：重心稍向后移，右脚尖翘起外撇；上体稍左转，左手翻转在左胸前屈抱，右手翻转前摆，在腹前屈抱，成左抱球；重心移至左腿，右脚收至左脚内侧成丁步。

（2）弓步分手：同前弓步分手，唯左右相反。

3.左野马分鬃

同前左野马分鬃。

学练要点：弓步时，不可将重心过早前移，造成脚掌沉猛落地，后脚应有蹬碾动作。分手与弓步要协调同步。转体撇脚时，先屈后腿，腰后坐，同时两臂自旋。

（三）白鹤亮翅

1.跟步抱球

上体稍左转，右脚向前跟步，落于左脚后；同时两手在胸前屈臂抱球。

2.虚步分手

上体后坐并向右转体，左脚稍向前移动，成左脚虚步；同时右手分至右额前，掌心向内，左手按至左腿旁，上体转正；眼平视前方。

学练要点：抱球与跟步要同时，转身时身体侧转不超过45度，左脚前移与分手同时完成。

（四）左右搂膝拗步

1.左搂膝拗

（1）收脚托掌：上体右转，右手至头前下落，经右胯侧向后方上举，与头同高，手心向上，左手上摆，向右划弧落至右肩前；左脚收至右脚内侧成丁步；眼视右手。

（2）弓步搂推：上体左转，左脚向左前方迈出一步成左弓步；左手经膝前上方搂过，停于左腿外侧，掌心向下，指尖向前，右手经肩上，向前推出，右臂自然伸直。

2.右搂膝拗步

（1）收脚托掌：重心稍后移，左脚尖翘起外撇，上体左转，右脚收至左脚内侧成丁步；右手经头前划弧摆至左前肩，掌心向下，左手向左上方划弧上举，与头同高，掌心向上；眼视左手。

（2）弓步搂推：同前弓步搂推，唯左右相反。

3.左搂膝拗步

动作与右搂膝拗步相同，唯左右相反。

学练要点：两手划弧时要以腰带动；推掌时要沉肩垂肘，坐腕舒掌。搂推协调，转身蹬地推掌。

（五）手挥琵琶

1.跟步展臂

右脚向前收拢半步落于左脚后；右臂稍向前伸展。

2.虚步合手

上体稍向左回转，左脚稍前移，脚跟着地，成左虚步；两臂屈肘合抱，右手与左肘相对，掌心向左。

学练要点：两手摆掌时有上挑并向里合之意。合臂时腰下沉，两臂前伸，腋下虚空。

（六）左右倒卷肱

1.右倒卷肱

（1）退步卷肱：上体稍右转，两手翻转向上，右手随转体向后上方划弧上举至肩上耳侧，左手停于体前；上体稍左转；左脚提起向后退一步，脚前掌轻轻落地；眼视左手。

（2）虚步推掌：上体继续左转，重心后移，成右虚步；右手推至体前，左手向后、向下划弧，收至左腰侧，手心向上；眼视右手。

2.左倒卷肱

（1）退步卷肱：同前退步卷肱，唯左右相反。

（2）虚步推掌：同前虚步推掌，唯左右相反。

3.右倒卷肱

同前右倒卷肱。

4.左倒卷肱

同前左倒卷肱。

学练要点：转身时用腰带手后撤，走斜弧形路线。提膝屈肘和左掌翻手都要同步完成。推掌走弧形且坐腕、展掌、舒指。

（七）左揽雀尾

1.抱球收脚

上体右转，右手向侧后上方划弧，左手在体前下落，两手呈右抱球状；左脚收成丁步。

2.弓步掤臂

上体左转，左脚向左前方迈成左弓步；两手前后分开，左臂半屈向体前掤架，右手向下划弧按于左胯旁，五指向前；眼视左手。

3.转体摆臂

上体稍向左转，左手向左前方伸出，同时右臂外旋，向上、向前伸至左臂内侧，掌心向上。

4.转体后捋

上体右转，身体后坐，两手同时向下经腹前向右后方划弧后捋，右手举于身体侧后方，掌心向外，左臂平屈于胸前，掌心向内；眼视右手。

5.弓步前挤

重心前移成左弓步；右手推送左前臂向体前挤出，两臂撑圆。

6.后坐引手

上体后坐，左脚夫尖翘起；左手翻转向下，右手经左腕上方向前伸出，掌心转向下，两手左右分开与肩同宽，两臂屈收后引，收至腹前，手心斜向下。

7.弓步前按

重心前移成左弓步；两手沿弧线推至体前。

学练要点：捋时要转腰带手，不可直臂、折腕。挤时松腰、弓腿一致。按时两手沿弧线向上、向前推按。

（八）右揽雀尾

1. 转体分手

重心后移，上体右转，左脚尖内扣；右手划弧右摆，两手平举于身体两侧；头随右手移转。

2. 抱球收脚

左腿屈膝，重心左移，右脚收成丁步；两手呈左抱球状。

3. 弓步掤臂

同前弓步掤臂，唯左右相反。

4. 转体摆臂

同前转体摆臂，唯左右相反。

5. 转体后捋

同前转体后捋，唯左右相反。

6. 弓步前挤

同前弓步前挤，唯左右相反。

7. 后坐引手

同前后坐引手，唯左右相反。

8. 弓步前按

同前弓步前按，唯左右相反。

学练要点：由左势向右势转化时，左脚尽量里扣。右手随身体右转平行向右划弧时，右手不可随着向右摆动。重心移动变化时，上体保持正直，随腰转动。

（九）单鞭

1. 转体运臂

上体左转，左腿屈膝，右脚尖内扣；左手向左划弧，掌心向外，右手向左划弧至左肘前，掌心转向上；视线随左手运转。

2. 勾手收脚

上体右转，右腿屈膝，左脚收成丁步；右手向上向左划弧，至身体右前方变成勾手，腕高与肩平，左手向下、向右划弧至右肩前，掌心转向内；眼视勾手。

3.弓步推掌

上体左转，左脚向左前方迈出成左弓步；左手经面前翻掌向前推出。

学练要点：重心移动平稳，两腿要虚实分明。做勾手时右臂不要过直。推掌时随上体转动，弓腿，翻掌前推。

（十）云手

1.转体松勾

上体右转，左脚尖内扣；左手向下、向右划弧至右肩前，掌心向内，右勾手松开变掌。

2.左云收步

上体左转，重心左移，右脚向左脚收拢，两腿屈膝半蹲，两脚平行向前成小开立步；左手经头前向左划弧运转，掌心渐渐向外翻转，右手向下、向左划弧运转，掌心渐渐转向内；视线随左手运转。

3.右云开步

上体右转，重心右转，左脚向左横开一步，脚尖向前；右手经头前向右划弧运转，掌心逐渐由内转向外，左手向下、向右划弧，停于右肩前，掌心渐渐翻转向内；视线随右手运转。

4.左云收步

同前左云收步。

5.右云开步

同前右云开步。

6.左云收步

同前左云收步。

学练要点：以腰为轴，转腰带手交叉划圆。上下肢要协调一致不可脱节。身体平移，不可起伏。

（十一）单鞭

1.转体勾手

上体右转，重心右移，左脚跟提起；右手向左划弧，至右前方掌心翻转变勾手；左手向下向右划弧至右肩前，掌心转向内；眼视勾手。

2.弓步推掌

同前弓步推掌。

学练要点：同前单鞭。

（十二）高探马

1.跟步翻手

后脚向前收拢半步；右手勾手松开，两手翻转向上，肘关节微屈。

2.虚步推掌

上体稍右转，重心后移，左脚稍向前移成左虚步；上体左转，右手经头侧向前推出；左臂屈收至腹前，掌心向上。

学练要点：跟步时上体正直，不可起伏。推手与成虚步同时。

（十三）右蹬脚

1.穿手上步

上体稍左转，左脚提收向左前方迈出，脚跟着地；右手稍向后收，左手经右手背上方向前穿出，两手交叉，左掌心斜向上，右掌心斜向下。

2.分手弓步

重心前移成左弓步；上体稍右转，两手向两侧划弧分开，掌心皆向外；眼视右手。

3.抱手收脚

右脚成丁步；两手向腹前划弧相交合抱，举至胸前，右手在外，两掌心皆转向内。

4.分手蹬脚

两手手心向外撑开，两臂展于身体两侧，肘关节微屈，腕与肩平；左腿支撑，右腿屈膝上提，脚跟用力慢慢向前上方蹬出，脚尖上勾，膝关节伸直，右腿与右臂上下相对，方向为右前方约30度；眼视右手。

学练要点：两手交叉距离胸部20厘米，身体左转45度。蹬脚地腰，两手高不过头。分手撑掌与蹬脚同时完成。

（十四）双峰贯耳

1.屈膝并手

右小腿屈膝回收，左手向体前划弧，与右手并行落于右膝上方，掌心皆翻转向上。

2.弓步贯掌

右脚下落向右前方上步成右弓步；两手握拳经两腰侧向上、向前划弧摆至头前，两臂半屈成钳形，两拳相对，同头宽，拳眼斜向下。

学练要点：弓步的方向与右蹬脚的方向一致。弓步贯拳时肘关节下垂，上体正直。

（十五）转身左蹬脚

1.转体分手

重心后移，左腿屈坐，上体左转，右脚尖内扣；两拳松开，左手向左划弧，两手平举于身体两侧，掌心向外；眼视左手。

2.抱手收脚

重心右移，右腿屈膝后坐，左脚收至右脚内侧成丁步；两手向下划弧交叉合抱，举至胸前，左手在外，两手心皆向内。

3.分手蹬脚

同右蹬脚，唯左右相反。

学练要点：转身时，就充分坐腿扣脚，上体保持正直，不可低头弯腰。左蹬脚与右蹬脚的方向要对称。

（十六）左下势独立

1.收脚勾手

左腿屈收于右小腿内侧；上体右转，右臂稍内合，右手变勾手，左手划弧摆至右肩前，掌心向右；眼视勾手。

2.仆步穿掌

上体左转，右腿屈膝，左腿向右前方伸出成左仆步；左手经右肋沿左腿内侧向左穿出，掌心向前，指尖向左；眼视左手。

3.弓腿起身

重心移向左腿成左弓步；左手前穿并向上挑起，右勾手内旋，置于身后。

4.独立挑掌

上体左转，重心前移，右腿屈膝提起成左独立步；左手下落按于左胯旁，右勾手下落变掌，向体前挑起，掌心向左，高于眼平，右臂半屈成弧。

学练要点：仆步穿掌时上体不可前倾。由仆步转换独立步时，一定要充分做好两脚的外撇和内扣。独立挑掌时前手肘与膝相对。

（十七）右下势独立

1.落脚勾手

右脚落于左脚右前方，脚前掌着地，上体左转，左脚以脚掌为轴随之扭转；左手变勾手向上提举于身体左侧，高与肩平，右手划弧摆至左肩前，掌心向左；眼视勾手。

2.仆步穿掌

同前仆步穿掌，唯左右相反。

3.弓步起身

同前弓步起身，唯左右相反。

4.独立挑掌

同前独立挑掌，唯左右相反。

练习要点：右脚前掌应落在左脚右前方20厘米处。仆步穿掌时，应先把右脚提起后再伸出。

（十八）左右穿梭

1.右穿梭

（1）落脚抱球：左脚向左前方落步，脚尖外撇，上体左转；两手呈左抱球状。

（2）弓步架推：上体右转，右脚向右前方上步成右弓步；右手向前上方划弧，翻转上举，架于右额前上方，左手向后下方划弧，经肋前推至体前，高与鼻平；眼视左手。

2.左穿梭

（1）抱球收脚：重心稍后移，右脚尖外撇，左脚收成丁步；上体右转，两手在右肋前上下相抱。

（2）弓步架推：同前弓步架推，唯左右相反。

学练要点：做弓步架推时，手脚方向一致，两掌要有滚动上架与前推。

（十九）海底针

1.跟步提手

右脚向前收拢半步，随之重心后移，右腿屈坐；上体右转，右手下落屈臂提抽至耳侧，掌心向左，指尖向前，左手向右划弧下落至腹前，掌心向下，指尖斜向右。

2.虚步插掌

上体左转向前俯身，左脚稍前移成左虚步；右手向前下方斜插，左手经膝前划弧搂过，按至左大腿侧；眼视右手。

学练要点：右手随转体在体侧划一立圆提于右耳侧。插掌时不可因前俯而弯腰驼背。上下肢动作必须协调同步。

（二十）闪通臂

1.提手收脚

上体右转，恢复正直；右手提至胸前，左手屈臂收举，指尖贴近右腕内侧；左脚收至右脚内侧。

2.弓步推掌

左脚向前上步成左弓步；左手推至体前，右手撑于头侧上方，掌心斜向上，两手分展；眼视左手。

学练要点：两手先上提后分开。右手上撑向后引拉。前手、前腿上下相对。

（二十一）转身搬拦拳

1.转体扣脚

重心后移，右腿屈坐，左脚尖内扣；身体右转，右手摆至体右侧，左手摆至头左侧，掌心均向外；眼视右手。

2.坐腿握拳

重心左移，左腿屈坐，右腿自然伸直；右手握拳向下、向左划弧停于左肋前，拳心向下，左手举于左额前；眼向前平视。

3.踩脚搬拳

右脚提收至左脚内侧，再向前迈出，脚跟着地，脚尖外撇；右拳经胸前向前搬压，拳心向上，高与胸平，肘部微屈，左手经右前臂外侧下落，按于左胯旁；眼视右拳。

4.转体收拳

上体右转，重心前移，右拳向右划弧至体侧，拳心向下，左臂外旋，向体前划弧，掌心斜向上。

5.上步拦掌

左脚向前上步，脚跟着地；左掌拦至体前，掌心向右，右拳翻转收至腰间，拳心向上；眼视左掌。

6.弓步打拳

上体左转，重心前移成左弓步；右拳向前打出，肘微屈，拳眼向上，左手微收，掌指附于右前臂内侧，掌心向右。

学练要点：身体右转时，左脚尽力内扣。垫步时勿抬脚过高，迈出时脚尖外撇。

（二十二）如封似闭

1.穿手翻掌

左手翻转向上，从右前臂下向前穿出；同时右拳变掌，也翻转向上，两手交叉举于体前。

2.后坐收掌

重心后移，两臂屈收后引，两手分开收至胸前，与胸同宽，掌心斜相对；眼视前方。

3.弓步按掌

重心前移成左弓步；两掌经胸前弧线向前推出，高与肩平，宽与肩同。

学练要点：后坐收掌时避免上体后仰。弓步按掌时两掌由下向上、向前推按。

（二十三）十字手

1.转体扣脚

上体右转，重心右移，右腿屈坐，左脚尖内扣；右手向右摆至头前，两手心皆向外；眼视右手。

2.弓腿分手

上体继续右转，右脚尖外撇侧弓，右手继续划弧至身体右侧，两臂侧平举，手心皆向外；眼视右手。

3.交叉搭手

上体左转，重心左移，左腿屈膝侧弓，右脚尖内扣；两手划弧下落，交叉上举成斜十字形，右手在外，手心皆向内。

4.收脚合抱

上体转正，右脚提起收拢半步，两腿慢慢直立；两手交叉合抱于胸前。

学练要点：转体扣脚与弓步分手要连贯衔接。两手划弧下落时不可弯腰低头。

（二十四）收势

1.翻掌分手

两臂内旋，两手翻转向下分开，两臂慢慢下落停于身体两侧；眼视前方。

2.并脚还原

左脚轻轻收回，恢复成预备姿势。

学练要点：翻掌分手时，左手在上，腕关节不要屈折挽花。垂臂落手与起身一致。

第二节　高校太极运动教学的价值

一、太极运动教学的育人价值

（一）健身健心价值

太极拳在健身功效方面有着特殊的作用，并能调节习练者心态，表现如下。

（1）在太极拳运动过程中，全身肌肉骨骼关节柔缓运动，用劲如蚕吐丝，绵绵不断地"用意不用力"使静脉血液能更充分回流心脏，血管弹性增加，毛细血管韧性增强，加强心肌的营养，有助于增强血管神经稳定性。

（2）太极拳以腰为中枢，坚持练习太极拳，可以增强腰椎力量。

（3）太极拳注意"气意配合"等意念活动，练拳者通过意念活动排除杂念、净化思绪，使注意力高度集中，从而引起机体某区域兴奋，其他区域进入保护性抑制状态，使大脑皮层得到"安静休息"，从而达到大脑皮层的兴奋和抑制机能，降低交感神经紧张性活动，安定心神。

（4）在太极拳运动中，经常虚领顶劲、裆部下沉，要求命门往下撑，长期练习虚领顶劲、气沉丹田，会阴穴到百会穴整个脊柱对拉拔长，有助于提高整个运动系统功能。

（5）太极拳习练有助于改善心态、减轻精神压力，因此说太极拳运动对老年人的健身与健心有着无可比拟的好处。

（6）太极拳的动作与功法习练讲究周身完整，刚柔相济，精神贯注，形神合一，以意导体，以气发力，对人体各项生理功能要求很高。学生学练太极拳，可以促进体质水平的提高。

（7）太极拳的动作习练不仅在于练形，还练习呼吸的调节，有助于习练者调节气息与平和心态。太极拳动作与呼吸相配合，一呼一吸，一出一入，形随意转，以意领气。意到、气到、手到、足到，方显功夫为妙。因此，太极拳习练过程中，能使运动者在逐步加大运动量和爆发力的同时，达到虽有汗流而不气喘的状态，使运动者合理掌握力量的运用及气息。此外，还可以平和运动者的情绪与心态。

（8）太极拳动作丰富，套路练习可结合不同学生身体健康状况进行分组或整套练习，在练习过程中对具体动作的要求也可因人而异。因此，太极拳练习适合不同体质的人进行锻炼，可使不同学生受益。

（二）养生保健价值

（1）通过实验对照证实，练习太极拳不仅能缓解关节疼痛、减轻疲劳、强健筋骨，还能提高人体伸展和平衡能力等。

（2）太极拳能够增强免疫力。长期进行太极拳健身能对健身者的内脏起到轻柔的按摩运动，这种按摩有助于增强人体免疫力，调节人体内环境平衡。

（3）太极拳对心血管、肺、肌肉、骨、关节、神经等系统疾病都有良好预防、治疗功能。太极拳习练不仅可以改善体质，还有助于防病治病。

（4）在太极拳运动过程中，中枢神经系统的意念活动可使大脑进行节奏性的活动，练习太极拳可使脑波向良好方向发展，有利于锻炼中枢神经系统，起到防老抗衰作用。

二、太极运动教学的文化传承价值

"太极"包括太极哲学和太极拳，也是一种文化符号，是太极哲学与太极拳结合不同的文化而形成的文化群。

太极运动教学，不仅仅是动作、套路的教学，更要充分利用好学校这一文化传承的优越教育环境，通过太极运动教学，让更多的大学生能关注并能全面地认识与理解太极拳及其文化，促进太极文化在大学生群体中的推广与普及，并通过大学生群体扩大太极文化在整个社会的影响。

在学校开展太极运动教学，是实现太极文化传承的重要教育途径。太极拳运动的多元运动价值能促进学生的身心健康发展，太极运动所蕴含的哲学原理与思想也会对大学生产生影响，帮助大学生建立正确的养生观、人生观与世界观。

此外，通过太极运动教学，还能在大学生群体中发现和培养太极文化的传承人，这对我国太极文化在现代社会的发展和传承具有重要意义。

第三节　高校太极运动教学的开展与优化

一、建立校本课程，注重跨学科立体教学

太极具有天然的普适性，可以吸纳多元的课程元素，以其一点孵化整个面，实现太极运动课程教学的完善。

为更加全面地开展系统的太极运动教学，从太极运动与其他文化与学科教学之间的密切关系入手，将太极文化中与艺术、体育、历史、政治、文学乃至物理相关的内容相互渗透，实现共同开发，综合育人。

"育英太极"校本课程是对太极多文化与多学科课程教学融入的成功尝试，该课程以"乃武乃文，养正化人"为主题理念，将多学科知识融入太极课程，以此满足学生兴趣要求，帮助学生学会学习，培养终身学习能力，并实践体验成功的快乐，激发实践创新动力。开展"太极哲学"探究、"太极文学"欣赏、"太极书法"品鉴等丰富多彩的学习活动，让太极课程的课堂教学从平面学习走向立体学习。在太极课程学习中，重视学生的课堂观察、实践、体验，从"看着学""听着学"转为"做中学"。"太极哲学"探究，意在构建一种多元和谐的精神文化体系，儒、道、释殊途同归；"太极文学"欣赏，乃文乃武，以文化人；"太极书法"品鉴，相通相融，以手抵心。引导学生接受优秀民族文化熏陶，培养良好的身体素质和心理品质，使太极课程教学成为学生发展核心素养的"立体课堂"，成为教师转变教学方式、实现专业成长的"发展中心"。

二、重视实践教学，打造"打练合一"教学

当前我国高校太极运动课程教学存在一定的局限性，即在太极拳实践教学

中，主要教习太极拳盘架，教学不够全面、深入，也不能体现太极拳的技击性。

针对高校太极运动课程教学内容单一，教学实用性、时效性差的现状，应在教学中注重部分学生对太极文化与技击深入学习的需求。

就太极对抗实践教学来说，很多学生都对太极"以柔克刚""四两拨千斤"的特点表现出强烈的好奇，对此，教师应在教学中突出"打练合一"，让学生亲身体验，以此来获得更深刻的理解。具体应做好如下工作。

（1）结合具体太极拳招式讲解其技击运用时的方式方法及相关的太极原理，并讲解示范太极拳对抗练习的形式及方式方法。

（2）通过一系列的盘手练习（单盘手、双盘手、四正手等），让学生尝试体验"太极劲"，感受听劲、化劲等功夫。

（3）通过太极拳单式动作拆招教学及练习，帮助学生掌握一些实用的攻防技击方法。

（4）通过定步推手练习，进一步练习劲力功夫及技击方法。

（5）在保证安全的前提下，进行活步推手练习，更深层次地练习太极拳招式方法的攻防技击。

三、重视文化教学，延伸太极课程教学深度

太极文化博大精深，在太极运动的一招一式中均有体现，太极运动课程教学在注重具体运动项目动作教学的过程中，更要注重运动项目文化的传授。

具体来说，在太极课程教学中，教师在讲解动作时应重视解析动作的内涵哲理，延伸学习深度。在动作讲解时，应多向学生讲述动作的哲学内涵，比如动作实在哪儿，虚在哪儿，怎样乘势，如何巧妙。

以"野马分鬃"的动作教学为例，后手承接对方实处引其扑虚前手顺势进入对方虚处，脚下管住，制其处于背势。讲到这里，可以延伸开来和学生探讨一下虚实阴阳。

结合学科知识，利用物理力学知识分析一下动作的技术原理等，结合力学知识，分析一下如何做才能用最小的力量发挥最好的作用，以巧制胜。增加学

生的学习兴趣。让学生切身体会到被顺势借力受制于人的感受，抑或是顺势制人的感受，让学生感受太极哲学的奥妙和伟大。

四、加强师资建设，提高太极教学的质量

"要给学生一碗水，首先自己得有一桶水。"教师的太极专业素养和教学能力对太极课程教学质量有重要影响，要想提高学生对太极运动的学习兴趣、优化太极运动教学效果、提高太极运动教学质量，教师必须有丰富的太极知识、教学经验和较高的教学能力。

未来，随着高校太极运动课程学生选修人数的不断增多，太极运动课程教学将在高校武术教学、体育教学中占据更加重要的位置，针对现阶段高校太极运动教学的师资数量少、质量不高的问题，应加快培养高校太极运动课程教学的师资，进一步强化和提高教师素质，才能进一步促进学校太极拳教学发展，并通过高校太极运动教学丰富大学生的太极文化知识、运动技能，以促进大学生的全面发展。

参考文献

[1]刘建国.中国传统武术文化与教学实践研究[M].天津：天津科学技术出版社，2020.

[2]童锦锋.传统武术教程[M].北京：中国财富出版社，2021.

[3]李源，梁勤超，孙刚.中国武术国际传播形象论[M].北京：中国社会科学出版社，2022.

[4]罗日明，黄德初.中华武术文化[M].北京：应急管理出版社，2021.

[5]罗珅.高校武术教师教学信念与教学效能研究[M].长春：吉林大学出版社，2021.

[6]武善锋.中国武术文化的嬗变与传承策略研究[M].北京：北京工业大学出版社，2021.

[7]冯锦华.中华武术文化理念与教育研究[M].北京：北京工业大学出版社，2020.

[8]陈辉.武术文化传承与健身推广研究[M].长春：吉林大学出版社，2020.

[9]时保平.健康、传承、弘扬大学体育武术教育教学模式多元化构建研究[M].成都：四川大学出版社，2019.

[10]王稳.高校武术教育服务供给的优化研究[M].北京：中国原子能出版社，2021.

[11]丁花阳.新时代中华传统武术文化的传承与发展[M].长春：吉林人民出版社，2020.

[12]王健，孙小燕，陈永新.中国武术文化的传承教育与可持续发展[M].长春：吉林人民出版社，2019.

[13]关博.文化性确证中国武术教育的历史演进与现代转型[M].北京：中国社会科学出版社，2020.

[14]冼慧著.武术套路运动教学与训练导论[M].北京：中国原子能出版社，2020.

[15]李远华.全球化背景下中国武术的传承与发展研究[M].长春：吉林大学出版社，2019.

[16]汪珂永.中国传统武术文化与传承[M].北京：光明日报出版社，2017.

[17]王稳作.高校武术教育服务供给的优化研究[M].北京：中国原子能出版社，2021.

[18]孟云鹏著.中国地域武术文化研究[M].西安：西北工业大学出版社，2022.

[19]刘翔著.中国传统武术发展及其现代转型研究[M].北京：北京工业大学出版社，2021.

[20]周春晖.中国武术与日本武道现代化转型的比较研究[M].苏州：苏州大学出版社，2021.

[21]王刚作，道德仁.武术修炼视角的儒家思想研究[M].北京：社会科学文献出版社，2021.